Let's enjoy cooking
レッツ エンジョイ クッキング

山本 悦子

八木 千鶴

露口 小百合

李 温九

小谷 一子

渡邊 豊子

執筆者

大阪夕陽丘学園短期大学名誉教授
山本 悦子

千里金蘭大学
八木 千鶴

梅花女子大学
露口 小百合

羽衣国際大学
李 温九

元大手前専門学校
小谷 一子

元千里金蘭大学
渡邊 豊子

はじめに

　食生活は人間が生きていくための基本です。それをより楽しく健康的に有意義に営むため種々の研究がなされています。

　調理とはそのままでは食べられない，または食べにくい食品を食べられる食物にすることであり，1．安全　2．栄養　3．美味しさ・嗜好　4．経済性　の4つの条件を上手く備えていることが必要です。調理する者はこれら条件について十分な知識を持ち，常に研究成果に基づく実践が求められます。

　調理することは私達の食卓を楽しく，豊かなものにするための操作であり，特に大学，短期大学での調理実習においては食品学，栄養学，調理学で学んだ知識を手指の動きや体の動作を通じて実際に活用して自ら「なるほど」とうなずくことができたときに，いわゆる身をもって理解することができたといえるでしょう。また調理体験を広げ重ねることで，やがては初めての料理もその経験から無事やり遂げることが可能になってくると思われます。

　本書は昭和44年度に端を発した「調理実習（技術と理論）」（下田吉人監修）から，昭和63年「調理実習　CookingⅠ・Ⅱ」（堀越フサエ編）に引き継がれたという長い歴史を経て今般，時代の推移を鑑み，大学，短期大学などでの教科書，参考書として，また一般調理書としてご利用いただくために，さらに改編を試みたものです。従来は献立構成別に編んだのに対して今回は日本料理，中国料理は調理法別に，西洋料理は献立構成の流れにそって料理を配しています。ご利用に当たっては，適宜取り上げ組み合せて，献立作成をしていただければと思います。

　それぞれの調理にまず慣れることから始まり，操作の理論的裏付けを会得しつつ，調理技術に習熟して，さらには応用力，創作力まで身につけていただくことができれば喜ばしい限りです。

　　2024年12月

執筆者

目　次

序章　総　論 — 1

調理をするにあたって……／1) 本書の使い方／2) 計量カップ・スプーンの食品重量(g)／3) 計量の方法／4) 食品重量のめやす／5) 1人分の料理に使われる食品の目安量／6) 献立をつくる際の留意点／7) 食事バランスガイド／8) 包丁の扱い方／9) 野菜の切り方／10) 調理における基礎事項／11) スパイス及びハーブ一覧／12) 一般材料名

第1章　日本料理 — 19

ご飯物・麺類 — 20

1 ご飯—20　2 えんどうご飯—20　3 栗ご飯—21　4 炊き込みご飯—21
5 たけのこご飯—22　6 しめじご飯—22　7 かき飯—23
8 しょうが飯—23　9 炊きおこわ—24　10 三色丼—24
11 ちらしずし（関西風）—25　12 巻きずし—26　13 いなりずし—26
14 親子丼—27　15 粥—27　16 松花堂弁当—28　17 幕の内弁当—30
18 きつねうどん—32　19 山かけそば—32

汁　物 — 33

1 豆腐のみそ汁—33　2 しじみの赤だし—33　3 若竹汁—34
4 かき玉汁—35　5 はまぐりの潮汁—35　6 とろろこんぶ汁—35
7 沢煮椀—36　8 えびしんじょのすまし汁—36　9 のっぺい汁—37
10 けんちん汁—37　11 粕汁—38　12 松茸の土瓶蒸し—38

生もの — 39

1 かつおのたたき—39　2 はもの湯引き—40　3 まぐろの山かけ—40
4 しめさば（生ずし）—41

蒸し物 — 42

1 卵豆腐—42　2 あさりの酒蒸し—42　3 茶碗蒸し—43
4 かぶら蒸し—43　5 さわらの桜蒸し—44　6 いかのけんちん蒸し—44

和え物 — 45

1 ほうれん草のお浸し—45　2 たけのこといかの木の芽和え—45
3 さやいんげんのごま和え—46　4 揚げれんこんのごまみそ和え—46
5 しいたけと春菊のポン酢和え—46　6 もずくと長いもの酢の物—47
7 皮ざく—47　8 しめじのおろし和え—48
9 あおやぎとわけぎのぬた—48　10 いかときゅうりの黄身酢和え—49
11 白和え—49　12 菊花かぶら—50
13 焼きなす—50　14 刻み即席漬け—50

焼き物 …… 51

1 ぶりの照り焼き—51　2 魚の幽庵焼き—51　3 鯛の銀紙焼き—52
4 いわしの蒲焼き—52　5 あじの姿焼き—53
6 豆腐・こんにゃくの田楽—53　7 ぎせい豆腐—54
8 牛肉の八幡巻き—54

揚げ物 …… 55

1 てんぷら—55　2 かき揚げ—56　3 菊花揚げ—56
4 鶏の竜田揚げ—57　5 あじの南蛮漬け—57　6 揚げだし豆腐—58
7 飛竜頭—58

煮　物 …… 59

1 かれいの煮付け—59　2 さばのおろし煮—59　3 さばのみそ煮—60
4 いわしの梅煮—60　5 鯛の子とふきの炊き合わせ—61　6 じぶ煮—61
7 さといもといかの煮物—62　8 筑前煮—62
9 たけのこの直かつお煮—63
10 かぼちゃの含め煮そぼろあんかけ—63　11 なすの南蛮煮—64
12 高野豆腐，しいたけ，さやえんどうの炊き合わせ—64
13 ひじきの炒め煮—65　14 きんぴらごぼう—65　15 五目豆—65

寄せ物 …… 66

1 ごま豆腐—66　2 滝川豆腐—66

鍋　物 …… 67

1 うどん鍋—67　2 おでん—68

お正月料理 …… 69

【祝い肴】1 黒豆—69　2 数の子—70　3 田作り—70
　　　　　4 たたきごぼう—70
【口取り】5 栗きんとん—71　6 錦卵—71　7 伊達巻き—72
　　　　　8 梅花かん—72　9 きんかんの甘露煮—72
【焼き物】10 えびの鬼殻焼き—73　11 いかのうに焼き—73
　　　　　12 鶏肉の山椒焼き—74　13 とり松風—74
　　　　　14 鯛のみそ漬け焼き—74
【煮　物】15 煮しめ—75　16 えびの照り煮—75　17 鶏団子の照り煮—75
【酢の物】18 紅白なます—76　19 酢れんこん—76
　　　　　20 千枚漬けのサーモン巻き—77　21 五色なます—77
　　　　　22 なまこの酢の物—77　23 白みそ雑煮—78
　　　　　24 すまし雑煮—78

和菓子・飲み物 …… 79

1 桜餅（関西風）—79　2 水ようかん—79　3 柏餅—80
4 利久まんじゅう—80　5 若草—81　6 わらび餅—81　7 くるみ餅—82
8 おはぎ—82　9 栗まんじゅう—83　10 栗蒸しようかん—83
11 どら焼き—84　12 花たちばな—84　13 いちご大福—85
14 あんみつ白玉—85　15 かりん糖—86　16 煎茶の入れ方—86

第2章　西洋料理　　87

オードブル　88
オードブル盛合せ—88

スープ　90
1 コンソメジュリエンヌ—90　2 パンプキンスープ—90
3 コーンクリームスープ—91　4 ビシソワーズ—91
5 にんじんのポタージュ—92　6 きのこのスープ—92
7 ミネストローネ—93　8 かきのチャウダー—93
9 オニオングラタンスープ—94　10 ポトフ—94

魚料理　95
1 魚のバター焼き—95　2 コールドサーモン・タルタルソース添え—95
3 揚げ魚の酢油漬け—96　4 魚介のコキール—96
5 かにのクリームコロッケ—97　6 ブイヤベース—98
7 たらの香草焼き—98

肉料理　99
1 ポークカツレツ—99　2 豚肉の野菜ソース煮込み—99
3 チキンピカタ—100　4 鶏肉の赤ワイン煮—100　5 ローストチキン—101
6 ハンバーグステーキ—102　7 ロールキャベツ—102
8 ビーフシチュー—103　9 ビーフステーキ—104　10 牛肉の包み焼き—104
11 付け合わせ—105

野菜料理　106
1 キャベツのスープ煮—106　2 ニース風野菜の煮込み—106
3 ほうれん草とじゃがいものグラタン—107　4 キッシュ—107
5 コールスローサラダ—108　6 グリーンサラダ—108
7 トマトサラダ—109　8 マセドアンサラダ—109
9 シーザーサラダ—109　10 グリーンアスパラガスサラダ—110
11 海の幸のサラダ—110　12 ポテトサラダ—111
13 フルーツサラダ—111　14 早漬けピクルス—111

卵料理　112
1 茹で卵—112　2 いり卵—112　3 落とし卵—112　4 目玉焼き—113
5 オムレツ—113　6 スペインオムレツ—113

パン・ライス・パスタ　114
1 サンドイッチの盛り合わせ—114　2 フレンチトースト—114
3 クラブハウスサンドイッチ—115　4 バターロール—116
5 山形食パン—117　6 ピロシキ—117　7 ピザ—118
8 ハッシュドビーフアンドライス—118　9 チキンカレー—119
10 パエーリャ—119　11 えびピラフ—120
12 炊き込みチキンライス—120　13 きのこのリゾット—121
14 スパゲッティボロネーズ—121　15 スパゲッティ漁師風—122
16 マカロニグラタン—122

デザート ……123
1 ブラマンジェ（英国式）—123　2 パンナコッタ—123
3 イチゴババロア—124　4 グレープフルーツゼリー—124
5 コーヒーゼリー—125　6 カスタードプディング—125
7 りんごのシロップ煮—126　8 フルーツパンチ—126
9 クラレットパンチ—126

飲み物 ……127
1 コーヒー—127　2 紅茶—128　3 レモンスカッシュ—128

洋菓子 ……129
1 マドレーヌ—129　2 アップルケーキ—129　3 パウンドケーキ—130
4 マーブルケーキ—130　5 ベークドチーズケーキ—131
6 レアチーズケーキ—131　7 いちごのショートケーキ—132
8 アメリカンドーナツ—132　9 にんじんケーキ—133
10 シフォンケーキ—133　11 チョコレートケーキ—134
12 スイートポテト—134　13 クレープシュゼット—135
14 スコーン—135　15 クッキー—136　16 ラングドシャ—137
17 チュイールアマンド—137　18 イングリッシュマフィン—137
19 フルーツタルト—138　20 ミルクキャラメル—138
21 アップルパイ—139　22 ロールケーキ—140
23 クリスマス用パン・ドイツ風—141
24 シュークリームとエクレア—142

第3章　中国料理（アジアの料理） ══ 143

中国料理の系統／特殊材料／調理方法用語／料理用語／調理器具

鹹点心 ……148
1 什錦炒飯（五目焼きめし）—148　2 鶏肉飯（鶏肉入りご飯）—148
3 鶏絲粥（鶏肉入り粥）—149　4 肉粽子（肉ちまき）—149
5 什錦湯麺（五目汁そば）—150　6 什錦炒麺（五目焼きそば）—150
7 炒醤麺（炒めみそそば）—151
8 炒米粉（ビーフンと肉野菜炒め）—151　9 餛飩（わんたん）—152
10 鍋貼餃子（焼きぎょうざ）—152　11 焼売（しゅうまい）—153
12 猪肉包子・豆沙包子（肉まんじゅう・あんまんじゅう）—153

湯菜 ……154
1 蛋花湯（中国風卵スープ）—154　2 素菜湯（野菜のスープ）—154
3 玉米湯（とうもろこしのスープ）—155
4 白菜肉絲湯（はくさいと豚肉のスープ）—155
5 桂花蟹羹（かにと卵の薄くず汁）—155
6 鶏片湯（鶏ささみのスープ）—156
7 清湯鶉蛋（うずら卵のすまし汁）—156
8 蝦丸子湯（えびだんご入りスープ）—157
9 酸辣豆腐湯（豆腐の酢入りスープ）—157

蒸 菜 ·· 158
  1 白菜滑肉捲（はくさいの包み蒸し）—158
  2 珍珠丸子（もち米団子の蒸し物）—158

冷拌（拌菜・凍菜） ·· 159
  1 涼拌三絲（中国風酢の物）—159 **2** 棒棒鶏（鶏のごまだれ）—159
  3 麻辣黄瓜（たたききゅうりの和え物）—160
  4 海蜇皮（くらげの和え物）—160
  5 涼拌茄子（なすの酢じょうゆかけ）—160
  6 生鯛魚松子（鯛の中国風刺身）—161
  7 拌魷魚四季豆（いかとさやいんげんの和え物）—161
  8 辣白菜（とうがらし入りはくさいの酢の物）—161

炒 菜 ·· 162
  1 青椒牛肉絲（ピーマンと牛肉の油炒め）—162
  2 芙蓉鮮蟹（かに玉の野菜あんかけ）—162
  3 麻婆豆腐（ひき肉と豆腐のとうがらし炒め）—163
  4 八宝菜（多種材料の炒め煮）—163
  5 宮保鶏丁（鶏肉とピーナッツの炒め物）—164
  6 生菜包肉鬆（ひき肉のレタス包み）—164
  7 魚香肉片（豚肉の四川風炒め）—165
  8 炒蓮藕片（れんこんの炒め物）—165

炸 菜 ·· 166
  1 炸鶏塊（鶏肉のから揚げ）—166
  2 炸裡背（豚ロース肉の揚げ物）—166
  3 高麗蝦仁（芝えびの衣揚げ）—167 **4** 炸春捲（春巻き）—167
  5 麵包蝦球（えび団子のパンまぶし揚げ）—168 **6** 糖醋肉（酢豚）—168

溜 菜 ·· 169
  1 茄汁魚片（揚げ魚のケチャップあんかけ）—169
  2 溜梅子滑肉（豚肉の甘酢あんかけ）—169

燒 菜 ·· 170
  1 乾燒明蝦（えびチリソース煮）—170
  2 奶油扒青菜（ちんげんさいの牛乳煮）—170
  3 家常豆腐（揚げ豆腐と野菜の炒め物）—171
  4 煨芋頭鶏（さといもと鶏肉のうま煮）—171
  5 醬肉醬蛋（豚肉と卵の醬油煮）—172
  6 貴妃鶏翅（鶏手羽の煮込み）—172
  7 蘿蔔燜牛肉（だいこんと牛肉の煮込み）—173
  8 東坡肉（豚バラ肉のやわらか煮）—173

烤 菜 ·· 174
  1 叉燒肉（焼豚）—174
  2 脆皮五香鶏（鶏の香り焼き）—174

鍋 子 ·· 175
  1 什錦火鍋子（寄せ鍋）—175 **2** 白菜砂鍋（はくさい鍋）—175

甜　菜 ……………………………………………………………………………… 176
　1 杏仁豆腐（アーモンド入り寒天よせ）—176
　2 鶏蛋糕（蒸しカステラ）—176　　3 抜絲地瓜（さつまいものあめ煮）—177
　4 杏仁酥（アーモンドクッキー）—177　　5 月餅（げっぺい）—178
　6 炸麻花餅（ねじり揚げ菓子）—178　　7 開口笑（ごま風味揚げ菓子）—179
　8 炸三角児（あんの揚げ菓子）—179
　9 西米椰汁（タピオカ入りココナッツミルク）—179
　10 布丁（プリン）—180　　11 豆沙元宵（ココナッツ白玉団子）—180

飲み物 …………………………………………………………………………… 181
　中国茶の種類／中国茶の入れ方／中国茶の飲み方

アジアの料理 …………………………………………………………………… 182
　1 ナムル（野菜の和え物）—182
　2 九節板（韓国の代表的な宮廷料理）—183
　3 キムチのチゲ（キムチ鍋）—184　　4 ビビムパプ（混ぜご飯）—184
　5 チヂミ（お焼き）—185　　6 ゴイクォン（ベトナム風生春巻き）—185
　7 トム・ヤム・クン（辛味と酸味のえびのスープ）—186
　8 ガイ・ヤーン（鶏肉の風味焼き）—186
　9 キーマカレー（ひき肉となすのカレー）—187
　10 コビ・キ・サブジ（キャベツの炒め蒸し煮）—187

参考文献 ……………………………………………………………………………… 189

索　引 ………………………………………………………………………………… 191

序章　総論

調理をするにあたって

(1) 興味と意欲

　何事にも興味を示し，意欲を持つことが大切です。調理に関わる場合も，広く食品材料や調理器具，設備など調理に関する事がらや現状，進展などに常に興味を持って見識を広め，食生活全般に関する理論にも注目して，それらの知識を活用するよう努めて下さい。

(2) 衛生的な配慮

　調理の開始にあたっては，頭髪を乱さず，清潔な着衣を用い，手指の洗浄（爪を切り，マニキュアを落とす）を念入りに行なう。調理実習時には，手指に傷があったり下痢をしているときは必ず申し出て，指導教員の指示に従う。

　食品材料やまな板，包丁その他の調理器具，食器類は使用前に必ず洗浄・殺菌する。

　調理終了後は調理器具や食器の洗浄，乾燥と収納，布巾の熱湯消毒と乾燥，調理台の整備，廃棄物の処理，調理室の清掃などの後片付けを丁寧に行なう。

(3) 安全に対する配慮

　熱源や熱湯，加熱油，包丁，はさみ等各種危険物の多い環境であるので，注意を怠らず，使用後の火元の安全性の確認や器具の収納，整頓を徹底して行なう。

(4) 能率，経済上の配慮

　出来上がり品の質をおとさず，早く楽しくおいしい調理ができるように充分関心を払い，時には便利で有効な器具類も積極的に取り入れて利用することを考える。

　作業しやすく，片付けやすい調理室であるように，調理器具その他の配置を考えて，作業の順序もスムーズに，動線を短くするよう努める。

　購入材料を適量にする注意や，廃棄率を少なくし環境への配慮を行なう。

1）本書の使い方

- 本書に使用した食品は原則として「食品成分表」に準ずるが，一般によく使われている食品名を採用したものもある（例：葉ねぎ→青ねぎ，くずでん粉→くず粉）。
- B.P.はベーキングパウダーを表わしている。
- 菓子類や正月料理はつくりやすい分量や個数で示している場合がある。
- しょうゆは濃口醤油と薄口醤油に区別している。
- 小麦粉は使用目的により薄力粉・中力粉・強力粉と区別している。
- カップ200ccはC，大さじ15ccはT，小さじ5ccはtと表記した。
- 固形コンソメ1個の塩分量は2.3gとした。
- 食品材料の分量は原則として4人分を示し，可食部の重量（g）で表した。準備する分量は，食品の廃棄率を考慮して用意する。

2）計量カップ・スプーンの食品重量（g）

食品名	小さじ t1 (5cc)	大さじ T1 (15cc)	カップ C1 (200cc)	食品名	小さじ t1 (5cc)	大さじ T1 (15cc)	カップ C1 (200cc)
水，酢，酒	5	15	200	うま味調味料	4	12	—
しょうゆ，みりん	6	18	230	マヨネーズ	4	12	190
みそ	6	18	230	牛乳	5	15	210
天然塩（特殊製法）	5	15	180	生クリーム	5	15	200
食塩，精製塩	6	18	240	トマトピューレ	5	15	210
砂糖（上白糖）	3	9	130	トマトケチャップ	5	15	230
グラニュー糖	4	12	180	ウスターソース	6	18	240
油，バター	4	12	180	生パン粉，パン粉	1	3	40
ラード	4	12	170	粉チーズ	2	6	90
ショートニング	4	12	160	ごま	3	9	120
コーンスターチ	2	6	100	ねりごま	5	15	210
小麦粉（薄力，強力）	3	9	110	番茶（茶葉）	2	6	60
かたくり粉，上新粉	3	9	130	紅茶，コーヒー	2	6	60
ベーキングパウダー	4	12	—	煎茶（茶葉），ココア	2	6	90
重曹	4	12	—	抹茶	2	6	—
インスタントドライイースト	3	9	—	大豆			130
カレー粉，わさび粉	2	6	—	小豆，うずら豆			150
こしょう，からし粉	2	6	—	精白米			160
スキムミルク	2	6	90	飯			120
粉ゼラチン	3	9	130				

3）計量の方法

- 計量スプーンの扱い方

  山盛りをへらで垂直より多少傾けてすり切る。
  １／２，１／４は１杯の状態をへらで直角に払い１／２，１／４とする。

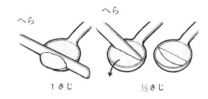

- 状態の相違による注意

  粉状（小麦粉，砂糖など）……かたまりのないふんわりとした状態ですり切る。
  液状（しょうゆ，油など）……盛り上がるくらいにみたす。
  粒状（米，豆など）……………いっぱいにすくってからすり切る。
  粘状（みそなど）………………内部に空間ができないよう押し気味に。

- はかりの扱い方

  台ばかりは平らなところにおく。最初に目盛りをゼロに正しく合わす。はかるものははかり皿の中央におく。はかりの秤量（その秤で正確に計れる最大量）と感量（正確に計れる最少量で最小目盛として表示されている）に注意すること。

4）食品重量のめやす

分類	食品	目安量	重量(g)
穀類	クロワッサン	1個	50〜60
穀類	サンドイッチパン	1枚	30
穀類	食パン	1斤	360〜400
穀類	バケット	1本(55〜60cm)	330〜350
穀類	バターロール	1個	30〜40
穀類	茹でうどん	1玉	200
穀類	そうめん	1わ	50
穀類	中華めん	1玉	150
穀類	中華生めん	1玉	110〜130
穀類	米飯	茶碗1杯	120〜140
穀類	角もち	1切	50
いも・でん粉	こんにゃく	1枚	250
いも・でん粉	さつまいも	中1個	200〜250
いも・でん粉	さといも	1個	40〜50
いも・でん粉	じゃがいも	中1個	150〜200
豆類	豆腐	1丁	200〜330
豆類	充てん豆腐	1丁	300〜400
豆類	油揚げ	1枚	20〜25
豆類	生揚げ（三角）	1個	70〜80
野菜類	アスパラガス	中1本	20〜30
野菜類	オクラ	1本	10
野菜類	かぶ	小1個	30〜40
野菜類	かぼちゃ	中1個	1(kg)
野菜類	カリフラワー	1株	350
野菜類	キャベツ	中1個	1(kg)
野菜類	キャベツ	中葉1枚	60
野菜類	芽キャベツ	中1個	7
野菜類	きゅうり	1本	80〜100
野菜類	ごぼう	1本	150〜200
野菜類	小松菜	1束	300
野菜類	小松菜	中1株	40〜50
野菜類	サラダ菜	中1株	50〜70
野菜類	さやいんげん	1さや	4
野菜類	さやえんどう	1さや	2
野菜類	しゅんぎく	1束	200
野菜類	しょうが	1かけ	10
野菜類	ズッキーニ	中1本	150
野菜類	セロリ	中1本	100
野菜類	だいこん	中1本	1(kg)
野菜類	たまねぎ	中1個	200
野菜類	チンゲンツァイ	1株	100
野菜類	トマト	中1個	150
野菜類	なす	中1個	80
野菜類	にんじん	中1本	150
野菜類	にんにく	1かけ	5
野菜類	青ねぎ	小1本	15
野菜類	白ねぎ	1本	100
野菜類	はくさい	1株	1.5(kg)
野菜類	はくさい	大葉1枚	100
野菜類	パセリ	1本	10
野菜類	パプリカ	中1個	80
野菜類	ピーマン	中1個	30〜40
野菜類	ふき	1本	60
野菜類	ブロッコリー	1株	200
野菜類	ほうれんそう	1束	250
野菜類	みつば	1束	50
野菜類	もやし	1袋	200
野菜類	レタス	中1玉	200
野菜類	れんこん	中1節	200
種実類・果物	ぎんなん	1粒	2
種実類・果物	栗	1粒	10〜20
種実類・果物	いちご	1粒	15〜20
種実類・果物	うめ(生)	中1個	20
種実類・果物	うめぼし	1個	10
種実類・果物	うんしゅうみかん	1個	100
種実類・果物	かき	中1個	200
種実類・果物	キウイフルーツ	1個	120
種実類・果物	グレープフルーツ	1個	350
種実類・果物	すいか	中1個	3(kg)
種実類・果物	バナナ	中1本	150
種実類・果物	ぶどう（デラウエア）	1房	100
種実類・果物	りんご	中1個	240
種実類・果物	レモン	中1個	100
きのこ類	えのきだけ	1袋	100
きのこ類	生しいたけ	中1個	20
きのこ類	しめじ	1パック	100
きのこ類	マッシュルーム	1個	10
魚介類	魚切り身	1切	60〜80
魚介類	あじ	小1尾	80〜100
魚介類	いわし	小1尾	30
魚介類	さば	中1尾	700
魚介類	さんま	小1尾	120
魚介類	あさり	1個	10
魚介類	あさり	中身1個	4
魚介類	かき	中身1個	15〜20
魚介類	えび（有頭）	中1尾	30〜40
魚介類	えび（無頭）	中1尾	20
魚介類	いか	1杯	300
魚介類	かまぼこ	1切	10〜20
魚介類	ちくわ	大1本	100〜120
魚介類	ちくわ	小1本	30〜50
肉類	ウインナーソーセージ	1本	15
肉類	ハム	1枚	10〜20
肉類	ベーコン	1枚	15〜20
肉類	鶏ささ身	1枚	40
肉類	鶏もも肉	1本	250〜350
乳・卵類	鶏卵	中1個	60
乳・卵類	卵黄	1個分	18〜20
乳・卵類	卵白	1個分	33〜36
乳・卵類	うずら卵	1個	10〜12
乳・卵類	プロセスチーズ	1切	15
乾物	寒天	1本（約25cm）	8
乾物	かんぴょう	1m	5
乾物	凍り豆腐	1個	20
乾物	凍り豆腐	戻し1個	100
乾物	干ししいたけ	中1個	3
乾物	干ししいたけ	戻し1個	15
乾物	きくらげ	1個	2〜3
乾物	きくらげ	戻し1個	10〜15
乾物	だし昆布	10cm	5〜8
乾物	煮干し	3尾	6

5）1人分の料理に使われる食品の目安量

	10g以下	10〜30g	30〜50g	50〜70g	70〜100g	100〜150g	150〜200g
穀物	ソースやスープのルー	てんぷらの衣 ケーキ用の粉 クレープ用の粉	マカロニグラタン（乾麺）		サンドイッチ用パン かけうどん用（乾麺） スパゲッティ（乾麺）	ごはん（1杯） 丼 炊き込みご飯 炊きおこわ ちらしすし	
いも		汁の実用	ポテトチップ	粉ふきいも	マッシュポテト コロッケ 大学いも さといもの煮物 ポテトサラダ ビシソワーズ	じゃがいもの煮物	
砂糖	紅茶 コーヒー		汁粉・ぜんざい一杯				
豆	汁の実用の油揚げ	みそ汁の味噌 味噌煮の味噌 煮豆用乾燥豆	汁の実用の豆腐 いなりずし用油揚 白あえの豆腐 枝豆の和え衣	いり豆腐 ポークビーンズ用	高野豆腐の煮物 うずら豆甘煮 うの花いり	ぎせい豆腐 豆腐の五目あんかけ 揚げだし豆腐 豆腐とカニの炒め物 冷や奴，湯豆腐，麻婆豆腐	
野菜	汁の実（みつば，青ねぎ，わかめ，きのこ，ねぎ） きざみパセリ	汁の実（ほうれん草，春菊，もやし，大根，なす，たけのこ） 色どり用にんじん，さやいんげん たくあん	煮物用にんじん にんじんのグラッセ ピーマンソテー おろし大根 漬け物(なす，かぶ，きゅうり) きんぴらごぼう	ほうれん草のポタージュ にんじんのポタージュ たけのこの煮物 せん切りキャベツ 精進揚げ	青菜のお浸し 和え物 青菜ソテー かぼちゃのポタージュ 生野菜のサラダ キャベツの即席漬 茶せんなす	かぼちゃの含め煮 青菜の煮浸し なすの中国風和え物 大根の煮物 白菜のスープ煮 白菜の溜菜	
魚介	お浸しのかつお節	汁の実用（はんぺん，えび団子）	マグロの山かけ 貝の酢味噌和え かき御飯	あじの開き スパゲッティの具（あさり，イカ，えびなど）	まぐろ刺身 カキフライ 焼き魚 煮魚 さけのムニエル あじの空揚げ イカ，海老の炒め物	刺身盛り合わせ	
肉	スープ用ベーコン	汁の実用 野菜の炒めもの用 野菜のそぼろあん 五目とり飯 ハムエッグ	コロッケ用ひき肉 シュウマイ チキンライス 親子丼	いりどり ひき肉団子 青椒牛肉絲	豚肉のソテー レバーソテー とり肉の松風焼き カレー，シチュー用肉 とり肉のクリーム煮 とりの空揚げ ハンバーグステーキ 酢豚用	ビーフステーキ ポークソテー	ローストチキン
卵		かきたま汁 卵とじ	炒飯炒り卵 茶碗蒸し	卵豆腐 厚焼き卵 スクランブルエッグ	カニ玉 オムレツ		
乳	スパゲッティ用チーズ	スープ用の牛乳 チーズ一切れ	ミルクティー	白ソース用 クリーム煮用			
油脂	トースト用バター ソテー用バター 炒め物用油	マヨネーズ てんぷらの吸油量 サンドイッチ用バター					

6) 献立をつくる際の留意点

基礎的留意点

〔栄養について〕
① 対象の食事摂取基準をみたしていること。
② 食生活の現状（欠陥など）をよく知ること。
③ 栄養の比率が適性であること（表1参照）。

〔食品について〕
④ ①②③をふまえた食品構成を考え各食品群から摂取してバランスをよくする。
⑤ 食品の選択を上手に
　・季節の出廻り食品を知り変化と季節感を出す。
　・新鮮なものを選ぶ。
⑥ 適切な食品量，配合割合，盛付け量とする。
⑦ 食品，料理の組み合わせを考える。
　・献立中の食品，調理法の重複をさける。
　・色彩，形態（大きさ，切り方），口ざわりなどの変化，全体のボリュームを考える。
　・味の変化（甘辛，濃淡などの組み合わせ）
　・調理する器具，手数，技術及び能力，時間との関係。
　・盛付け，配膳状態などを想定して検討する。

〔経済上〕
⑧ 新鮮で実質のある安価なものを選ぶ。
⑨ 栄養的で嗜好をみたす安価なものを選ぶ。

〔対象について〕
⑩ 食べる人の嗜好，食習慣を尊重する。嫌われる食品もうまく活用する。
⑪ 食べる人の特性や条件を考える。たとえば幼児や老人には硬すぎるもの，刺激やあくの強いものをさけるなど。
⑫ 食べる人に楽しみと潤いを与える。

表1．栄養の比率（PFCエネルギー比）

		適正比率
P :	$\dfrac{\text{たんぱく質エネルギー}}{\text{総エネルギー}} \times 100$	12～13%
F :	$\dfrac{\text{脂質エネルギー}}{\text{総エネルギー}} \times 100$	20～25%
C :	$\dfrac{\text{糖質エネルギー}}{\text{総エネルギー}} \times 100$	62～68%

一定期間の献立をつくる時

　・朝昼夕の一日の配分を考える。
例）一般……朝25%，昼35%，夕40%
　　幼児……朝30%，昼30%，夕25%，おやつ15%
　・朝昼夕のおかずの割合（栄養上）
例）1：1：2　　　2：3：5
　朝食は軽くなりがちなのでしっかりと食べるように努力する。

- 主菜（主なおかず）のたんぱく質性食品の変化
   肉（牛，豚，鶏），魚（青魚，白身魚），卵，乳，豆，大豆製品，肉・魚の加工品など
- 調理法の変化
   煮，焼，揚，炒，蒸，生，など。また和洋中などのバラエティをもたせる。
- 多様な食品を組み合わせる。
- 材料費は計画的に使用（行事食などを含め）。

栄養価の算定

① 必要なもの

献立表，日本食品標準成分表，電卓，パソコン（栄養価計算用ソフトを用いると重量のみの入力でよい）など。

② 算定の方法
- 成分表の索引より計算したい食品を探す。
- 成分表の数値は可食部100g当りの栄養価であるので各食品の可食量から算出する。

$$食品の各成分値 \times \frac{可食量(g)}{100} = 可食量あたりの栄養価$$

- 合計して各献立及び1日の各栄養価を知り，目標の栄養価と比較検討する。

③ 基礎的な注意点
- エネルギー量，たんぱく量，脂質について計算し，ビタミン，ミネラルの摂取も心がけ，計算することが望ましい。（栄養チャート等を画くと明確である。例・図1）
- ビタミンの調理による損耗率を考慮する。
- 1週間から10日平均は目標基準に達し，日差は少なくするのが好ましい（±10％）。
- 算出単位は四捨五入して成分表の各表示単位までとする。

④ 購入量の算出

$$購入量 = 可食量(g) \times \frac{100}{100 - 廃棄率}$$

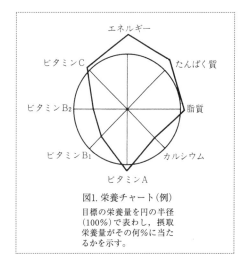

図1. 栄養チャート（例）
目標の栄養量を円の半径（100％）で表わし，摂取栄養量がその何％に当たるかを示す。

7）食事バランスガイド「つ(SV)」早見表

よく食べるメニューの「つ(SV)」がわかる

●「つ(SV)」をチェックしてバランスの良い食事を　●果物と牛乳・乳製品も忘れずに!

		メニュー	主食	副菜	主菜	牛乳・乳製品	エネルギー(kcal)
和食	1	ご飯・小	1	0	0	0	170
	2	おにぎり	1	0	0	0	170
	3	炊き込みご飯	1	0	0	0	230
	4	いなりずし(小2個)	1	0	0	0	270
	5	すし(にぎり)盛り合わせ	2	0	2	0	500
	6	親子丼	2	1	2	0	510
	7	天丼	2	0	1	0	560
	8	うな重	2	0	3	0	630
	9	牛丼	2	0	2	0	730
	10	かつ丼	2	1	3	0	870
	11	かけうどん	2	0	0	0	400
	12	天ぷらうどん	2	0	1	0	640
	13	ざるそば	2	0	0	0	430
	14	焼きそば	1	2	1	0	540
	15	たこ焼き(6個)	1	0	1	0	320
	16	お好み焼き	1	1	3	0	550
	17	きゅうりのもろみ添え	0	1	0	0	30
	18	きゅうりとワカメの酢の物	0	1	0	0	30
	19	ほうれん草のおひたし	0	1	0	0	20
	20	春菊のごま和え	0	1	0	0	80
	21	きんぴらごぼう	0	1	0	0	100
	22	小松菜の炒め煮	0	1	0	0	100
	23	ひじきの煮物	0	1	0	0	100
	24	野菜の煮しめ	0	2	0	0	130
	25	切り干し大根の煮物	0	1	0	0	120
	26	野菜炒め	0	2	0	0	210
	27	枝豆	0	1	0	0	70
	28	うずら豆の含め煮	0	1	0	0	110
	29	かぼちゃの煮物	0	1	0	0	120
	30	じゃがいものみそ汁	0	1	0	0	70
	31	里芋の煮物	0	1	0	0	120
	32	ふかし芋	0	1	0	0	130
	33	焼鳥2本	0	0	2	0	210
	34	豚肉のしょうが焼き	0	0	3	0	350
	35	肉じゃが	0	3	1	0	350
	36	すき焼き	0	2	4	0	670
	37	さしみ	0	0	2	0	80
	38	かつおのたたき	0	0	3	0	100
	39	干物	0	0	2	0	80
	40	鮭の塩焼き	0	0	2	0	120
	41	さんまの塩焼き	0	0	2	0	210
	42	煮魚	0	0	2	0	210
	43	おでん	0	3	2	0	230
	44	天ぷら盛り合わせ	0	1	2	0	410
	45	茶わん蒸し	0	0	1	0	70
	46	目玉焼き	0	0	1	0	110
	47	玉子焼き	0	0	1	0	100
	48	冷奴	0	0	1	0	100
	49	納豆	0	0	1	0	110
	50	がんもどきの煮物	0	1	2	0	180
洋食	51	エビピラフ	2	0	1	0	480
	52	チキンライス	2	0	1	0	650
	53	オムライス	2	0	2	0	610
	54	カレーライス	2	2	2	0	760
	55	ドリア	1	0	1	2	570
	56	マカロニグラタン	1	0	0	2	450
	57	スパゲッティ(ナポリタン)	2	1	0	0	520
	58	スパゲッティ(ミートソース)	2	1	2	0	660
	59	ロールパン(2個)	1	0	0	0	190
	60	トースト(6枚切り)	1	0	0	0	220
	61	ぶどうパン	1	0	0	0	220
	62	調理パン	1	0	0	0	280
	63	ピザトースト	1	0	0	2	310
	64	クロワッサン(2個)	1	0	0	0	360
	65	ミックスサンドイッチ	1	1	1	1	550
	66	ハンバーガー	1	0	2	0	500
	67	海藻とツナのサラダ	0	1	1	0	70
	68	ゆでブロッコリーのサラダ	0	1	0	0	90
	69	きのこのバター炒め	0	1	0	0	70
	70	ポテトフライ	0	1	0	0	120
	71	ポテトサラダ	0	1	0	0	170
	72	コロッケ	0	2	0	0	310
	73	野菜スープ	0	1	0	0	60
	74	コーンスープ	0	1	0	0	130
	75	ウインナーのソテー	0	0	1	0	180
	76	メンチカツ	0	0	2	0	350
	77	トンカツ	0	0	3	0	350
	78	ビーフステーキ	0	0	5	0	400
	79	ハンバーグ	0	1	3	0	410
	80	ロールキャベツ	0	3	1	0	240
	81	クリームシチュー	0	3	2	1	380
	82	鮭のムニエル	0	0	3	0	190
	83	魚のフライ	0	0	2	0	250
	84	オムレツ	0	0	2	0	220
中華	85	チャーハン	2	1	2	0	700
	86	ビビンバ	2	2	2	0	620
	87	白がゆ	1	0	0	0	140
	88	天津メン	2	0	2	0	680
	89	ラーメン	2	0	0	0	430
	90	チャーシューメン	2	1	1	0	430
	91	ほうれん草の中国風炒め物	0	2	0	0	210
	92	もやしにら炒め	0	1	0	0	190
	93	シューマイ(5個)	0	0	2	0	290
	94	ギョーザ(5個)	0	1	2	0	350
	95	春巻き(2本)	0	1	1	0	300
	96	酢豚	0	2	3	0	640
	97	鶏肉の唐揚げ	0	0	2	0	300
	98	あじの南蛮漬け	0	0	2	0	230
	99	八宝菜	0	1	2	0	330
	100	麻婆豆腐	0	0	2	0	230

出典：フードガイド検討会報告書　福岡女子大学　早渕研究室

「つ(SV)」とは，食事の提供量の単位のことです。

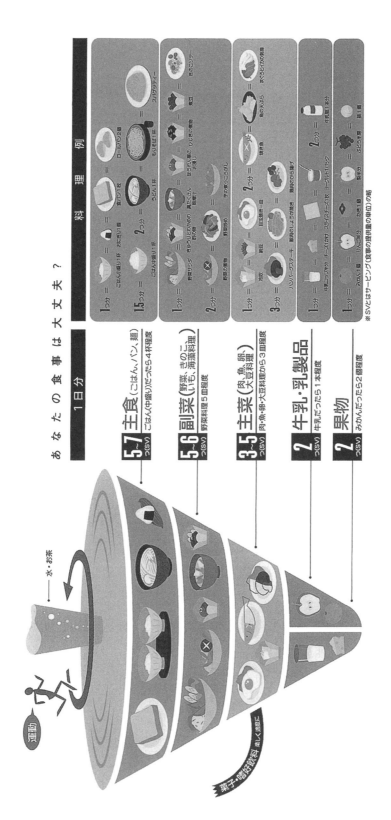

「食事バランスガイド」(厚生労働省・農林水産省決定)

8）包丁の扱い方

●包丁の種類と包丁各部の名称・用途

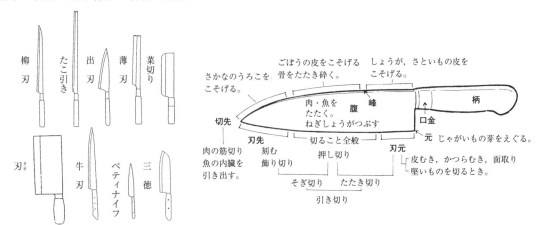

●包丁の持ち方と指先の置き方

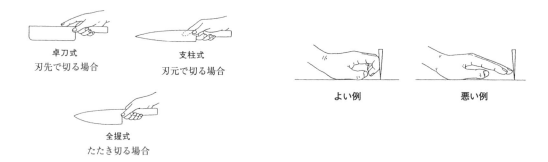

●包丁の研ぎ方と手入れ

砥石は充分水を含ませる。包丁は上下に20～30回動かす。
　指先は砥石の幅の内でスライドさせ、外に出さない。
　手首は動かさない。

刃角度は包丁峰と砥石面との間隔を大きくする——刃角度鈍角となる。
　　　　　　　　　　　　　　　小さくする——　〃　鋭角となる。

塩分と酸がサビの最大原因である。
使用後、よく水洗または熱湯洗い後すぐ水気をとり乾燥する。
汚れ・サビにはクレンザーが効果的である。

●正しい姿勢

　体の右側を少し後ろにして斜めに立ち、足は自然に開き加減にする。
　体はまな板から握りこぶしひとつ分くらい離す。

9）野菜の切り方

上段：フランス語
下段：中国語

小口切り	輪切り	半月切り	いちょう切り
émincé rond（エマンセ ロン） 花	Rondelle（ロンデル） 輪子片	demi-lune（ドゥミ リュヌ） 半月片	tranche-eventall（トランシュ エヴァンタイユ） 扇子
色紙切り	**短冊切り**	**拍子木切り**	**そぎ切り**
paysanne（ペイザンヌ） 方	collerette（コルレット） 平片	pont-neuf（ポン ヌフ） 条	émincé（エマンセ） 片
乱切り	**ささがき**	**かのこ切り（5mm角）**	**あられ切り（7mm角）**
tour（トゥール） 馬耳・兎耳	elancee（エランセ） 批・片	brunoise（ブリュノワーズ） 小丁	salpicon（サルピコン） 小丁・鬆
さいの目切り（1cm角）	**角切り（1cm角以上）**	**せん切り**	**みじん切り**
macédoine（マセドワーヌ） 丁	domino（ドミノ） 塊	julienne（ジュリエンヌ） 絲	haché（アッシュ） 末米

10) 調理における基礎事項

食材の戻した倍率と戻し方

乾物名	概量	戻す前重量(g)	戻した重量(g)	倍率	戻し方
しいたけ	大1枚	約2～3	約10	約4～5倍	水に浸して戻す 戻し汁は利用する
冬茹	大1枚	約5	約25	5～6	
きくらげ		10	100	7～10	たっぷりの水に浸け，15～30分かけて戻す
凍り豆腐	1個	15	100	5～6	たっぷりの湯(50～60℃)に入れ落としぶたをする
ひじき	約1カップ	50	250	4～5	たっぷりの水に浸け15～30分かけて戻す
干しぜんまい		30	150	4～5	24時間浸水して20分ゆでる
切り干し大根	約1カップ	40	200	4～5	たっぷりの水に10～20分浸けて戻す
干しゆば		20	60	3	ぬれふきんに挟み20～30分おいて戻す
かんぴょう	1本	10	70	7～10	塩もみ後，水煮する
はるさめ(日本産)		20	80	3～4	たっぷりの湯に浸すか，さっとゆで戻す
（中国産）		20	100	4～5	
わかめ		10	140	10～14	水につけて戻す 塩蔵のものは塩抜きする
大豆	1カップ	130	250～300	2	たっぷりの水で戻す 戻しの重量は煮上がりの重量
うずら豆	1カップ	150	330～350	2.3	
あずき	1カップ	150	350～400	2.5	たっぷりの水で戻す

卵液の希釈

種類	卵(1個)	だし(ml)	割合	備考
だし巻き卵	50	15～17	卵の1/3	(卵＋だし)の塩分0.8%
卵豆腐	50	50～75	卵の1～1.5	(卵＋だし)の塩分0.6%
茶わん蒸し	50	150～200	卵の3～4	(卵＋だし)の塩分0.6%(塩6：しょうゆ1)
カスタードプディング	50	牛乳100～130	卵の2～2.5	砂糖20g

砂糖溶液の加熱による温度変化

温度(℃)	泡の状態	調理
102～103	消えやすい大きな泡	シロップ　ホットケーキ　みつ豆　飲料の甘味
106～115	やや消えにくい泡	フォンダン　製菓デコレーション　バタークリーム用
115～120	粘りのある泡	砂糖衣　キャラメル　イタリアンメレンゲ　かりんとう
140～165	淡黄色になる	抜絲（140℃で銀絲　160℃で金絲）キャンデー　あめ細工　カルメラ焼き
170～180	黄褐色～カラメル臭	カラメルソース　コンソメやソースの着色風味付け

調理とでんぷん濃度

調理の種類	でんぷん濃度(%)	でんぷんの種類
うすくず汁	1～1.5	片栗粉
あんかけ	3～6	片栗粉
くず湯	4～6	くず粉
ブラマンジェ	8～10	コーンスターチ
ごま豆腐	12～15	くず粉
くず切り	15～20	くず粉

調理の塩分・糖分濃度

塩分（%）		糖分（%）
0.6～0.8	吸物	
0.8～1	肉のふり塩	
1～1.5	魚のふり塩	
1～1.5	生野菜のふり塩	
1～1.2	和え物	2～6
1～1.2	酢の物	2～7
1～1.2	煮物	3～10
0.6～0.7	味つけご飯	
	かくし味	1
5	佃煮	0～8
2～3	しいたけ・かんぴょうの煮物	10～15
1.5～2	さばのみそ煮・青い魚の煮付け	0～8
1～1.2	里芋の煮もの・いりどり	5～6
1～2	白身魚の煮付け	3～5
1.5～2	豚肉の生姜焼き	3
1.2～1.5	酢豚	5～7
1.2	さやえんどうの卵とじ	3～4
1～1.2	炒め物・おでん	0.5～1
1	お浸し・煮浸し	
2	即席漬け	

11) スパイス及びハーブ一覧

	名　　称	産　地　と　用　途
種子	Mustard マスタード	からし。和からし（黒），洋からし（白）。アブラナ科の一年生草の種子。カナダ，中国，オランダ，デンマークなどで栽培される。40℃位の湯でねるとよい。
	Nutmeg ナツメッグ	にくずく。ニクズク科の常緑樹の種子。インドネシアのモルッカ諸島，西インドのグレダナ島，スリランカに産する。肉料理，ひき肉料理，甘い菓子，飲物の臭み消しに用いられる。
	Mace メース	にくずくの果実が熟すると，果皮が裂けて仮種皮に包まれた種子が現われる。この仮種皮を乾燥してメースとし，種子の仁を乾燥させたものをナツメッグという。メースはパウンドケーキ，プディング，ミートソース，詰物料理に使われる。
	Coriander コリアンダー	セリ科の1年生草。原産地は南ヨーロッパ。地中海沿岸，アルゼンチン，アメリカ，ソ連，インド，モロッコ等で栽培され，甘いマイルドな味でセージとレモンをミックスしたような香り。カレー用スパイス，クッキー，パン，ソーセージ，リキュールに用いられる。
果実	Caraway キャラウェイ	ひめういきょうともよばれ，セリ科の2年生草。原産地はヨーロッパ東部。デンマーク，イギリス，ドイツ，オランダで栽培される。果実はキャラウェイシードとよばれ，ライ麦パン，ザウェルクラウト，チーズの香りづけにも用いられ，若葉は刻んでスープやサラダにふりかけてもよく，根も国によっては食する。
	Cardamon カルダモン	ショウガ科の多年生草。原産地はインド南部で，インド，スリランカで栽培される。果実を乾燥する。しょうのうに似た特異の芳香を有し，粉末にしてパン，ケーキ，カレー粉，ハム，ソーセージやリキュールの香料，医薬用に用いる。
	Pepper コショウ	コショウ科のつる性多年生草の実で，代表的スパイスの1つ。原産地は南西インドのラマバール地方で，インド，マレーシア，ブラジル，スリランカ，インドネシアなどで栽培されている。黒こしょうは未熟の実，白こしょうは完熟の実を乾燥させたもの。肉の臭み消し，ハム，ソーセージなどの加工品，カレー，ドレッシング，ピクルス，煮物，テーブルこしょうとして用いる。
	Allspice オールスパイス （ジャマイカ・ペッパー）	原産地は中米カリブ海諸島，ジャマイカが主産地。果実を乾燥したもの。ナツメッグ，丁字，シナモン，黒こしょうを混合したような香味をもつ。畜肉製品，ソース，ケチャップなどの着香料として用いる。
	Chili Pepper チリ・ペッパー	とうがらし。ナス科に属する果菜。熱帯アメリカ原産。ポルトガル人によって伝えられた。南蛮，または高麗こしょうともいわれる。から味の強いものでたかのつめと同種である。粉末にしてシチューなどに用いる。防腐性もある。
	Cayenne Pepper カイエン・ペッパー	カイエンとうがらし。原産地はアフリカ。スペイン，ブラジル，西インド諸島で産する。から味がつよく，たかのつめと同じように粉末にして魚獣鳥肉，ピクルス，その他ソース用に用いられる。チリ・ペッパーと同じように用いられる。
	Paprika パプリカ	甘口の赤とうがらし。ハンガリア原産。魚肉，卵，サラダ，ドレッシングなどに用いられる。赤の着色用にされる。ハンガリア，ドイツ，オーストラリア料理によく用いられる。
花蕾	Clove クローブ	ちょうじ。フトモモ科の常緑樹のつぼみを乾燥したもの。インドネシアのモルッカ諸島，マダガスカルなどで栽培されている。刺激的な甘いさわやかなバニラ様の香味をもつ。甘辛両方の料理にあう用途のひろいスパイスである。矯臭効果があり，挽肉料理に用いるとよい。

	名　　　称	産　地　と　用　途
花蕾	Saffron サフラン	アヤメ科に属し，原産地は地中海沿岸。わが国では明治の初期から兵庫，岡山で栽培されている。サフランのめじべを乾かしたもので，芳香を有し，鶏・魚類の料理に用いられる。赤黄色の着色料としても用いられ，スペインのパエリヤ料理にも用いられる。
葉・茎	Sage セージ	シソ科サルビア属の植物で，葉をスパイスとして用いる。ギリシア，トルコ，ユーゴスラビアに産する。ソース，カレーなどに用いられる。肉の臭み消し，豚肉料理によくあう。ソーセージには不可欠のスパイスである。
	Thyme タイム	たちじゃこう草ともよばれるシソ科の多年生草。フランス，スペイン，ポルトガルなどが産地。花をつけた上部10cm位を切って陰干する。芳香，辛味を有し抗菌作用あり。肉類とくに魚介類の生臭みを消し，ソース，ハム，ケチャップ，クラムチャウダーなどに用いられる。
	Basil バジル	シソ科の1年生草。原産地はインド，アフリカ。主産地は北地中海，アメリカ，モロッコ。高貴な甘い匂いとかすかな辛味がある。イタリア料理に欠かせないスパイスでピザパイ，スパゲティミートソース，トマト料理にも用いられる。
	Rosemary ローズマリー	シソ科の常緑樹。生葉または乾燥した葉をそのまま，または粉末にして用いる。香りは強く，持続性がある。食べるとわずかに苦味を感じる。強い芳香は肉の臭みを取る効果もあり，鶏肉，マトン，豚肉などによく適合する。
	Dill ディル	セリ科の一年生草木。生の葉はすっきりとした快い芳香があるが，種子はやや刺激的な芳香。野菜のピクルス用のスパイスとして有名で特にきゅうりのピクルスには欠かせない。
	Oregano オレガノ	シソ科のハーブ。ワイルドマジョラムともいう。特有の芳香とほろ苦さがあり，トマトとの相性がよく，特に地中海料理には不可欠のハーブ。葉をみじん切りにしてレモン汁といっしょにドレッシングに加えたり，オムレツに混ぜて香りを楽しむ。
	Lawrel ローリエ （ベイリーフ）	月桂樹。クスノキ科の常緑樹の葉。原産地は東地中海沿岸。ギリシア，トルコなどで栽培されている。ソース，シチュー，スープなどに用いる。ブーケガルニに欠かせない。肉，魚の臭みとりに効果がある。
木皮	Cinnamon シナモン	和名は桂皮，肉桂。クスノキ科の常緑樹で樹皮がスパイスとして用いられている。同類のものにカシアがある。シナモンはスリランカ，カシアはベトナム，インドネシアで栽培。甘い香味のあるものによくあう。ケーキ，クッキー，プディング，パン，りんご料理，ジャム，シロップ煮に使われる。スティックやパウダーとして用いられる。
根茎	Ginger ジンジャー	ショウガ科の多年生草。熱帯アジアが原産。新しょうがは酢漬けにして添えたり，ひねしょうがはすりおろし，魚のなまぐさみをとる。飲物，プディング，ケーキに用いられる。薬味として種々の料理に用いられる。
	Garlic ガーリック	にんにく。ユリ科に属するねぎ類。西アジア原産。葉と地下茎を食用とする。硫化アリルは強い殺菌作用をもつ。薬用のほか肉や魚のなまぐさみを消す。各種料理に用い香味を添える。ガーリックパウダー。
	Turmeric ターメリック	うこん。ショウガ科に属する熱帯アジア原産の多年生草。インドを始め熱帯地方に多く沖縄，台湾でも産する。根茎は長さ4cm，径3cm，黄色色素とから味を有し，カレー粉の原料，たくあんの着色に用いられる。

12）一般材料名

1．穀類

日本語	中国語	英語
粟	小米（シャオミィ）	Barnyard millet
小麦	小麦（シャオマイ）	Wheat
米	米（ミィ）	Rice
とうもろこし	玉米（ユイミィ）	Corn
もち米	糯米（ヌオミィ）	Glutinous rice

2．いも類、でんぷん類

日本語	中国語	英語
さつまいも	蕃薯,地瓜,紅薯（ファンシュウ ディグワ ホンシュウ）	Sweet potato
里いも	芋頭（ユイドウ）	Taro
じゃがいも	山洋薯,土豆（シャンヤシュウ トウドウ）	Potato
山いも	山薬,山絢（シャヤオ シャオヤオ）	Japanese yam
片栗粉	大白粉（ダァバイフェン）	Potato starch
小麦粉	麺粉（ミェヌフェヌ）	Flour
白玉粉	糯米粉（ヌオミィフェヌ）	Glutinous riceflour
でんぷん	豆粉（ドウフェヌ）	Starch

3．砂糖及び甘味料

日本語	中国語	英語
砂糖	砂糖（シャタン）	Sugar

4．豆類　加工品

日本語	中国語	英語
えだまめ	毛豆（マオドウ）	Green Soybean
えんどうまめ	豌豆（ワンドウ）	Green peas
そらまめ	蚕豆（ファンドウ）	Broad bean
大豆	黄豆（ホワンドウ）	Soy bean
豆腐	豆腐（ドウフウ）	Soybean curd, Tofu
ゆば	豆腐皮（ドウフウピィ）	Dried bean curd
はるさめ	粉絲　粉条（フェヌス フェヌティヤオ）	Bean starch vermicelli

5．種子

日本語	中国語	英語
アーモンド	扁桃（ビェヌトウ）	Almond
あんず種子	杏仁（シンレヌ）	Apricot stone
ぎんなん	白果（バイグオ）	Gingko nut
栗	栗子（リィズ）	Chestnut
くるみ	胡桃（ホウトウ）	Walnut
なつめ	紅棗（ホンザオ）	Jujube
松の実	松子（スンズ）	Korean pine
落花生	花生仁（ホワションレン）	Peanut

6．野菜

日本語	中国語	英語
アスパラガス	芦筍（ルウスヌ）	Asparagus
かぼちゃ	南瓜（ナヌグワ）	Pumpkin
カリフラワー	花耶菜（ホワイエツァイ）	Cauliflower
キャベツ	甘藍　包心菜（ガヌラヌ パオシンツァイ）	Cabbage
きゅうり	黄瓜（ホワングワ）	Cucumber
ごぼう	牛蒡（ニウバン）	Edible burdock
さやいんげん	四季豆　芸豆（スディウ ユンドウ）	String bean
さやえんどう	荷蘭豆（ホラヌドウ）	Green bean
セロリ	洋芹菜（ヤヌチヌツァイ）	Celery
だいこん	白羅蔔（バイルオブオ）	Japanese radish
たまねぎ	洋葱（ヤンツォン）	Onion
トマト	蕃茄（ファヌチェ）	Tomato
なす	茄子（チェズ）	Egg plaant
にんじん	紅羅蔔（ホンルオブオ）	Carrot
ねぎ	葱（ツォン）	Welsh onion
はくさい	白菜（バイツァイ）	Chinese cabbage
パセリ	巴西利（パシィリィ）	Parsley
ピーマン	青椒（チンヂャオ）	Green pepper
ブロッコリー	青花菜（チンホワツァイ）	Broccoli
ほうれん草	菠菜（ブオツァイ）	Spinach
もやし	豆芽菜（ドウヤァツァイ）	Bean sprout
レタス	生菜（ションツァイ）	Lettuce
わさび	辣根（ラァグヌ）	Horse radish

7．果物

日本語	中国語	英語
あんず	杏子（シンズ）	Apricot
いちご	楊苺（ヤンメイ）	Strawberry
いちじく	無花果（ウホワグオ）	Fig
オレンジ	橘子（ヂュエズ）	Orange
かき	柿子（シズ）	Persimmon
さくらんぼ	桜桃（イントウ）	Cherry

すいか	西瓜 (シィグワ)	Water melon (ウォーター メロン)
西洋梨	梨子 (リィズ)	Pear (ペア)
パイナップル	鳳梨 (フォンリィ)	Pineapple (パイナプル)
バナナ	香蕉 (シャンジャオ)	Banana (バナーナ)
ぶどう	葡萄 (ブゥタオ)	Grape (グレイプ)
マンゴー	檬果 香芒 (モングオ シャンマン)	Mango (マンゴウ)
みかん	桔子 (チャイズ)	Mandarine (マンダリン)
メロン	蜜瓜 (ミィグワ)	Melon (メロン)
もも	桃子 (トゥズ)	Peach (ピーチ)
りんご	苹果 蘋果 (ピングオ ピングオ)	Apple (エプル)
れもん	檸檬 (ニンモン)	Lemon (レモン)

8. きのこ

きくらげ	木耳 (ムゥアル)	Jew's ear (ジューズ イアー)
しいたけ	冬菇 香菇 (ドゥングゥ シャングゥ)	Shiitake mushroom (シイタケ マッシュルーム)
ふくろたけ	草菇 (ツァオグゥ)	Paddy straw mushroom (パディ ストラウ マッシュルーム)
たけのこ	筍子 (スヌズ)	Bamboo shoot (バンブー シュート)

9. 藻類

かんてん	大菜 (ダアツァイ)	Vegetable gelation, Agar (ベジタボー ジェラティン アガー)
こんぶ	海帯 (ハイダイ)	Kelp, Tangle, Kombu (ケルプ タングー コンブ)
わかめ	嫩芽 (ネヌヤァ)	Wakame, Seaweed (ワカメ シーウィード)

10. 魚介類

あじ	竹筴魚 (チウツォユイ)	Saurel Horse mackerel (サウレル ホース マックレル)
伊勢えび	龍蝦 (ロンシャ)	Japanse spiny Lobster (ジャパニーズ スピニ ロブスター)
えび	蝦 (シャ)	Prawn (ブラウン)
小えび 芝えび	蝦仁 青蝦 (シャレン チンシャ)	Shrimp (シュリンプ)
車えび	明蝦 (ミンシャ)	Tiger prawn (タイガー ブラウン)
いか	墨魚 魷魚 (ムォユイ イゥユイ)	Squid, Cuttlefish (スクイド カトゥルフィッシュ)
いわし	沙丁魚 (シャディンユイ)	Sardine (サーディン)
かに	蟹 (シェ)	Crab (クラブ)
くらげ	海蜇 (ハイジョ)	Jellyfish (ジェリフィッシュ)
さけ	鮭 (グェイ)	Salmon (サーモン)
さば	青花魚 (チンホアユイ)	Mackerel (マックレル)
すずき	鱸魚 (ルゥユイ)	Japanese seaperch (ジャパニーズ シーバーチ)
たら	大口魚 (ダァウユイ)	Cod (カド)
たい	加吉魚 (ギャディユイ)	Sea bream (シー ブリーム)
ひらめ	大地魚 鮃魚 (ダァディユイ ピンユイ)	Flounder Flatfish (フラウンダー フラットフィッシュ)
まぐろ	鮪魚 (ユウユイ)	Tuna (トゥナ)
なまこ	海参 (ハイシェン)	Sea cucumber (シー キューカンバ)
アサリ	蛤子 (ゴォズ)	Short-necked clam (ショート ネックトゥ クラム)
アワビ	鮑魚 (バオユイ)	Giant abalone (ジャイアント アバロン)
貝柱	生貝 千貝 (ションベイ ガヌベイ)	Scallop, (Shell)ligament (スカロップ シェル リガメント)
カキ	蠔 牡蠣 (ハオ ムゥリィ)	Oyster (オイスタ)

11. 肉類

牛肉	牛肉 (ニウロウ)	Beef (ビーフ)
羊の肉	羊肉 (ヤロウ)	Mutton (マトン)
豚肉	猪肉 (ヂュロウ)	Pork (ポーク)
鶏肉	鶏肉 (ディロウ)	Chicken (チキン)
ゼラチン	魚膠 (ユイジャオ)	Gelatin (ジェラチン)

12. 卵

あひるの卵	鴨蛋 (ヤダヌ)	Duck's egg (ダックス エッグ)
うずらの卵	鶉蛋 (チュンダヌ)	Japanese quail egg (ジャパニーズ クエイルズ エッグ)
鶏卵	鶏蛋 (ディダヌ)	(Hen's) egg (ヘンズ エッグ)

13. 乳類

牛乳	牛奶 (ニウナイ)	Milk (ミルク)
チーズ	奶酥 (ナイスゥ)	Cheese (チーズ)
生クリーム	奶油 (ナイユ)	Fresh cream (フレッシュ クリーム)
ヨーグルト	奶酪 (ナイラオ)	Yoghurt (ヨーグルト)

14. 油脂類

油	葷油 素油 (ホヌイゥ スゥイゥ)	Oil (オイル)
ごま油	芝麻油 (ジマァイゥ)	Sesame Oil (セサミ オイル)
バター	黄油 (ホワンイゥ)	Butter (バター)
マーガリン	人造黄油 (レンザオホワンイゥ)	Margarin (マーガリン)

15. 菓子類

アイスクリーム	冰淇淋 (ピンチィリヌ)	Ice cream (アイス クリーム)
クレープ	春餅 (チュヌピン)	Crepe (クレイプ)
ケーキ	西式蛋糕 (シィシダヌガオ)	Cake (ケイク)
ゼリー	果汁凍 (グオジドン)	Jelly (ジェリー)

ビスケット	餅干 (ビンガヌ)	Biscuit
プリン	布丁 (ブディン)	Pudding
ジャム	果子醬 (グオズチャン)	Jam

16. 嗜好飲料

日本語	中国語	英語
紅茶	紅茶 (ホンチャ)	Tea
コーヒー	珈琲 (カァフェイ)	Coffee
ジュース	汁 (ジ)	Juice
ビール	啤酒 (ビィヂゥゥ)	Beer
ブランデー	白蘭地 (バイラヌディ)	Brandy
水	水 (シュイ)	Water
ミネラルウォーター	鉱泉水 (クァンジュアンシュイ)	Mineral water
ワイン	葡萄酒 (ブゥタオヂゥゥ)	Wine

17. 香辛料・調味料

日本語	中国語	英語
唐辛子	辣椒 (ラァヂャオ)	Red pepper
ういきょうの実	茴香 (ホェイシャン)	Fennel
からし	芥末 (ヂェムオ)	Mustard
月桂樹の葉	月桂樹 (ユイグイシュ)	Laurel, Bay leaf
こしょう	胡椒 (ホゥヂャオ)	Pepper
さんしょう	花椒 (ホゥヂャオ)	Japanese pepper powder
ごま	芝麻 (ヂマァ)	Sesame
シナモン	桂皮 (ゴェイピィ)	Cinnamon
しょうが	姜 (ヂャン)	Ginger
中国パセリ	香菜 (シャンツァイ)	Coriander
ちょうじ	丁香 (ディンシャン)	Clove
にんにく	大蒜 (ターヌスワヌ)	Garlic
はっかく	八角 (バァヂャオ)	Star anise
にんじん(薬用)	党参 (ダンシェヌ)	Cerfeuil(仏), Chervil
混合香辛粉	五香粉 (ウシャンフェヌ)	
アルコール	酒精 (ヂュウヂン)	Alcohol
塩	塩 (イェヌ)	Salt
しょうゆ	醬油 (ヂャンイゥ)	Shoyu, Soy sauce
酢	白醋 (バイツゥ)	Vinegar
ウスターソース	洋醬油 (ヤンヂャンイゥ)	Worcester sauce
マヨネーズ	蛋黄醬 (ダヌホゥヮンヂャン)	Mayonnaise
みそ	醬 (ヂャン)	Soybean paste, Miso
大豆みそ	黄醬 (ホヮンヂャン)	Soybean paste, Miso
甘いみそ	甜麵醬 (ティエヌメヌヂャン)	Sweet bean paste
みそ納豆	豆豉 (ドウチ)	Bean fermented soybeans
とうがらしみそ	豆瓣醬 (ドウバヌヂャン)	Red pepper bean paste
ごまみそ	芝麻醬 (ヂマァヂャン)	Sesame bean paste
トマトケチャップ	蕃茄醬 (ファヌチェヂャン)	Tomato ketchup

18. 調理加工品

日本語	中国語	英語
ソーセージ	香腸 (シャンチャン)	Sausage
ハム	火腿 (フォトェイ)	Ham
焼き豚	叉焼肉 (チャシャオロウ)	Roast pork

第1章　日本料理

日本料理の特徴

　日本は，南北に細長く伸び，かつ四方を海に囲まれているという地理的条件と四季の変化が著しいという気候的条件によって，季節ごとに新鮮で種類の豊富な海産物や農産物に恵まれている。また米の生産量が多く，米飯を主食とする食生活は日本の食文化構成の一大要因となっている。ご飯が淡白な味であることが，さまざまな味のおかずを食べることに寄与している。おかずとご飯を交互に食べることで前のおかずの味を消し新たな味を味わうことができる。一汁三菜に代表される和食の日常食が日本型食生活として世界的に評価されるのは，食材・調理法・味などに変化をつける調理技術の賜物である。

　調理方法の特徴は材料の持ち味を生かすこと，"旬"を大切にして季節感を出すことなどである。料理は繊細な美しさが重んじられ，食材の姿，形，色などを大切にしながら，器や盛り付けにも気配りがなされ，"見る料理"としての完成度の高さが認められている。

　食事形式では一品ずつ各自の器に盛り付けるのが基本の形である。調味料としては醤油・みそ・酢・酒・みりんなどがあり，昆布やかつお節などのだしを利用することで日本料理独特の味を作り上げている。

ご飯物・麺類

1 ご飯

材料（4人分）

精白米	C 2（320g）
水	480cc
	（米の重量の1.5倍
	容量の1.2倍）

・米の加水量
　米重量×1.5
　米容量×1.2
・米C1（200ml）は160gである。

注意
・炊飯器附属の計量カップは約180mlで約150gと表示されており本書で使用のカップとは異なる。

◆ **下ごしらえ**
① 米を手早く洗い，ざるにあげ水をきる。
② 鍋に米と定量の水を入れ，30分〜2時間浸けておく（水温により吸水の早さが違う）。

◆ **つくり方**
❶ ②を火にかける。中火にかけ，沸騰したら，少し火を弱めて5分間沸騰を続け，後さらに火を弱めて静かに約15分沸騰を続ける。水が引いたら強火にして火を消し，10〜15分間蒸らす。
❷ ご飯を軽く底からおこして，乾いた布巾をかけ，ふたからの水滴が落ちないようにする。

参考

無洗米：米のとぎ汁を家庭排水として流すことによる環境破壊を防ぐ目的で開発された。無洗米を炊く場合は水量を5％位増やし（C1が160g以上ある）吸水を充分に行う。

2 えんどうご飯

材料（4人分）

米	C 2
水	450cc
酒	T 2
塩（加水量の1％）	t 3/4
えんどう豆	80g
（米の25％，さやつきで約160g）	

◆ **下ごしらえ**
① 米を洗い，定量の水に30分以上浸けておく。
② えんどう豆はさやから出して洗う。

◆ **つくり方**
❶ 米にえんどう豆，塩，酒を加えて炊く。
❷ 豆をつぶさないようにご飯を混ぜ，盛り付ける。

参考

・塩味ご飯の塩分算出法
（米重量×2.3＋具の重量）の0.6〜0.7％。簡易法としては水重量の1％または米重量の1.5％という方法もある。
・えんどう豆を最初から入れて炊くと色は悪くなるが，豆の味がご飯に移っておいしくなる。色よく仕上げたいときは米が沸騰したときに豆を入れて手早くかき混ぜ，再び沸騰したら，すぐに弱火にして炊き上げる。

3 栗ご飯

材料(4人分)	
米	C 2
水	465cc
酒	T 1
塩(加水量の1%)	t 3/4
栗(皮付き)	200g

◆ 下ごしらえ
① 米を洗い，定量の水に30分以上浸けておく。
② 栗は熱湯にしばらくつけてから，鬼皮・渋皮をていねいにむき，3～4つ割りにして水にさらす。

◆ つくり方
①と②を合わせ，酒，塩を加えて炊き上げる。

参 考

・米の10%をもち米に代えてもよい。酒(水の5%)を加えてもよい。
・芋ご飯の場合，芋は米の60%にするとよい。

4 炊き込みご飯

材料(4人分)	
米	C 2
水	420cc
酒	T 2
薄口醤油	T 1 1/2
(塩分は加水量の1%)	
鶏肉(もも)	70g
濃口醤油	t 1/2 (3g)
ごぼう	30g
にんじん	20g
干しいたけ	10g
油あげ	20g
こんにゃく	50g
グリンピース	20g

◆ 下ごしらえ
① 米は洗って定量の水に30分以上浸けておく。
② 鶏肉は1cm角に切り，醤油をふりかけておく。
③ ごぼうは細めのささがきにして水にさらす。
④ にんじん，戻したしいたけは2cm長さのせん切りにする。
⑤ 油あげは熱湯をかけて油抜きし，こんにゃくは茹でてから，ともに2cm長さのせん切りにする。
⑥ グリンピースは塩茹で，冷凍なら熱湯をかけて戻す。

◆ つくり方
❶ 米に調味料，②～⑤の具を加えて炊く。醤油味のご飯はこげやすいので，沸騰継続時間を2～3分に短縮するとよい。
❷ 蒸らしが終わったら，⑥を加え底から混ぜて盛る。

参 考

・液体調味料を入れるときはその分，加水量を減らす。調味料が入ると米の吸水率が悪くなるので調味料は炊く直前に入れる。
・醤油味のご飯を**桜飯**という。色を淡く仕上げたいときは，醤油T 2を醤油T 1と塩 t 1/2におきかえるとよい。
・油抜きは表面についている余分の油や酸化した油を除き，油っこくない料理に仕上げる方法であり，味の浸透もよくなる。すしあげは弾力とつやがあり表面が乾いていないものがよい。
・**油抜きの仕方**：ざるに並べて熱湯をかける方法とたっぷりの湯の中でひと煮立ちさせる方法がある。

5　たけのこご飯

材料(4人分)

米	C 2
ゆでたけのこ	120g
	(米の40%)
鶏肉	80g
水	435cc
ⓐ 酒	T 2
薄口醤油	T 1
塩	t 1/2
	(米重量×2.3＋具の重量)×0.6%
木の芽	適量

◆ 下ごしらえ

① 米は洗って定量の水に30分以上浸けておく。
② ゆでたけのこは繊維に直角に薄く短冊に切る。
③ 鶏肉は小さく切る。

◆ つくり方

❶ ①に②と③とⓐの調味料を加え、全体をよく混ぜて炊く。
❷ 器に盛り、木の芽を天盛りする。

> ・たけのこの茹で方
> 　たけのこは皮付きのまま先端を斜めに切り、皮の部分にたてに切込みを入れる。たっぷりの水に10〜20%の米ぬかと赤とうがらしを加えて茹でる。竹串が入る程度になると火を止め、そのまま冷めるまでおき、皮をむいて水にさらす。
> 　たけのこの廃棄率は約50%であるため、皮付きを購入する場合、必要量の2倍とする。

科 学

・ぬか水の効用は、でんぷん粒子がたけのこの表面を覆うので、酸化を防ぎ、色白く茹で上がる。また、えぐみも除かれる。皮付きのままゆでるのは、皮に還元性の亜硫酸塩があり、これがたけのこの繊維を軟化させるといわれている。

6　しめじご飯

材料(4人分)

米	C 2
しめじ	100g
鶏肉	40g
水	435cc
ⓐ 酒	T 2
濃口醤油	T 1
塩	t 1/3
	(米重量×2.3＋具の重量)×0.6%

◆ 下ごしらえ

① 米は洗って定量の水に30分以上浸けておく。
② しめじは小さく分け、大きなものは切り、洗ってざるにあげる。
③ 鶏肉は小さく切る。

◆ つくり方

❶ ①にⓐと②③を加えて炊く。

参 考

・しめじを松茸に代え、**松茸ご飯**にしてもよい。
・松茸はかさの上からたたいてごみを落とす。石づきをそぎとり、薄い塩水につけて軽く洗い、短冊切りにする。
・材料に油揚げを加えてもおいしい。

7 かき飯

材料(4人分)

米	C 2
だし汁	C 2
ⓐ ┌ 薄口醤油	T 1
ⓐ │ 酒	T 1
ⓐ └ 塩	少々*
かき	160g
せり	30g
ゆず	1個
きざみのり	2g

*だし汁の塩分によって加減すること

◆ 下ごしらえ

① かきは塩水でふり洗いして,水気をきる。
② 米は洗って定量のだし汁に30分以上浸けておく。
③ せりは細かく刻み,ゆずの皮はせん切りする。

◘ つくり方

❶ ②にかきとⓐの調味料を加えて炊く。
❷ 蒸らしがすめば,せりを混ぜ,器に盛ってゆずときざみのりをのせる。

参考

・かきを下煮しておき,その煮汁を加えて飯を炊く。炊き上がったご飯にかきを混ぜる方法もある。
・かき飯に大根おろし,ねぎ,のり,わさびの薬味をのせ,味つけしただし汁をかけて食べる方法もある。
・かきを生食する場合は大根おろしに水を加えて軽くかきまぜるとぬめりがとれる。加熱の場合は塩水でよい。

8 しょうが飯

材料(4人分)

米	C 2
油あげ	10g
水	450cc
酒	20cc
薄口醤油	t 2
塩	t 1/2
	(塩分は加水量の1%)
しょうが	30g

◆ 下ごしらえ

① 米は洗って定量の水に30分以上浸ける。
② 油あげは熱湯をかけて油ぬきし,細く切る。
③ しょうがは皮をむき,針しょうがにする。

◘ つくり方

❶ ①に②と調味料を加えて炊く。
❷ 蒸らしが終わったら水分をふき取った針しょうがを混ぜ5分ほど蒸らす。

参考

・新しょうがを使うときは薄切りでもよい。
・塩味ご飯にして,青じそのせん切りの塩もみを混ぜるとしそ飯,大根葉をさっと茹でてみじん切りしたものを入れると菜飯になる。
・しょうがの産地東京・谷中の名をとって**谷中飯**ともいう。
・**針しょうが**はしょうがをごく薄くへぎ,細くせん切りして水にさらす。

針切り

9 炊きおこわ

材料(4人分)

もち米	200g
うるち米	100g
あずき	45g
あずきゆで汁＋水	350cc
塩	t 2/3
ごま塩	少々

・もち米の加水量
　米重量×1
　米容量×0.8

◆下ごしらえ

① あずきに4～5倍の水を加え加熱する。煮立ったら一度ゆで汁を捨てる。（渋切り）。あらためて水を加えて煮る。静かに沸騰を続けて固めにゆでる。ゆで汁と豆を分けておく。
② もち米・うるち米を洗って水気をきる。
③ ごまを煎り、塩を加えてさっと煎る。

◆つくり方

❶ ①のゆで汁に水を加えて定量の水量とし、②の米を浸けて約1時間おく。これに小豆と塩を加えて炊く。
❷ おこわを器に盛り、ごま塩をふる。

科学

・うるち米ともち米：うるち米ともち米はでんぷんの分子が異なる。うるち米のでんぷんは、グルコースのα-1.4結合からなるアミロース成分(約17%)と、α-1.6結合の枝分かれを持ったアミロペクチン(約83%)からなる。もち米でんぷんは大部分アミロペクチンよりできていて、老化しにくい。
・渋切り：小豆に含まれるあく（サポニン）を取り除く操作をいう。

10 三色丼

材料(4人分)

米		C 2
水		440cc
ⓐ	酒	T 1 2/3
	濃口醤油	T 1
	塩	t 1/3
鶏ひき肉		160g
ⓑ	濃口醤油	T 1
	砂糖	T 1
	酒	t 2
	みりん	T 1
	しょうが汁	t 1
卵		2個
ⓒ	砂糖	T 1
	塩	t 1/4
	酒	t 2
さやいんげん		60g
ⓓ	砂糖	t 1
	酒	t 2
	塩	少々
紅しょうが		10g

◆下ごしらえ

① 米は洗って定量の水に浸けておき、ⓐを加えて炊く。

◆つくり方

❶ 鍋に鶏ひき肉を入れ、ⓑを加えて4～5本の箸でかき混ぜながら中火にかけ、煮つめる。
❷ 卵は割りほぐしてⓒを加え、❶と同様に炒り卵をつくる。
❸ さやいんげんは色よく塩茹でし、斜めに細切りしてⓓで炒りつける。
❹ 紅しょうがはせん切りにする。
❺ 丼に①を盛り、表面を平らにして❶、❷、❸を美しく盛り合わせ、❹を天盛りする。

参考

・鶏そぼろはえびそぼろ、紅ざけそぼろ等に代えてもよい。

11 ちらしずし（関西風）

材料（4人分）

米	C 2 (320g)
水	440cc
酒	T 1
こんぶ	5g
合わせ酢	
ⓐ 酢（米重量の約13％）	40cc
砂糖（〃の6％）	20g
塩（〃の2％）	t 1
焼き穴子	2尾
干しいたけ	小4枚
ⓑ もどし汁	適量
砂糖	8g
濃口醤油	t 1弱
みりん	t 1弱
にんじん	30g
ⓒ だし汁	40cc
砂糖	t 1
塩	少々
れんこん（細）	40g
ⓓ 酢，だし汁	各T 1
砂糖	T 1/2
塩	少々
さやえんどう	30g
だし汁	T 2
塩	少々
卵	2個
ⓔ 塩（卵の0.8％）	少々
砂糖（〃の2％）	t 2/3
油	少々
魚そぼろ（でんぶ）	
ⓕ 白身魚	80g
砂糖，だし汁	各T 1 1/3
塩	t 1/5
（食紅）	
炒りごま（白）	T 1/2
のり	1枚
漬けしょうが	16g
木の芽	8枚

◧ 下ごしらえ

① 米は洗って水加減し，こんぶを入れ30分以上浸け，酒を加えて炊く。
② 合わせ酢を作る。早い目に合わせて砂糖を溶かす。
③ 戻したしいたけは軸を除き，丸のままⓑで煮含める。
④ にんじんはせん切りにしてⓒで煮る。
⑤ れんこんは皮をむき，4枚は花切りにし，残りは小さめのいちょう切りにし，5％の酢水にさらしてからⓓで煮る。
⑥ さやえんどうはゆでてから，さました調味だしにつける。
⑦ 卵は薄焼きにし，錦糸卵にする。
⑧ 穴子は酒を少々振り，さっとあぶって1口大のそぎ切りを8切れとり，残りは細い短冊切りにする。
⑨ 白身魚は茹で，水気を切り，骨，皮を除きほぐす。鍋に入れ，ⓕを加え湯煎にかけ箸数本でかき混ぜながら，そぼろ状にする。
⑩ のりは火取ってもみのりまたは針のりにする。

◆ つくり方

❶ ①の飯をすし桶に移して熱いうちに合わせ酢を振りかけ，木杓子で切るように混ぜる。あおいで余分の水分を飛ばし艶を出す。温かいうちにれんこん，にんじんの汁気をよく切って，短冊切りの穴子と白ごまをすし飯に混ぜ，あおいで冷ます。

❷ 器に盛り上にもみのり，錦糸卵，さやえんどう，魚そぼろの順に盛り，しいたけ，穴子，酢れんこんを散らし，木の芽はたたいてから散らす。漬けしょうがを添える。

参考

・すし飯の米は良質の米がよく，粘り気の多い新米，パサパサした外国米などは適さない。
・**合わせ酢の配合**：味付けした魚を飾る関西風では砂糖をきかす。生魚を主体に飾る関東風では握りずし同様，砂糖控え目のすし飯がよく合う。
・米C1でできるすしの目安の量は，ちらしずし2皿，いなりずし8個，太巻き寿司2本，細巻き寿司5本，にぎりずし10～12個。
・ちらしずしの応用としてふくさずし，茶巾ずし（4人分）ができる。卵6個に水溶き片栗粉を加えて大きめの薄焼き卵を焼き，えびなどお好みの具入りすし飯を軽く手でまとめて包み，みつばで結ぶとふくさずし，薄焼き卵で茶巾絞りに整えて，みつばで結ぶと茶巾ずしとなる。はじかみしょうがを添える。
・すし桶は小型のたらい状の桶。半切り，盤台（はんだい）ともいう。木がご飯の余分な水分を吸収するので，ご飯がパラリと仕上がる。

12 巻きずし

材料(4人分)

すし飯
- ⓐ 米 ……………… C 2
- 水 ……………… 440cc
- こんぶ …………… 5g
- 酒 ……………… T 1
- 酢 ……………… 40cc
- 砂糖 ……………… 20g
- 塩 ……………… t 1

凍り豆腐 ……………… 1個
- ⓑ だし汁 …………… C½
- 砂糖 ……………… T 1強
- 塩 ……………… t 1/5
- 薄口醤油 ………… t 4/5

かんぴょう ……………… 10g
干しいたけ …… 中3枚(10g)
- ⓒ だし汁(もどし汁) …100cc
- 砂糖(もどし材料の15%) 20g
- 濃口醤油(〃15%) …… 20g

- 卵 ……………… 1個
- 砂糖 ……………… T½
- 塩 ……………… 少々
- 油 ……………… 適量

みつば ……………… 15g
巻きのり ……………… 2枚

◆下ごしらえ
① ⓐの材料ですし飯を作り(前項参照), ½量を巻きずしに, 残りをいなりずしに使用する。
② 凍り豆腐は約60℃の湯につけてもどす。ⓑを煮立て, 煮汁が½位になるまで煮る。汁気をきってたて5本に切る。
③ かんぴょうは塩もみして洗う。半透明になるまで茹でる。戻したしいたけと一緒にⓒの調味液で煮含める。しいたけは細長く切る。
④ 卵は調味して1枚に焼き, 細長く切る。
⑤ みつばは茹で, のりはあぶる(片面)。
⑥ すべての材料を2等分する。

◆つくり方
❶ 巻きすにのりの表を下にして横長におき, 手を酢水にぬらして飯をとり, のりの向うを2cm, 残してひろげ, すし飯のまん中に具をのせ, 具を抑えながら手前の飯の端を向こう側の飯の端に合わせるように巻く。
❷ ぬれ布巾で包丁をぬらしながら8切れに切る。

科学
・あさくさのりの優秀品は黒味を帯びた光沢のある紅紫色であるが, あぶると緑色に変わる。
・pH14で緑色に, pH6.8で紅紫色になるが十分あぶったものは酸にふれても変色しない。これがすしのりをあぶって用いる理由である。

 (1) のりの向こう側2cm残してすし飯を広げる。

 (2) すし飯のまん中に具を置く。

 (3) 具を押さえながら巻く。

 (4) 軽く締める。

巻きずしの巻き方

13 いなりずし

材料(4人分)

すしあげ ……………… 4枚
- ⓐ だし汁 …………… 140cc
- 砂糖 ……………… T 2¼
- 薄口醤油 ………… T 1弱
- みりん …………… T 1

白ごま ……………… t 2
にんじん ……………… 12g
ごぼう ……………… 12g
きくらげ ……………… 6g
漬けしょうが ………… 20g
はらん ……………… 1枚

◆下ごしらえ
① すし揚げは二つに切って十分油抜きし, ⓐの調味液で煮る。
② 白ごまは煎る。
③ にんじん, ごぼう, 戻したきくらげをせん切りにし, ①の残り汁で煮る。
④ はらんはきれいに洗い, 飾り切りする。

◆つくり方
❶ すし飯に②, ③を混ぜ, 軽く握ってすしあげにつめる。
❷ 巻きずし, いなりずしを皿に盛り, はらんと漬けしょうがを添えて供す。

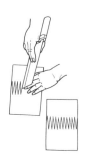

はらんの切り方

14 親子丼

材料(4人分)

米	400g
水	600cc
鶏肉	200g
たまねぎ	120g
みつば	20g
ⓐ だし汁	250cc
ⓐ 濃口醤油	50cc
ⓐ みりん	50cc
卵	4個
粉さんしょう	少々

◆ 下ごしらえ

① ご飯は普通に炊く。
② 鶏肉は一口大に薄くそぎ切りする。
③ たまねぎは5mm厚さの輪切にし,ばらしておく。
④ みつばは2cm長さに切る。
⑤ ⓐを一煮立ちさせる。
⑥ ②〜⑤はそれぞれ4等分しておく。

◇ つくり方

❶ 親子鍋に一人分の調味液を煮立て,②と③を入れて煮る。鶏肉を裏返して火が通ったら,④を散らし入れる。卵1個をざっとほぐしてまわし入れ,鍋をゆすりながら半熟になるのを待って,ご飯の上にすべらせるようにかける。
❷ 粉山椒をふり,ふたをして供する。

参考

丼のいろいろ
・卵を使うもの:木の葉丼(かまぼこ・油あげ),他人丼(牛肉),カツ丼(とんかつ)等
・卵を使わないもの:天丼,うな丼等
・親子丼は,丼の径と浅なべの口径とが同じくらいのものを用いること。専用親子鍋もあるが,小さくて浅い鍋であればよい。

15 粥

材料(4人分)

茶粥

米	C 1
水	C 7
ほうじ茶	T 2〜3
塩	t 1/3

七草粥

米	C 1
だし汁	C 7
(こんぶ,かつお)	
塩	t 1/3
七草(せり,なずな,ごぎょう,はこべら,ほとけのざ,すずな,すずしろ)	適量

あずき粥

米	C 1
あずき	50g
あずきの煮汁	C 7
塩	t 1/3

◆ 下ごしらえ

① 米は炊く30分前に洗いザルに上げる。
② ほうじ茶は木綿の茶袋に入れ口を閉める。

◇ つくり方

❶ 土鍋に水と②を入れ煮たたせる。色と香りが充分に出たら②を取り出す。
❷ ❶に①を入れ中火にし吹きこぼれそうになったら弱火にして約20分で炊き上げ塩を加える。
・七草の粥:七草は,茹でて炊きあがる直前に加える。
・あずき粥:あずきを20分位煮てから米と共に炊く。

粥の米と水の割合

	米:水
全 粥	1:7
七分粥	1:10
五分粥	1:14
三分粥	1:21
一分粥	1:70

参考

茶粥
和歌山県地方,奈良大和地方,九州佐賀県地方で常食とされている。

七草粥
春の七草を用いたかゆで,1月7日に無病息災を祈ってつくる行事食。七草の代用として,小松菜,みつば,ほうれんそう,しゅんぎく,かぶの葉などでもよい。

あずき粥
1月15日には餅を入れ,祝って食べる習慣から,15日かゆともいう。
・全粥はふつう米の体積の5倍の水で炊き上げるが,少量炊きでは左表のような水加減が好ましい。

16 松花堂弁当

1. 桜ご飯　2. 刺身盛り合わせ　3. 鯛の子とふきの炊き合わせ
4. 牛肉の野菜巻き　5. 半熟卵　6. 菜の花のからし和え

材料(4人分)

1. 桜ご飯

米	C2
水	480cc
桜の塩漬け	4輪
青菜の塩漬け	適量

2. 刺身盛り合わせ

まぐろ	100g
いか(皮をむいたもの)	100g
だいこん	4cm
青じそ	4枚
花穂じそ	4本
紅たで	少々
わさび	適量

桂むき

糸切り

さしみのけんの作り方

◆下ごしらえ
① 桜の塩漬けはさっと洗い，水気を取る。
② 青菜は3cmに切り，固く絞る。

◇つくり方
❶ 物相型を水でしめらせ，炊きたてのご飯をつめて上面に①をのせて，型に抜く。②を添える。

◆下ごしらえ
① だいこんは薄くかつらにむき，くるくると巻きなおして小口から細いせん切りにして，氷水に放つ。

◇つくり方
❶ まぐろはさく取りしたものをまな板の手前近くに横におき，包丁の刃の端から端までを使って手前に引くように切って，平造りにする。
❷ いかは縦に4～5cm幅に切り，横むきにおき包丁の刃先を向こうから引きながら細切りにする。
❸ 器の向こうに①のけんを置き，青じそを仕切るようにして添え，❶と❷を形よく，立てかけるように盛り，花穂じそと紅たでをつまにして，わさびを添える。
(わさびは上端から目の細かい，さめ皮を張ったものでおろすとよい)

参考

・**松花堂弁当**は略式の懐石料理に用いる器(弁当箱)。江戸初期の学僧，書家，画家であり，さらに茶道をたしなんだ松花堂昭乗という人が絵の具皿入れであったものを弁当箱に，また農家の種入れに使っていた箱をたばこ盆として使ったのがはじまりで，のちに器として使われ始めたといわれている。形は角形で縁高の一種，塗りのお重で仕切りが十文字になっており，陶器の皿が入っている。盛り込む料理が整理され，味の混合や移り香を防ぐようにできている。

・昭和初期，「吉兆」主人湯木貞一が点心用の器として松花堂を用いた。そのときは右下にご飯，右上に向付，左上に前菜，左下に炊き合わせという盛り付けであった。しかし現在では左手前にご飯，右手前に酒の肴，右上に生もの，左上に煮物を盛り付ける場合が多く，盛り付けについては，料理のバランス，色合い，食べやすさを考慮して考えるとよい。

・**物相型**とはご飯を抜く型のことで，松型，梅型，扇面型，ひょうたん型などがある。季節や吉凶により形を選んで用いる。

3. 鯛の子とふきの炊き合わせ

つくり方はP.61ページ参照

4. 牛肉の野菜巻き

牛もも肉(うす切り)	100g
ⓐ 濃口醤油	T1/2 (9g)
ⓐ 酒	T1/2 (7.5g)
ⓐ しょうが汁	少々
アスパラガス	2本
ミニキャロット	2本
油	T1/2 (6g)

◆ 下ごしらえ
① 牛肉はまな板に広げ、ⓐを合わせて振りかける。
② アスパラガスとミニキャロット(薄く皮をむく)は1%の塩熱湯でかために茹で、塩少々を振って下味を付ける。

◘ つくり方
❶ ①を4等分し、手前に②を別々に1本ずつのせて、これを芯にして牛肉を巻き込む(アスパラガスが長い場合2等分して2本を一度に巻くとよい)。
❷ フライパンを熱し、油を入れて、❶を巻き終わりを下にして入れ、肉がはがれなくなったら、フライパンを動かしながら、転がすようにして焼く。肉にしっかり火を通し、適当な長さに切り、切り口を見せるように盛り付ける。

5. 菜の花のからし和え

菜の花	100g
塩	少々
ねりからし	t1/2
薄口醤油(菜の花の10%)	T1/2強
砂糖(〃の1.5%)	t1/2

◆ 下ごしらえ
① 菜の花は固い所を切りおとし、塩熱湯で茹でる。水気を切って3cmの長さに切り揃える。

◘ つくり方
❶ ねりからしを醤油でのばし、砂糖で味を整え①と和える。

6. 半熟卵

卵(生食用)	2個
黒ごま	少々

◘ つくり方
❶ 卵は半熟に茹で(沸騰後6分程度)、急冷して殻をむき、2等分して、煎ったごまを切り口に振る。

参考

・牛肉の野菜巻きのしんにする野菜は、ピーマン、あさつき、セロリ、さやいんげん等好みのものを用いるとよい。
・半熟卵はう巻き卵やだし巻き卵でもよい。
・菜の花の代わりに大阪白菜(しろな)を使用するのもよい。しろなは天満菜ともいわれ、油あげとの煮びたしや、漬物にも使用される。

科学

・茹で卵のつくり方
半熟　95～100℃
　　　5～6分
全熟　〃
　　　10分～12分
温泉卵　65℃～70℃
　　　　25分～30分

急激な加熱はひび割れの原因になるので水から茹でる。
・過熱は卵白中の硫黄が分解して硫化水素(H_2S)となり、卵黄中の鉄と反応して硫化第一鉄(FeS)を生成し、黒変する。茹で上がったら急冷すると熱の持続が避けられ、かつ卵殻膜と卵白の密着を防いで殻がむきやすくなる。

17 幕の内弁当

1. おにぎり 2. さわらの味噌だれ焼き 3. 高野豆腐と長いもの含め煮 4. だし巻き卵 5. オランダこんにゃく 6. 酢れんこん 7. 末広にんじん,さやえんどう

材料(4人分)

1. おにぎり

米	C 2
水	480cc
塩	少々
黒ごま	t 1
たくあん	60g

2. さわらの味噌だれ焼き

さわら	50g×4切
ⓐ 赤みそ	10g
濃口醤油	T 1
みりん	T 1
酒	T 1/2 (8g)
ピーマン	2個
油	t 1
はじかみしょうが	4本
酢	T 3
砂糖	T 3
塩	t 1/5

3. 高野豆腐と長いもの含め煮

凍り豆腐	2個
ⓐ だし汁	C 2
砂糖	T 3
塩	t 1/3
薄口醤油	t 1
長いも	100g

◆下ごしらえ
① たくあんはうすく輪切りする。

◆つくり方
❶ おにぎり型を塩水でしめらせ,炊きたてのご飯をつめて抜く。表面が乾かないうちに黒ごまをのせ,①を添える。

◆下ごしらえ
① ⓐを合わせて味噌だれを作る。
② ピーマンは縦二つに切り,種を除きせん切りする。

◆つくり方
❶ クッキングシートを敷いたオーブン皿にさわらをならべ(表になる方を上面に)180℃で焼く。約10分焼いて魚に火が通ったら,オーブンから取り出して裏返し,①の半量を塗って軽く焼く。表に返して残りの半量を塗り,再度オーブンでこがさないように軽く焼く。

❷ ②を油で炒め,残りの①を全部加えて味付けする。

❸ はじかみしょうが(葉つきしょうが)は茎を5～6cm残して斜めに切り,根の形を図のように整えて,塩熱湯でさっと茹で,甘酢につける。根しょうが(新しょうが)の薄切りでも同様にできる。

◆下ごしらえ
① 凍り豆腐は温湯につけて戻す(P.64参照)。
② 長いもは皮をむき輪切りする。

◆つくり方
❶ ⓐを煮立て①を加えてゆっくり含め煮する。煮汁を1/3量残す。
❷ ❶の残り汁で②をやわらかく煮る。

参考
・盛り付けは半月弁当箱(幕の内弁当箱)を用意し,仕切り板をおき,左側におにぎりを並べ,たくあんを添える。右側に料理を色どりよく盛り付ける。

・幕の内弁当は江戸時代に芝居小屋で出された料理で,幕あいに食べたことからこの名が付いた。

・弁当は時間をおいて食べることが多いので,特に腐敗に対する注意が必要である。新鮮な材料を用いる,十分加熱する,やや濃厚な味付けにする,熱い物と冷たい物を接触させない,調理後は涼しい所に置くなどを心がける。

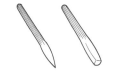

筆しょうが　　杵しょうが

4. だし巻き卵

卵	3個
ⓐ だし汁	T 3
ⓐ 砂糖	t 2
ⓐ 塩	t 1/4
油	少々

◈ 下ごしらえ
① 卵をわりほぐし，ⓐを加えて混ぜる。
② 卵焼き器を油ならしする。

◻ つくり方
❶ 熱した卵焼き器に卵液を1/4量流して焼き，手前によせる。油をひき卵を向こうに移す。
❷ 手前も油をひき，卵液を流し，卵液をゆきわたらせる。むこうから巻き重ねていく。これを繰り返し焼く。巻きすにとって形を整える。冷めてから切り分ける。

参考

・油ならし：卵焼き器やフライパンにたっぷりの油をいれ，とろ火にかけてじっくりと焼き，油をなじませること。フッ素樹脂加工の鍋には必要ない。

・卵焼きは関西風は甘味をおさえて薄味に仕上げるが，関東風は砂糖を多く用い，色も味も濃く仕上げる。

・オランダ煮とは，下調理としていったん油で焼いたり，揚げたりした料理につける名称。淡泊な味の材料に用いる場合が多い。また，ねぎやとうがらしを用いた料理をいう場合もある。

5. オランダこんにゃく

こんにゃく	1/3丁(80g)
油	T 1/2
ⓐ だし汁	60cc
ⓐ 砂糖	t 1
ⓐ みりん	t 1
ⓐ 濃口醤油	T 1/2

◈ 下ごしらえ
① こんにゃくは塩もみして洗う。4つに細長く切り，斜めに切り込みを入れる。裏返して同じ方向に斜めの切り込みを入れる。

◻ つくり方
❶ 鍋に油を熱して①を炒め，ⓐを加えて煮含め，2つに切る。

6. 酢れんこん

れんこん	100g
ⓐ 酢	T 3
ⓐ 砂糖	T 2
ⓐ 塩	t 1/2
赤とうがらし	1本

つくり方は正月料理（P.76）参照

7. 末広にんじん，さやえんどう

にんじん	60g
ⓐ だし汁	100cc
ⓐ 砂糖	T 1
ⓐ 薄口醤油	T 1/2
さやえんどう	40g

◈ 下ごしらえ
① にんじんは厚さ1×4×1.5cmの短冊に4個切る。
② さやえんどうはすじをとり，塩熱湯で茹でる。

◻ つくり方
❶ ⓐを煮立て①を煮る。やわらかくなれば切り目を入れて末広形にする。
❷ ❶の残りの煮汁を冷まし，②を浸し味をなじませる。

・正月料理に用いる場合はにんじんを梅花（ねじ梅）にする。

末広切り

ねじ梅

18 きつねうどん

材料(4人分)

ゆでうどん	4玉
油あげ	4枚
ⓐ だし汁	C1
砂糖	T3
濃口醤油	T1
かけ汁	
ⓑ 水	C5
薄口醤油	60cc
みりん	T2
こんぶ	10g
かつお節	15g
さば節	15g
青ねぎ	1本
七味唐辛子	少々

◆下ごしらえ

① 油あげはたっぷりの熱湯の中で（木杓子でおさえながら）1～2分煮て油抜きする。
② 鍋にⓑの材料を入れ，中火にかけてひと煮立ちしたら布巾でこして鍋にもどす。

◆つくり方

❶ ①の油あげにひたひたのだし汁と砂糖を入れ，弱火で落し蓋をして4～5分煮，醤油を加えて，さらに弱火で煮汁が1/3くらいになるまで気長に煮る。
❷ うどんをざるに入れて熱湯をくぐらせ，温めた丼に入れる。
❸ ❶と斜め切りしたねぎをのせて熱い汁をかける。

参考

・手打ちうどん：（中力粉250g，水120cc，塩t2）粉に塩水を加えて耳たぶのかたさにこね，1時間ねかせる。打ち粉をふって3～4mm厚さにのばし，屏風だたみにして3～4mm巾に切る。たっぷりの熱湯で10～12分ゆでて流水でもみ洗いする。
・干麺，生麺を使うとゆで麺よりこしの強い仕上がりとなる。
・キツネが油揚げを好むという言い伝えによる。

19 山かけそば

材料(4人分)

茶そば(干)	200g
やまのいも	250g
うずら卵	4個
青のり粉	少々
そばつゆ	
水	C3
こんぶ	8g
かつお節	10g
ⓐ 濃口醤油	C2/3
みりん	T3
酒	T2
砂糖	t2
塩	t1/3 (2g)

◆下ごしらえ

① そばつゆを作る。だしをとって，ⓐの調味料を加えひと煮たちさせる。
② やまのいもは皮をむいて酢水につける。
③ そばはたっぷりの熱湯でかためにゆでる。水洗いしてざるにあげる。

◆つくり方

❶ やまのいもは，すり鉢の内側できめ細かくおろし，すりこぎでする。
❷ そばを器に入れ，❶のやまのいもをかけ，中央にうずら卵をのせ，青のり粉をちらす。①のそばつゆを汁徳利に入れて供する。

参考

・やまのいもの粘性物質はムチンと呼ばれ，たんぱく質にマンナンが結合したもの。でんぷん分解酵素アミラーゼを多く含むので消化がよい。あくが強いので，必ず酢水であく抜きする。
・山かけとはやまいもかけの略。

汁　物

1　豆腐のみそ汁

材料(4人分)

煮干しだし汁	C 3
ⓐ 水	C 3½
煮干し	20g
淡色みそ	45g
豆腐	½丁(150g)
干わかめ	2g
青ねぎ	1本

◆ 下ごしらえ

① ⓐで煮干しだしをとる。
② 豆腐は1.5cmの角に切る。
③ 干わかめはもどして食べやすい大きさに切る。
④ 青ねぎは小口切りする。

◆ つくり方

❶ ①を煮立て、みそをみそこしを通してとき入れてから②を入れ、ひと煮立ちしたら火を止める。③④を散らして椀に盛る。

参考

・煮干しだしのとり方は、煮干しの頭と内臓を除き分量の水に30分以上つけ、火にかけてあくを取りながら10分位煮出してこす。
・みそは麹（こうじ）により、米みそ、麦みそ、豆みそに分類される。米みそは全国生産の約8割を占め、色の濃淡や塩辛味の強弱により、甘みそ、淡色辛みそ、赤色辛みそに細分される。

2　しじみの赤だし

材料(4人分)

しじみ	200g
水	C 3½
こんぶ	4g
赤だしみそ	40g
みつば	8g

◆ 下ごしらえ

① しじみは真水につけて半日以上置き、充分砂出しした後、殻と殻をこするように水で洗い、殻のぬめりと砂を落とす。
② みつばは小口切りする。

◆ つくり方

❶ 定量の水、こんぶ、①を鍋に入れて中火にかけ、沸騰直前にこんぶを取り出す。
❷ 煮立ってきたらあくをとり、貝が開いたらみそをみそこしを通して入れて火をとめる。②を散らして椀に盛る。

参考

・しじみに代えてあさりを用いてもよい。
・吸口として粉ざんしょ、七味とうがらしを振ることもある。

科学

・貝類のうまみ成分は主として**コハク酸**である。

3 若竹汁

材料（4人分）
- ゆでたけのこ(穂先) ……… 60g
- 生わかめ ……… 60g
  - （干わかめの場合5g）
- だし汁 ……… C 3
- ⓐ ｛ 水 ……… C 3½
  - こんぶ ……… 6 g
  - かつお節 ……… 12g
- 塩（だしの0.6％） ……… t ⅔
- 薄口醤油（〃の1％） ……… t 1
- 木の芽 ……… 8枚

◆ 下ごしらえ
① たけのこは柔らかい穂先の部分を縦に薄く切る。
② 生わかめは茎を取り，熱湯にさっと通す。干わかめの場合は水に20分程漬けて戻す。わかめは2〜3cmの長さに切る。
③ ⓐで一番だしを取る。

◀ つくり方
❶ ③のだし汁で①を煮る。②を加え調味料を入れる。
❷ 椀に盛り，吸い口に木の芽を浮かす。

科 学
・たけのこに含まれるシュウ酸は体内のカルシウムと結合して不溶性のシュウ酸カルシウムを作り体外に排出されるので，カルシウム補強のためにカルシウムを多く含むわかめと共に摂取するのが合理的である。

参 考
・たけのこの茹で方はP.22参照。
・ていねいにつくる場合は八方出汁（八方地）でたけのこを下煮する。八方出汁は（だし8：みりん1：醤油1）の割で用いられる。
・若竹煮：生わかめと新たけのこの煮物でそれぞれの持ち味を生かすよう薄味で煮て，同じ季節に出回る木の芽を添える。

・汁物の塩分算出法
　　　　（0.8％の場合）
だし600×0.008＝4.8(g)
塩：醤油＝3：1
塩
　4.8×¾＝3.6 …… t ⅔
醤油
　1.2×6＝7.2 …… t 1¼

混合(こんぶとかつお節) 一番だしの取り方
1. こんぶの表面を軽くふき，水に30分以上浸けておく。
2. 1を火にかけ，沸騰直前にこんぶに爪を立て，柔らかくなっているのを確かめて引き上げる。
3. かつお節を一度に入れ，再び沸騰すれば火を止める。
4. かつお節が沈みかけたらあくをとり，静かに布でこす。
   注意　このとき絞りきらないようにする。

二番だしの取り方
1. 一番だしをとったあとの材料を時間をかけてゆっくり煮出す。煮物，みそ汁などに利用。

混合だしの分量
　こんぶ　　水の1％　　　（こんぶは1〜2％，かつお節は2〜3％の範囲で使用する。）
　かつお節　水の2％

※一番だしの中には0.1〜0.2％の塩分が溶出しているため味つけ時には考慮する。

こんぶの佃煮

材料（4人分）
- こんぶ ……… 40g
- 水 ……… C 1
- ｛ 酢 ……… T 1
  - 濃口醤油 ……… T 1
  - たまり醤油 ……… T 1
  - みりん ……… T 1

◀ つくり方
❶ こんぶを2cmの色紙に切る。
❷ 水に漬け吸水させ，やわらかく煮てから調味料を加え汁気がなくなるまで煮る。

参 考
・だしを取ったあとのこんぶを使用する場合は，水を加減する。

汁 物　35

4　かき玉汁

材料(4人分)
- だし汁 ……………………… C 3
- ⓐ ┌ 塩 …………………………… t 2/3
  └ 薄口醤油 ……………… T 1/2
- ┌ かたくり粉(だしの1%) t 2
  └ 水 ……………………………… T 1
- えのきだけ ……………… 50g
- 卵 ………………………………… 2個
- みつば ……………………… 12g

◈ **下ごしらえ**
① 一番だしをとる。
② えのきだけは，石づきをとり，2つに切る。
③ かたくり粉は水で溶いておく。
④ みつばは小さくきざむ。

◈ **つくり方**
❶ ①を加熱し，②を入れて煮立てた後，ⓐで調味し，③を加えてとろみをつける。
❷ ❶を煮立て，ほぐした卵を穴杓子を通して入れてまぜる。④を加えて椀に盛る。

科 学
・汁にでんぷんを加えると温度降下を遅らせる効果がある。かき玉汁の場合のでんぷんの効果は，汁の比重や粘度を大きくして，卵を均一に分散させて卵を浮かせ，また口当たりをよくする。

5　はまぐりの潮汁

材料(4人分)
- はまぐり ………………… 8個
- 水 ………………………………… C 3 1/2
- こんぶ ……………………… 12g
- ⓐ ┌ 塩(だしの0.6%) … t 1/2
  └ 酒(〃の2%) ……… T 1弱
- 木の芽 ……………………… 4枚

◈ **下ごしらえ**
① はまぐりは3%の塩水につけておき，砂をはかせる。
② ①の殻をこすりあわせてぬめりをとり，よく洗う。

◈ **つくり方**
❶ 定量の水，こんぶ，②を鍋に入れて火にかけ，沸騰直前にこんぶを取り出す。
❷ 貝が開いたら，あくをすくい取り，ⓐで調味する。
❸ 椀にはまぐりを相生はまぐりとして入れ，熱い汁を注いで，吸口に木の芽を浮かす。

参 考
・潮汁は塩味のみで仕上げるのが本来であるが，かくし味として，薄口醤油を少量使ってもよい。
・潮汁の実にははまぐり以外に，たい，あまだい等もよい

相生はまぐり

6　とろろこんぶ汁

材料(4人分)
- とろろ昆布 …………… 8g
- 小梅干 ……………………… 4個
- 青ねぎ ……………………… 16g
- かつおだし汁 ……… C 3
- ┌ 水 …………………………… C 3 1/2
  └ かつお節 …………… 16g
- 塩(だしの0.5%) … 3g
- 薄口醤油 ……………… 3～4滴

◈ **下ごしらえ**
① とろろこんぶはほぐしておく。
② 青ねぎは小口切りにする。
③ かつおだしをとる。

◈ **つくり方**
❶ 椀に①のこんぶ，小梅，青ねぎを入れる。
❷ だし汁を調味して椀に注ぐ。

参 考
・とろろこんぶに塩味があるので汁の塩味は控え目にする。

7 沢煮椀

材料（4人分）

豚肉（バラ）	50g
にんじん	20g
干しいたけ	2枚(6g)
ごぼう	50g
みつば	12g
だし汁	C 3
塩	t 2/3
薄口醤油	t 1 1/3
（塩分はだしの0.8%）	
こしょう	少々

◆ 下ごしらえ

① 豚肉は5mm幅のせん切りにする。
② にんじんは4cm長さのせん切りにする。
③ 戻したしいたけはせん切りする。
④ ごぼうは4cm長さのせん切りにし，酢水にさらす。
⑤ みつばは3cmに切る。

◆ つくり方

❶ だし汁に豚肉，にんじん，ごぼう，しいたけを入れて火にかけ沸騰したらあくを引く。
❷ 塩，醤油で調味し，みつばを散らして椀に盛る。
❸ 吸口としてこしょうをふる。

参考

・**沢煮椀**は本来豚の背脂を用いる。せん切りしたものをゆでて，水にさらしてから用いるので，脂っこくはない。野菜を細くせん切りして，山峡の沢のような澄んだ汁物に仕立てる。沢は多くの材料を用いるの意もある。
・**吸口**とは汁物に添える香りのものをいう。季節に合ったもので，他の材料との取り合わせを考えて選ぶ。しょうがの絞り汁，柚子の皮，木の芽，ねぎ，粉山椒などがある。

8 えびしんじょのすまし汁

材料（4人分）

えび		120g
ⓐ	卵白	8g
	酒	t 2
	塩	少々
かたくり粉		t 2
かいわれ菜		8g
だし汁		C 3
塩		t 2/3
薄口醤油		t 2/3

◆ 下ごしらえ

① えびは背わたをとり除き，塩水で洗う。
② 水気を切りみじん切り後，包丁でたたき，それを更にすりつぶす。
③ ②のえびにⓐとかたくり粉を加えてよくする。
④ 熱湯に③のえびをスプーンで丸めながら入れてゆでる。
⑤ かいわれ菜は根をとる。

◆ つくり方

❶ 椀にえびしんじょ，かいわれ菜を入れ，温めただし汁を調味して注ぐ。

参考

・しんじょ（真薯）は，はんぺんの一種で魚肉をすりつぶし，やまのいも，卵白，小麦粉などを加えて，塩とみりんで調味し，蒸したり茹でたり揚げたりしたもの。主に椀だねとして使うので口ざわりは柔らかくこしのあるようにする。

汁 物　37

9　のっぺい汁

材料(4人分)
鶏もも肉	100g
こんにゃく	1/3丁(80g)
ごぼう	60g
さといも	60g
にんじん	40g
ちくわ	1本(40g)
さやえんどう	8枚(16g)
水	C 4
薄口醤油(できあがり水量の6%)	T 2
かたくり粉(〃の1.5%)	T 1
水	T 2
しょうが	1かけ(10g)

◆ **下ごしらえ**
① 鶏肉は1cm角に切る。
② こんにゃくは茹でて,小さくちぎる。
③ ごぼうは小さな乱切りにし,酢水に浸けてあくを抜く。
④ さといもは皮をむき,塩でもんでぬめりをとり,輪切りにする。
⑤ にんじんは小さな乱切りにする。
⑥ ちくわは輪切りにする。
⑦ さやえんどうは筋を取り茹で,ななめ半分に切る。

◇ **つくり方**
❶ 鍋に分量の水と②,③,④,⑤,⑥を入れ,沸騰したら①を入れあくを除く。
❷ 味をつけ,水溶きかたくり粉でとろみをつけ,⑦を散らす。
❸ 椀に注ぎ,おろししょうがを吸口にする。

参考
・全国各地の郷土料理で能平,濃餅,野平などと書き,のっぺりとしたとろみがついていることからつけられたともいわれている。
・料理のでんぷん濃度は汁物0.8~1.5%,あんかけや葛煮3~6%。

10　けんちん汁

材料(4人分)
だいこん	100g
にんじん	40g
ごぼう	40g
こんにゃく	1/4丁(60g)
豆腐	1/2丁(150g)
ごま油	T 2
だし汁	C 4
塩	t 1
薄口醤油	T 1
青ねぎ	12g

◆ **下ごしらえ**
① だいこん,にんじんはいちょう切りにする。
② ごぼうはささがきにして酢水にさらす。
③ こんにゃくはゆでて短冊に切る。
④ 豆腐は布巾に包んで軽く絞り,粗くつぶす。
⑤ 青ねぎは2cm位に斜め切りする。

◇ **つくり方**
❶ 鍋にごま油を熱し,①~④を順に炒める。
❷ だし汁を入れて煮立て,沸とうしたら火を弱めてあくをひき,野菜がやわらかくなるまで煮る。
❸ 少し濃い目に味付けし,青ねぎを散らす。

参考
・本来,禅寺の精進料理の一つで,具だくさんの汁物である。くずした豆腐といろいろの野菜を炒め,醤油,酒で調味したものをけんちんといい,すまし仕立てにしたものをけんちん汁という。野菜はさといも,しいたけ,れんこんなど,ありあわせのものを使うとよい。

11 粕汁

材料(4人分)

塩さけ	120g
こんにゃく	60g
だいこん	100g
にんじん	40g
油あげ	15g
青ねぎ	1本(15g)
煮干しだし汁	
┌ 水	C 4
└ 煮干し	25g
酒かす	100g
白みそ	20g
塩	適量
薄口醤油	少々
七味とうがらし	少々

◆ 下ごしらえ

① 塩さけは一口大に切る。
② こんにゃくは茹でて,短冊に切る。
③ だいこん,にんじんも短冊に切る。
④ 油あげは油抜きして,細く切る。
⑤ ねぎは小口切りにする。
⑥ 酒かすはすり鉢ですりつぶして,少量のだし汁を加えてのばす。

◆ つくり方

❶ ①〜④をだし汁(P.33参照)で煮る。煮えたらあくを取り,⑥,みそを加え味をととのえ,⑤を入れさっと煮る。
❷ 椀に盛り,七味唐辛子を振る。

参 考

・味付けは塩さけの塩味により加減する。
・**酒粕**は,清酒のもろみを搾ったあとのかす。そのまま平たい形を残した板粕と,水や焼酎を打って数ヶ月ねかした練り粕がある。板粕は,粕汁や甘酒に,練り粕は奈良漬け,魚の粕漬けに使う。

12 松茸の土瓶蒸し

材料(4人分)

松茸	中1本(40g)
はも	60g
えび	4尾(60g)
ぎんなん	8粒(16g)
みつば	10g
すだち	2個
だし汁	C 3
塩(だしの0.6%)	t 1/2強
薄口醤油	少々
酒	t 2

◆ 下ごしらえ

① 松茸はぬれ布巾で拭き,石づきをとり,手で裂く。
② はもは骨切りし,えびは背わたを取り,共に軽く塩をして湯に通す。
③ ぎんなんは鬼皮をとって茹で,薄皮をむく。
④ みつばは3cmの長さに切る。
⑤ すだちはくし型に切る。
⑥ だしを取り,味を付ける。

◆ つくり方

❶ 土瓶に①・②・③を入れ調味しただし汁を注ぎ火にかける。沸騰直前に④を入れ,1〜2分煮る。すだちを添える。

参 考

・食べる時は土瓶の上に伏せてある盃をはずし,すだちを土瓶の中に絞りこむ。土瓶から盃に汁を注ぎいただく。
・**ぎんなんの下処理**は,鬼皮のすじ目を上にして金づちまたは包丁の背でたたく。勢いがよすぎると実がつぶれるので注意する。ぎんなん割りを利用すると割りやすい。薄皮のついたまま茹でる。茹でながら穴杓子でこするように混ぜていると薄皮がむける。

生もの

1 かつおのたたき

材料（4人分）

かつお(節おろし)	320g
塩	少々
にんにく	1かけ
しょうが	10g
青ねぎ	2本(30g)
だいこん	200g
きゅうり	1本(100g)
青じそ	4枚
レモン	1個
二杯酢	
┌ レモン汁＋酢	90cc
└ 薄口醤油	90cc

◆ **下ごしらえ**

① かつおは血合いの部分を切り取る。
② かつおに薄く塩をふり，末広に串を打つ（P.51参照）。
③ だいこん，きゅうりは桂むきしてけんを作る（P.28参照）。大根の中心部はおろして軽く水気を切る。
④ にんにくとしょうがはすりおろす。
⑤ 青ねぎは細かく小口切りにする。
⑥ レモンは半分をくし型に切り，残りは汁を絞って二杯酢を作る。

◆ **つくり方**

❶ ①のかつおを皮の方から強火で焼き（皮の方は少し焦げ目がつく程度，身の方は白っぽくなる程度），すぐに冷水にとって冷やし，水気をふき取る。
❷ ラップを敷いて，皮を下にしておき，串をぬく。
❸ だいこんおろし，④，⑤の半量をのせ，二杯酢をT2かけてラップで包み，包丁の腹で叩いて味をしみこませる。冷蔵庫で冷やす。
❹ 薬味をのぞき，皮を手前上に向け，8mmくらいの厚造りにする。
❺ 皿にだいこんときゅうりのけんを合わせておき，大葉をたてかけてたたきを盛り，薬味をのせる。
❻ レモンを前盛りし，二杯酢を添える。

参考

・かつおは回遊魚，鹿児島で2月，関東で初夏，三陸沖で盛夏に獲れる。はしりのかつおは脂がのっていないのでかつお節むき。秋口北海道から南下してくるものを戻りがつおという。これは脂がのっていてこってりしているので，とろかつおともよばれる。

2　はもの湯引き

材料（4人分）

はも	中1尾(300g)
	(こんぶ，塩各少々)
きゅうり	1本(100g)
花穂じそ	4本
青じそ	4枚
梅肉醤油	
ⓐ ┌ 梅干	大3個
│ 薄口醤油	T 1
│ 煮切り酒	T 1
└ 砂糖	t 1

◆ 下ごしらえ

① はもは骨切りして1～1.5cm幅で切り落とす。
② きゅうりは桂むきにして糸切りし（P.28参照），氷水につける。
③ 梅肉醤油は梅干の果肉を裏ごしして，調味料でのばす。

◆ つくり方

❶ ①を網じゃくしにのせ，こんぶ，塩の入ったたっぷりの熱湯の中に入れ，身が白くなり切り目が開いたら氷水に落とす。
❷ 完全に冷えたら手で軽く押さえて水気を切る。
❸ 器にきゅうりをけんとして青じそをたてかけ，はもを盛り，花穂じそを添える。猪口に③の梅肉醤油を入れ添える。

参考

・**骨切りの仕方**：はもは小骨が多いので，皮目を下にして皮一重残し，手前から向こうへ軽く包丁を動かしながら，2～3㎜間隔で細かく骨切りする。
・はもは関西の夏には欠かせない魚で，くずたたき，照り焼きなどが代表的な料理である。
・**湯引き**とは下処理した魚に熱湯をかけるか，さっと熱湯に通すこと。さしみの湯引きづくりは熱湯をかけ，冷水で急冷したもの。まぐろの赤身，こい，こち，はもなどに用いる。

3　まぐろの山かけ

材料（4人分）

まぐろ	300g
やまのいも	120g
青じそ	2枚
わさび	適量
土佐醤油	
ⓐ ┌ 醤油	T 4
│ みりん	t 1
│ 酒	t 1
└ かつお節	少々

◆ 下ごしらえ

① やまのいもは皮をむき，5％の酢水に浸けてあくを抜く。
② 土佐醤油は鍋にⓐを入れ，ひと煮たちさせてこす。
③ まぐろは角切りにし，冷ました②の一部で洗っておく。

◆ つくり方

❶ ①をすり鉢の目ですりおろす。
❷ ③のまぐろに❶をたっぷりかけ，きざみ青じそを散らし，わさびを添えて②をかける。

参考

・**土佐醤油**：かつおでうま味を持たせた醤油で，さしみ等に用いる。

科学

・**いも類の褐変**：（じゃがいも・やまのいも・さといも）皮をむいたり，切ったりすると褐変するのは，細胞が破壊されてチロシンが組織中のチロシナーゼという酵素によって酸化され，褐色のメラニンを生ずるためである。

4 しめさば（生ずし）

材料（4人分）

さば（上身2枚）	300g
塩（さばの10％）	30g
三杯酢	
米酢	C 1/2
砂糖（酢の10％）	T 1
塩（〃の3％）	t 1/2
薄口醤油（〃の3％）	t 1/2
こんぶ	適量
だいこん	80g
青じそ	4枚
しょうが酢	
三杯酢（上記参照）	T 4
おろししょうが	t 1

◆ **下ごしらえ**

① さばの上身の両面にべた塩をし，盆ザルに並べ2～3時間おいて身をしめる。
② ①の塩を洗い流し水気を拭き取る。
③ 三杯酢をバットに入れ②とこんぶを10分程漬け途中で一度裏返す。
④ 表面が白くなれば取り出し③のこんぶにはさみ，ラップをかけて冷蔵庫に一晩おく。
⑤ だいこんでけんをつくる（P.28参照）。

◆ **つくり方**

❶ ④のさばのうす皮を頭から尾に向かってむく。血合いにある小骨も頭の方向に向って抜き取る。
❷ 皮側を上にして身の厚い方を向こう側に置き，切り込みを入れ，二度目で切り落とす。（八重造り，松葉造りという。）
❸ 器にだいこんのけんをおいて青じそを添え，さばを盛る。しょうが酢で食べる。

参 考

・関西では生ずしという。
・べた塩とは，塩を皿などの上にたっぷり用意しておき，その上に魚をおいて，べったりとまぶしつける方法。背の青い，身の厚い魚にのみ用いられる。
・しめさばの翁あえ：しめさばを食べやすい大きさに切り分け，おぼろ昆布をまぶしたもの。
・すし飯の甘さをおさえて作り，箱ずし，棒ずしに利用するとよい。

科 学

・魚の酢じめは，塩じめしたあとに行うもので，塩じめをしないで酢に浸けるとpHが低下し，魚肉はふやけた状態になる。

魚の下処理
(1) えら，内臓のとり方

うろこを取る　えらを取り出す　腹を切る　腹を洗う

(2) 魚のおろし方

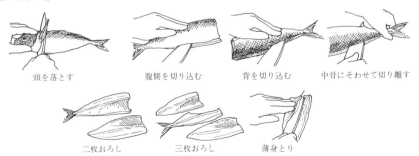

頭を落とす　腹側を切り込む　背を切り込む　中骨にそわせて切り離す

二枚おろし　三枚おろし　薄身とり

蒸し物

1 卵豆腐

材料（16×14cm流し箱1個分）

卵	4個（200g）
だし汁（卵重量の1.5倍）	300cc
ⓐ ┌ 塩（卵＋汁の0.5％）	2.5g
└ 薄口醤油（〃の0.5％）	2.5g
かけ汁	
┌ だし汁	160cc
ⓑ │ みりん	t 2
└ 薄口醤油	t 2
木の芽	4枚

◆ 下ごしらえ

① だし汁にⓐを入れさましておく。
② ⓑをひと煮立ちさせてから冷やしておく。

◆ つくり方

❶ ボウルに卵を割り入れて切るようによくほぐし、①を加えてさらに混ぜ合わせた後、流し箱にこし入れる。
❷ 蒸気の上がった蒸し器にふきんを敷いて流し箱を入れ、つゆどめをして、蒸し器のふたを少しずらし、湯気が少し上る程度の火加減で蒸す（串を刺して何もついてこなければでき上がり）（P.43参照）。
❸ ❷を冷やして切り分け、器に盛って②を注ぎ、木の芽をあしらう。

参考

・つゆどめとは、蒸気がつゆになって材料に上に落ちるのを防ぐため、蒸し器に乾いた布巾をかけて蓋をすることをいう。
・卵豆腐はそのまま食べるほか、あんかけにしたり、吸い物やスープの実として用いられる。

2 あさりの酒蒸し

材料（4人分）

あさり	600g
酒	C 1/4
木の芽	8枚

◆ 下ごしらえ

① あさりは砂出しする（P.35参照）。

◆ つくり方

❶ 深めの器に、あさり、酒を入れる。
❷ 蒸気の上がった蒸し器に入れ、強火で蒸す。貝の口が開いたら器に盛り、木の芽をあしらう。

参考

・**酒蒸し**にする場合、鮮度が落ちると生臭みが生じるので、新鮮な材料を用いる。
・酒をワインに代えるとフランス風、オリーブオイルとつぶしたにんにくを加えればイタリア風、紹興酒と醤油、うすぎりにんにくと赤とうがらしを加えれば中国風になる。

3 茶碗蒸し

材料(4人分)

鶏肉		80g
ⓐ	酒	t 1/2 (2.5g)
	薄口醤油	t 1/2 (3g)
焼き穴子		40g
えび		4尾
干しいたけ		小4枚(8g)
ⓑ	砂糖	t 1
	薄口醤油	t 1/2
ゆり根		20g
ぎんなん		8個
かまぼこ		1/4枚
みつば		4本
卵		100g
だし汁(卵重量の3.5倍)		350cc
ⓒ	塩(卵+だしの0.4%)	t 1/3
	薄口醤油(〃の1.2%)	t 1
	みりん	t 2

◆ 下ごしらえ
① 鶏肉は薄くそぎ切りし，ⓐで下味をつける。
② あなご，かまぼこは4つに切る。えびは尾を残し殻と背わたをとり，酒少々をふる。
③ 戻したしいたけは，戻し汁にⓑを加えて煮る。
④ ゆり根は1片ずつはがし固めにゆでる。ぎんなんは下処理する（P.38参照）。
⑤ みつばは3cm長さに切る。
⑥ 1番だしをとり，ⓒで調味して冷ます。

◆ つくり方
❶ 卵を泡立てないようにほぐし，⑥と合わせてこしておく。
❷ 蒸し茶碗に①～④を入れ，卵液を注ぐ。蒸し器の内部が85～90℃前後になるように蒸し器のふたを少しずらして約20分蒸す（乾いた布巾をかける）。
❸ できあがる直前にみつばをのせてふたをし，受け皿にのせて供する。

参 考
・**おだまき蒸し**：うどんに醤油，酒で下味をつけて入れたもの。
・**空也蒸し**：具に水切りした豆腐を入れ，やや濃い目の味付けした卵液を注いで蒸す。えびそぼろあんをかける。
・茶碗蒸，卵豆腐，カスタードプディングなど卵をだし汁や牛乳で薄めて蒸す調理は温度管理ができ上がりに大きな影響を与える。蒸し温度が高すぎたり，時間が長すぎるとすがたつので，ふたの角きりや火加減で85～90℃を保つようにする。

4 かぶら蒸し

材料(4人分)

ひらめ		50g×4切
ⓐ	塩(魚の1%)	t 1/3
	酒(〃の4%)	T 1/2
かぶら		300g
卵白		1個分
塩		t 1/4
くずあん		
ⓑ	だし汁	C 1 1/2
	みりん	T 1
	薄口醤油	T 1
	かたくり粉	T 1
しょうが		10g

◆ 下ごしらえ
① ひらめにⓐをふりかける。
② かぶらは皮をむいてすりおろし，かるく水気を切って卵白，塩を混ぜ合わせる。

◆ つくり方
❶ 蒸し碗に魚を入れ②をかけて，強火の蒸し器で12分蒸す。
❷ ⓑをまぜながら煮立たせ，とろみがついたら❶にかける。おろししょうがを天盛りして供する。

参 考
・かぶらの代りにやまのいもを使うとじょうよ蒸しとなる。
・鶏ささみ，えび，ゆり根，ぎんなんなど茶碗蒸しの素材を利用するのもよい。

5 さわらの桜蒸し

材料（4人分）

さわら		150g
ⓐ	塩（魚の1％）	t 1/4
	酒（〃の4％）	t 1 強
道明寺粉		80g
	だし汁	150cc
ⓑ	塩	少々
	食紅	少々
桜の葉の塩漬		8枚
かけ汁		
	だし汁	C 1
ⓒ	みりん	T 1/2
	薄口醤油	t 1
	塩	少々
菜の花		4房

◆下ごしらえ
① さわらはⓐを振りかけておく。
② ⓑを煮立て，道明寺粉を入れて1〜2分煮たら，火を止め蓋をしておく。
③ 桜の葉は塩抜きする。
④ ⓒを煮立て，かけ汁を作る。
⑤ 菜の花を色よく茹でる。

◘つくり方
❶ ①を8切れにそぎ切りする。
❷ ②のさましたもので❶を包み，③で包んで蒸す。
❸ ふたつきの器に2切れずつ❷を盛り，④をかけて⑤を添える。

参考
・器に2切れずつ入れてから器ごと蒸してもよい。
・和菓子の桜餅に似せた春らしい一品である。
・**道明寺粉**はもち米を水に浸して蒸し，乾燥して粗くひいたもの。粒子の大きさで大，中，小があり，桜もち，椿もちなど和菓子，道明寺蒸し，道明寺揚げなど料理に用いる。昔は道明寺糒として携帯食，非常食に用いられた。大阪府（河内）道明寺で作られたのが名前の由来。

6 いかのけんちん蒸し

材料（4人分）

いか（胴）		1ぱい
	砂糖	T 1 1/3
ⓐ	酒	T 1 1/3
	濃口醤油	t 2
豆腐		80g
干しいたけ		2枚
にんじん		20g
さやえんどう		10g
	砂糖	T 1 2/3
ⓑ	濃口醤油	t 2/3
	塩	t 1/5
卵		小1個(40g)
炒め油		t 2
	かたくり粉	t 2
	水	T 1

◆下ごしらえ
① いかの胴は丸のまま皮をむき，水気をふきとり調味料ⓐでさっと煮る。
② 豆腐は布巾で絞り，水気を切っておく。
③ 戻したしいたけ，にんじん，さやえんどうは，細かいせん切りにする。

◘つくり方
❶ ③を油で炒め，調味料ⓑと②を入れ，汁気がなくなるまで煮て冷まし，これに溶き卵を混ぜ，①につめる。
❷ ❶を楊子でとめ，強火で15分間蒸す。
❸ ❷を冷まして1cm位の輪切りにして皿に盛る。いかの煮汁を少しうすめて，かたくり粉の水溶きでとろみをつけてかける。

参考
・**けんちん蒸し**とは豆腐，にんじん，きくらげなどをごま油で炒め，いか，魚などで包んで蒸したものをいう。
（けんちん汁はP.37参照）

和え物

1 ほうれん草のお浸し

材料（4人分）

ほうれん草	240g
割り醤油	
濃口醤油	T1
だし汁	T1
糸かつお	2g

◆ 下ごしらえ
① ほうれん草は軸の太いところは十字に切り目をいれ，水洗いする。
② だしと醤油を合わせて割り醤油を作る。

◇ つくり方
❶ ほうれん草はたっぷりの熱湯で茹で，直ちに冷水に取る。水気をしぼって3～4cm長さに切りそろえる。
❷ 小鉢に盛って割り醤油をかけ，糸かつおを天盛りする。

科学

・青菜の茹で方：緑色野菜の色素クロロフィルは過熱や酸性で茶褐色のフェオフィチンに変化する。茹でる時は揮発性有機酸をにがすため蓋をしない。短時間に加熱を終えるため，湯はたっぷり沸かし，茹で上がったら手早く水にとり，冷やす。

2 たけのこといかの木の芽和え

材料（4人分）

ゆでたけのこ	160g
ⓐ　だし汁	120cc
砂糖	t2
薄口醤油	t1
いか（刺身用）	100g
塩	少々
酒	T1
ⓑ　白みそ（材料の20％）	50g
砂糖（〃の4％）	T1強
だし汁（みその60％）	T2
木の芽（みその4％）	2g
ほうれん草（〃の30％）	15g

◆ 下ごしらえ
① たけのこは1cm角のさいの目に切る。
② いかは皮をむき，1cm角のさいの目に切る。
③ 木の芽は4枚残して，葉だけちぎってすり鉢でする。
④ ほうれん草は軟らかく茹で，葉先を固く絞って裏ごしする。

◇ つくり方
❶ たけのこにⓐを加えて煮る。
❷ いかは塩と酒をふって，表面の色が変わる程度にさっと炒る。
❸ ⓑを鍋に入れ，中火で練り，冷まして③に加えてすり混ぜる。④も加える。
❹ ❸にいかとたけのこを加えて和える。
❺ 小鉢に盛って，木の芽をあしらう。

科学

・木の芽の香り：香気成分はジペンテン，ゲラニオール，シトロネラルで，細胞中に含まれているので，手のひらにはさんで叩くと細胞膜が破れて香りが強くなる。

参考

・木の芽ばかり使うと苦味が出る。また青黒くなるので，青よせを使う。
・青よせとは青菜からとる天然の色素。ほうれん草など青色の葉菜をすり鉢ですり，水を加えて煮立て浮き上がってきたものをこして用いる。

3 さやいんげんのごま和え

材料（4人分）

さやいんげん	200g
塩	少々
黒ごま（材料の10%）	T2
ⓐ 薄口醤油（〃の9%）	T1
砂糖（〃3〜4%）	T1
だし汁	T1

◆ 下ごしらえ

① さやいんげんは筋を取り，熱湯に塩を入れ色よく茹でる。冷水にとり3〜4cmの斜めせん切りにする。
② ごまは弱火で煎る。

◆ つくり方

❶ ②のごまを，すり鉢ですりつぶし，ⓐを加えさらによくすりつぶす。①を入れ和え衣をからめるように和える。

参考

・**くるみ和え**：くるみを茹でて薄皮をむき，すりつぶし，砂糖，醤油またはみそで調味し，だしでのばした和え衣で，鶏肉や風味のある野菜を和える。

・**春菊のピーナツ和え**：ピーナツ30gは薄皮をむいて，油がでるまですり，砂糖T1，醤油T1を加えてすりのばす。茹でた春菊を加え軽く和える。

4 揚げれんこんのごまみそ和え

材料（4人分）

れんこん	200g
揚げ油	適量
白ごま	T1 1/3
ⓐ 白みそ	40g
みりん	t2
だし汁	T1弱

◆ 下ごしらえ

① れんこんは皮をむき，3mm厚さのいちょうに切り，酢水にさらし，水気をふく。
② ごまは煎ってよくすり，ⓐを合わせてごまみそを作る。

◆ つくり方

❶ 170℃の油でれんこんを揚げ，②で和える。

5 しいたけと春菊のポン酢和え

材料（4人分）

生しいたけ	100g
しゅんぎく	200g
ポン酢	
すだち / 酢	T2
濃口醤油	T2
みりん	T1

◆ 下ごしらえ

① しいたけはさっと洗う。
② しゅんぎくは色よく茹でて水にとり，固く絞って2cm長さに切る。
③ ポン酢を合わせておく。

◆ つくり方

❶ しいたけは軸を除き，ホイルに包んでフライパンで焼き，せん切りする。
❷ ポン酢で❶と②を和えて小鉢に盛る。

科学

・**和え物**は食べる直前に和える。早くから和えておくと材料から水が出て，味がうすくなり，また色も悪くなる。

・**ポン酢**とはオランダ語で柑橘類のしぼり汁をポンスというところからの名称。橙，すだち，かぼす，柚子などの搾り汁を用いる。

和え物　47

6　もずくと長いもの酢の物

材料（4人分）	
もずく	100g
長いも	100g
しょうが	10g
加減酢	
ⓐ 酢（材料の8〜9％）	T 1 1/3
薄口醤油（〃の10％）	T 1 1/3
砂糖（〃の3％）	T 2/3
だし汁（〃の8〜9％）	T 1 1/3

◆ 下ごしらえ
① もずくは流水で洗いよく水気を切る。
② 長いもは皮をむいてうすく切り、包丁で細かくたたき粘りをだす。
③ しょうがはすりおろす。
④ ⓐを合わせて加減酢とする。

◇ つくり方
❶ ①を加減酢で和え、小鉢に盛る。
❷ ❶の真ん中に長いもを落とし、その中央にしょうがを天盛りする。

参考

・もずくの生はさっと洗って使用する。塩漬けは塩抜きする。吸い物やみそ汁の実にも利用される。

・ながいもは肉質が粗いので、すりおろすと水っぽくなる。

・天盛り：煮物や和え物を鉢盛りしたものに、『あなたのために盛り付けたもので、誰も手をつけていません』ということを表すために、料理の一番上に糸かつお、木の芽、針しょうが、白髪ねぎなどをあしらうこと。

7　皮ざく

材料（4人分）	
はも皮	40g
酒	少々
きゅうり	2本（200g）
塩（きゅうりの1％）	t 1/3
みょうが	10g
加減酢	
ⓐ 酢（材料の10％）	T 1 2/3
薄口醤油（〃の2％）	t 1 弱
砂糖（〃の1％）	t 1 弱
だし（〃の10％）	T 1 2/3

◆ 下ごしらえ
① はも皮に酒をふりかけさっとから煎りし、生臭みを抜く。
② きゅうりは縦半分にして斜めに切り、塩をする。
③ みょうがはせん切りし、水にさらしてあくを抜く
④ 加減酢の材料は合わせておく。

◇ つくり方
❶ ①と絞った②を混ぜ④の加減酢であえる。器に盛り付け③を天盛りする。

参考

・うざくはうなぎの蒲焼ときゅうりもみをあわせた酢の物。これに対し皮ざくは皮なますとも呼ばれ、はもの皮ときゅうりもみをあわせた酢のもの。

・加減酢とはだし汁を入れたり調味料を加減して味を柔らかくした合わせ酢のことをいう。

8　しめじのおろし和え

材料（4人分）

しめじ		100g
ａ	だし汁	C 1/2
	塩	少々
	薄口醤油	t 1/4
だいこん		300g
ｂ	ゆずの絞り汁	1個分
	酢	T 2
	砂糖	T 3/4
	塩	t 3/4
ゆずの皮		

◧ 下ごしらえ

① しめじは小房に分けてさっと洗う。
② だいこんはおろして裏ごしなどで，軽く水切りする。
③ ゆずは皮を細くせん切りし，汁を絞っておく。

◨ つくり方

❶ 鍋に@の調味液を合わせしめじをさっと煮る。
❷ ⓑを合わせ，❶と②を和えて小鉢に盛る。
❸ ゆずの皮を天盛りする。

参考

・みぞれ和えともいう。えび，なめこ，イクラ，貝柱などを大根おろしで和えてもよい。
・大根おろしは，手で絞ると水気と同時にうま味までぬけるので自然に水気をきる。

9　あおやぎとわけぎのぬた

材料（4人分）

あおやぎ		80g
わけぎ		100g
生わかめ		40g
からし酢みそ		
ａ	白みそ（材料の20％）	44g
	砂糖（〃の5％）	T 1 1/3
	酢（〃の6～8％）	T 1
練りがらし		適量
しょうが		5g

◧ 下ごしらえ

① あおやぎはさっと熱湯を通してすぐに冷水にとって冷まし，水気を切って酢洗いする。
② わけぎは茹でて手早く冷まし，包丁の背でこそげてぬめりを取り，3cmに切る。
③ わかめは熱湯を通して水にとり，2～3cm角に切って酢洗いする。
④ しょうがは，針しょうがにして水にさらす。

◨ つくり方

❶ @を鍋に入れ，弱火で練り，さめてから練りがらしを入れる。
❷ ①～③を❶で和えて器に盛り，針しょうがを天盛りする。和えずにからし酢みそを上からかけてもよい。

参考

・ぬたとは新鮮な魚介類を酢みそで和えたものをいう。
・和える材料は他にあさり，まぐろ，いか，うど，などを取り合わせて用いる。
・酢洗いとは酢の物や和え物の材料に，下準備の段階で生酢や同割り酢に浸したり，振りかけたりすることである。

科学

・酢洗いにより，酸の作用でたんぱく質が凝固し，ぬめりや生臭みがとれ，同時に身もしまり，仕上げの味がひきたつ。

10　いかときゅうりの黄身酢和え

材料（4人分）

いか	120g
きゅうり	120g
塩	t 1/3
黄身酢	
ａ ｛卵黄（材料の10%）	24g
砂糖（〃の5%）	T 1 1/3
塩（〃の1%）	t 1/3
だし汁（〃の10%）	T 1 2/3
酢（〃の10%）	T 1 2/3
芽たで	1g

◆ 下ごしらえ
① いかは皮をむき，唐草に切る。
② きゅうりは小口切りし，塩をしてしんなりしたら水気をしぼる。

◆ つくり方
❶ いかはさっとゆでる。
❷ 鍋に ⓐ を入れて，湯せんにかけてよく混ぜながら火を通す。とろりとしてきたら火を止め冷ます。
❸ ❶と②を形よく盛り合わせ，❷を上からかけ，芽たでを天盛りする。

参 考
・和える材料は他にえび，かに，たこ，貝柱などやサラダ菜，うど，セロリなどが用いられる。

科 学
・黄身酢中の卵黄は加熱することにより半熟状態となり，粘度が増す。しかし強く熱しすぎると，半熟状態からさらに固形状となり，もろもろとした状態となるので，加熱しすぎないよう気をつける。

唐草いか

11　白 和 え

材料（4人分）

にんじん	60g
こんにゃく	80g
生しいたけ	40g
ａ ｛だし汁（材料の40%）	70cc
砂糖（〃の4%）	t 2
薄口醤油（〃の5%）	T 1/2
あえ衣	
ｂ ｛木綿豆腐（〃の約50%）	100g
白ごま（豆腐の20%）	T 2 強
砂糖（〃の10%）	T 1 強
白みそ	40g

◆ 下ごしらえ
① にんじん，こんにゃくは細く切り，こんにゃくは空炒りする。生しいたけは薄切りする。
② 豆腐は大きく切って熱湯でさっと茹で，軽いおもしをして水気をきる。

◆ つくり方
❶ ①を鍋に入れ，ⓐを加えて汁気がなくなるまで煮てさます。
❷ ごまを煎って，すり鉢でよくすりつぶし，②を加えて滑らかにすり，調味してさらにすり混ぜ，和え衣とする。
❸ ❶を❷に入れて和え，小鉢に盛る。

参 考
・白和えとは豆腐と白ごまの衣で和えたものをいう。
・和える材料は他にいんげん，たけのこ，油揚げ，ひじきなどが用いられ，薄く下味をつけた後さましてから和える。
・豆腐の水きりは，押しきりと湯きりがある。湯きりでは豆腐の風味が損なわれるが，衛生上安全である。

12 菊花かぶら

材料（4人分）
- かぶら……………………160g
- 塩……………………t 1/2
- a ┌ 酢………………T 2
  ├ 砂糖……………T 1 1/3
  └ 塩………………t 1/3
- 赤とうがらし……………1本
- 菊の葉……………………8枚

◆下ごしらえ
① かぶらは皮をむき，天地を切り落とし，菊花に切る。塩をして，しんなりすればさっと洗いしぼる。

◘つくり方
❶ ⓐの甘酢に赤とうがらしの輪切りを加え，①をつけ込む。
❷ 菊の葉をしいて，かぶを花のように開き，赤とうがらしの輪切りを中央におく。

菊花かぶら
または菊花だいこん

13 焼きなす

材料（4人分）
- なす……………100g×4個
- しょうが…………………10g
- 土佐醤油
- a ┌ 濃口醤油………T 3
  ├ みりん…………T 1
  ├ 酒………………T 1
  └ かつお節………5g
- 花かつお…………………5g

◆下ごしらえ
① ⓐをひと煮たちさせ，こす。

◘つくり方
❶ 焼き網になすをのせて強火で焼く。皮が炭化したら返す。軟らかくなったら水につけて手早く皮をむく。
❷ へたを切り取り，たてに割いて長さを半分に切り，揃えて小鉢に盛り，花かつおとおろししょうがを天盛りする。
❸ 土佐醤油（P.40参照）をかけていただく。

参考
・皮をむくとき水につけすぎると水っぽくなるので注意。冷たく冷やすのもよい。

14 刻み即席漬け

材料（4人分）
- きゅうり…………1本(100g)
- なす………………1本(100g)
- 青じそ……………………2枚
- 塩（野菜の2％）……t 2/3(4g)
- 濃口醤油…………………少々

◆下ごしらえ
① きゅうりは小口切りする。
③ なすはたてに2つに切って小口切りし，水に放す。
④ 青じそは軸を除いてせん切りする。

◘つくり方
❶ なすの水気をきり，3種合わせて塩をふり，軽くもんで重石をする（約1時間）。
❷ 塩辛い場合は少量の水を加えて軽く絞り，小皿に盛る。醤油をかけて供する。

参考
・かぶ，かぶの葉，白菜，キャベツ，みょうが，針しょうがなども加えるとよい。かぶの葉はさっと熱湯をくぐらせると青臭さがとれる。
・早漬け，一夜漬けともいう。一般に2～4％程度の塩分濃度で塩漬けにする。

焼き物

1 ぶりの照り焼き

材料(4人分)

- ぶりの切身 …… 80g×4切
- ⓐ 濃口醤油 …… T2
  みりん …… T2
- だいこん …… 100g
- にんじん …… 30g
- 塩 …… t 1/2
- 甘酢
  - 酢 …… T2
  - 砂糖 …… T 1 1/3
  - 塩 …… t 1/3
- 赤とうがらし …… 1/2本

◆ **下ごしらえ**

① ぶりをⓐに浸け（15～20分），途中で1～2回裏返す。
② だいこんとにんじんで，紅白の菊花をつくる（P.50参照）。

◘ **つくり方**

❶ ぶりに串を打って，表になる方から焼き(強火)，焦げ目がついたら，裏返して中まで火を通す(中火)。
❷ 浸け汁を少し煮詰めて，刷毛で塗り，乾かす程度に焼く。これを2度繰り返す。熱いうちに串を抜く。
❸ 皿に盛り，②を添える

参考

・フライパンに油を熱して焼く，鍋照り焼きの方法もある。

串の打ち方（末広）

手許を寄せる

2 魚の幽庵焼き

材料(4人分)

- さんま(上身) …… 60g×4切
- 漬け汁
  - ⓐ ゆずの薄切り …… 4枚
    濃口醤油 …… T3
    みりん …… T2
    酒 …… T1
- ゆずの薄切り …… 4枚

◆ **下ごしらえ**

① ⓐの漬け汁に，魚を約1時間浸す。

◘ **つくり方**

❶ ①に串を打って（両つま折り），表を先に焼き，裏返して焼き上げる。
❷ 皿に盛り，ゆずの薄切りを添える。

参考

・**幽庵焼き**とは，ゆずの入った照り醤油に魚を浸し，ゆずの香りをつけて焼いたものをいう。魚にはさわら，まながつお，あまだいなどが用いられる。近江の国の茶人北村幽庵が考案したと言われる。

串の打ち方

平打ち

片つま折り

両つま折り

3　鯛の銀紙焼き

材料（4人分）

たい	80g×4切
塩	t 1/2
酒	T 1
たまねぎ	1/2個(120g)
生しいたけ	4枚(80g)
菜の花	4枝(50g)
レモン	1/2個
パセリ	4枝
アルミ箔	4枚
	(20cm×15cm)
二杯酢	
酢	T 3
薄口醤油	T 1 1/2
油	

◆下ごしらえ
① たいに塩，酒をふりかける。
② たまねぎは5mm厚さに切る。
③ しいたけは石づきをとり，表面に切り込みを入れ，軽く塩，酒をふる。
④ 菜の花は固い部分を除き，1％の塩熱湯でかために茹でる。
⑤ レモンはくし型に切る。

◆つくり方
❶ アルミ箔にたまねぎを敷いて①のたいをのせ，③，④をのせ包む。
❷ 200℃のオーブンで13分焼く。
❸ 皿に❷を盛り，レモン，パセリを添える。別器に二杯酢を入れて供する。

参考

・フライパンに少量の湯を入れ，ふたをして10数分中火で蒸し焼きしてもよい。

・魚田風ホイル焼き：魚にみそだれ（白みそ，赤みそ，酒，だし汁，砂糖）をぬりアルミ箔で包んでオーブンで焼く。

　本来，魚田は魚を素焼きしてから，練りみそをぬり，遠火にかざして乾燥焼きしたものである。

4　いわしの蒲焼き

材料（4人分）

いわし	大4尾(200g)
小麦粉	適量
油	T 4
たれ	
ⓐ　濃口醤油（魚の9％）	T 1
みりん（〃の7％）	T 1
砂糖（〃の3％）	t 2
酒（〃の7％）	T 1
水（〃の7％）	T 1
しょうが汁	t 2
粉さんしょう	少々

◆下ごしらえ
① いわしは手開きにして，腹骨を除き小麦粉をつける。

◆つくり方
❶ 油を熱したフライパンで①をこんがりと焼いて，いったん取り出す。
❷ フライパンの油をきりⓐを入れ少し煮詰め，その中に❶を戻し，たれをからませる。
❸ ❷を半分に切って盛り付け，粉さんしょうを振る。

参考

・いわしは背の青みに光沢があり，うろこがしっかりついているものを選ぶ。脂質が酸化されやすいので，迅速に処理し，早めに食べるか，保存のきく調理をすること。

いわしの手開き
1．薄い塩水の中でうろこをとり，頭を落とし腹を斜めに切る。
2．親指で中骨の上を滑らすように尾に向かって開く。
3．次に中骨の下に親指を入れ身と骨をはずし，尾の付け根で折り，骨を除く。

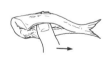

いわしの手開き

焼き物　53

5　あじの姿焼き

材料(4人分)
あじ(1尾100g)	4尾
塩(魚の重量の1%)	t 2/3
だいこん	100g

うねり串の方法

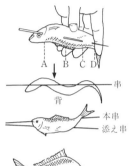

◆ 下ごしらえ
① 魚はうろこ，ぜいご，えらを取り下身の腹の部分を切って内臓を出し，水洗いし（P.41参照），ざるに並べて塩を振り30分おく。

□ つくり方
❶ ①にうねり串をうち化粧塩をし，盛りつけたとき上になる方から焼き，途中返す。熱いうちに串を回しておき，冷めてから串を抜き盛る。
❷ だいこんはおろして巻きすの上で軽く水気を切っておく。❶に前盛りして供す。

科　学
・魚に振る塩は表面近くの水分で溶けてしみ込み，内部の水分を引き出すので身が引き締まり，型崩れしにくくなる。また臭みものぞかれる。
・化粧塩：魚を焼く寸前に魚の表面にふりかける塩のことで，焼き上がると表面に残り美しくなるので化粧塩という。
・魚の直火焼きの火加減は強火の遠火とする。表面に焦げ色をつけ，内部まで熱を伝える。

6　豆腐・こんにゃくの田楽

材料(4人分)
豆腐	2/3丁(240g)
こんにゃく	2/3丁(160g)
田楽味噌	
ゆずみそ	
ⓐ 白みそ	T 3 1/3 (60g)
みりん	T 1
砂糖	T 2
だし汁	少々
ゆず	少々
ごまみそ	
ⓑ 赤みそ	T 3 1/3
みりん	T 1
砂糖	T 2 1/2
だし汁	少々
白ごま	t 2
田楽串	8本

◆ 下ごしらえ
① 豆腐は布巾に包んで二枚のまな板の間にはさみ，斜めにして水をきり，4つに切る。
② こんにゃくは塩もみ後洗ってさっと茹で，4つに切る。
③ 田楽みそを作る。
　みそにみりん，砂糖，だし汁を加えて練り，かたさを整え，ゆずの皮をすりおろし，またはすりごまを加える。

□ つくり方
❶ ①②に田楽串をさし，①にはゆずみそを，②にはごまみそをぬり，クッキングシートを敷いたオーブン皿に並べ，200℃のオーブンで5分間焼く。

参　考
・田楽：豊作を祈って田で舞う舞楽をいい，高下駄で舞う田楽法師の姿と竹串にさした形が似ているところからきている。少量ならオーブントースターを利用してもできる。
・しぎ焼き：なすに油を塗って焼き，練りみそをつけ，さらに軽くあぶったもの。

7　ぎせい豆腐

材料（4人分）

卵	4個(200g)
かに缶	80g
生しいたけ	40g
グリンピース	10g
木綿豆腐	200g
ⓐ 塩	3g (t 1/2強)
砂糖	t 1/2
薄口醤油	t 1/2
油	T 1
くずあん	
ⓑ だし汁	C 1
砂糖	T 1 1/3
薄口醤油	t 2/3
かたくり粉	t 1 1/3

◆ 下ごしらえ

① 豆腐はペーパータオルに包み、電子レンジで2分間加熱して水切りし、ほぐす。
② かには身をほぐし、しいたけはせん切り、グリンピースは熱湯をかける。
③ ⓑを合わせくずあんを作る。

◆ つくり方

❶ 卵を溶きほぐし豆腐、しいたけ、かに、グリンピースを加え、ⓐで味をつけてよく混ぜる。
❷ 鍋に❶を入れて4～5本の箸でよくかき混ぜ、半熟状になるまで火を通す。
❸ 卵焼き器に油を熱し、❷を入れてふたをし弱火で3～4分焼き、焼き色がついたら裏返して同様に焼く。
❹ 切って盛り付け、くずあんをかける。

参考
・かにをハム、むきえびなどに代えてもよい。
・豆腐の水きり（P.49, P.53参照）は簡単に電子レンジを利用した。

8　牛肉の八幡巻き

材料（4人分）

牛赤肉(うす切り)	280g
ⓐ 濃口醤油(牛肉の10%)	T 1 1/2
みりん(〃の15%)	T 2 1/3
ごぼう	160g
ⓑ だし汁(ごぼうの約30%)	50cc
砂糖(〃の3%)	T 1/2
濃口醤油(〃の7%)	t 2
酒	t 2
ししとうがらし	8個
たこ糸、油	適宜

◆ 下ごしらえ

① 牛肉をⓐに15分ほどつける。
② ごぼうは皮をこそげて水にさらす。20cmの長さに切り、太いものは縦に2～4つに切り、茹でる。
③ ししとうがらしは縦に包丁目を入れる。

◆ つくり方

❶ ⓑを煮立て②を加えて、煮汁がなくなるまで煮る。
❷ ①と❶を4等分する。牛肉でごぼうを巻いてたこ糸でしばる。
❸ フライパンに油を熱し、③をさっと炒め取り出す。次に❷を転がしながら焼く。①の漬け汁に砂糖少量を加えて入れ、煮汁がなくなるまで煮る。
❹ 肉を切り、ししとうがらしを添えて皿に盛る。

参考
・京都郊外八幡町がごぼうの産地であったところからつけられた。

科学
・ごぼうのあく抜き：皮をむいたごぼうは水にすぐつけないと、急に変色して黒くなる。これはごぼうに含まれるクロロゲン酸がポリフェノールオキシダーゼによって酸化されるためである。白くするために酢を3～5%加えるのは、この酵素活性が$pH\,4$以下で弱くなるため、弱酸性の水にして酵素の働きを押さえるためである。

揚げ物

1 てんぷら

材料(4人分)

えび	30g×4尾
いか	100g
さやいんげん	40g
青じそ	4枚
小なす	4個
衣 卵	½個
冷水	75cc
薄力粉	50g
揚げ油	適量
だいこん	100g
天つゆ	
ⓐ だし汁	C 1
濃口醤油	C ¼
みりん	C ¼
敷紙	4枚

揚げ物の吸油率

素揚げ	5～10%
から揚げ	6～8%
てんぷら	15～25%
フライ	10～20%
春雨揚げ	約35%

◧ 下ごしらえ

① えびは洗って背わたをとり，尾の一節を残して殻をむく。尾の先を少し切り落とし，しごいて水を出し，腹側に切り込みを入れて筋を切っておく。

② いかは皮をむいて表側に切り目をいれ，粉をはたいておく。

③ さやいんげんは筋をとり，長ければ斜め2つに切る。

④ 青じそは洗って水気をふく。

⑤ 小なすは茶せんに切る。

⑥ だいこんはおろして，軽く水気をきっておく。

⑦ ⓐの材料を合わせてひと煮たちさせる。

◧ つくり方

❶ 油を160℃に熱する。

❷ 衣を作る。
卵をほぐし，冷水と合わせてふるった粉を加え，さっくり混ぜる。

❸ 青じそは葉の裏に衣をつけ，160℃でパリッとするまで揚げる。

❹ さやいんげんは2～3本揃えて下部に衣をつけて170℃で揚げる。

❺ えびは尾を残して衣をつけ，180℃で1～2分揚げる。

❻ いかは衣をつけて，180℃で1～2分揚げる。

❼ なすは素揚げする。(揚げすぎると色が悪くなり，切り目が縮む。)

❽ 皿に敷紙を敷き，てんぷらを立体的に盛り，大根おろしを添える。天つゆは別器に入れて添える。

科学

・てんぷらのおいしさは，材料の新鮮さにもよるが，からりと揚がった歯ざわりのよい衣によるところが大きい。揚げると衣の水分が油と交代してからりとおいしくなる。てんぷらを揚げた時に衣から水分が蒸発するが，グルテン形成に参加している水は蒸発しにくい。したがって衣にはたんぱく質比率の少ない薄力粉を使用する。でんぷんを混ぜて，たんぱく質の比率を低くすることもある。衣に使用する水は温度が高いと粘性が大きくなるので冷水を用いる方がよく，同じ理由で混ぜすぎない，揚げる直前に作ることなどが大切である。

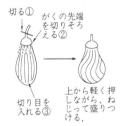

茶せんなすの切り方

2 かき揚げ

材料(4人分)

にんじん	40g
ごぼう	60g
さつまいも	80g
薄力粉	T1
衣	
薄力粉	C1/2
かたくり粉	T1
卵 1個＋冷水	C1/2
揚げ油	適量
天つゆ	
だし汁	80cc
濃口醤油	20cc
みりん	20cc
だいこん	100g

◆ **下ごしらえ**

① にんじん，ごぼう，さつまいもは3～4cmの長さ，幅1.5mmの拍子木切りにする。ごぼうは水にさらす。根菜類を混ぜ，薄力粉を全体にまぶす。
② 衣の粉を一緒にしてふるう。
③ 天つゆをつくる（P.55参照）。

◯ **つくり方**

❶ 油を170℃に熱する。
❷ 衣を作る（P.55参照）。
❸ 根菜類の場合は，火の通りが多少遅いので，じっくり揚げる。途中で中心部に箸で穴をあけると熱の通りがよい。
❹ 器に紙を敷いて盛り，大根おろしを添える。天つゆは別器に入れて添える。

参考

・かき揚げは，衣を加えすぎると団子のようになって，からっと揚がらないので，全体がようやくまとまるだけの衣でよい。ただし，通常の衣では，ばらばらになりやすいので，つなぎとして，粉を用いる。
・天つゆの割合はだし汁：醤油：みりん＝4：1：1とする。このつゆはそうめん，そばのつゆとしても用いられる。

3 菊花揚げ

材料(4人分)

白身魚	50g×4切
塩(魚の1%)	t1/3
はるさめ	40g
薄力粉	T4
ⓐ 卵白	1/2個(17g)
水	t1
揚げ油	適量
きゅうり	10cm(50g)
塩(きゅうりの1%)	少々
菊の葉	4枚

◆ **下ごしらえ**

① 魚に塩をして30分おく。
② はるさめは，はさみで1cmに切る。
③ きゅうりは蛇腹切りし，塩をして，しんなりしたらかたく絞り，4等分する。

◯ **つくり方**

❶ 魚の水気をふき取り，粉をつけ，ⓐをつけて，春雨をつける。
❷ 油を170℃に熱し，色がつかないように揚げる。
❸ 皿に菊の葉をしいて❷を盛り，手前に③を添える。

参考

・菊花揚げははるさめの他，ビーフンやそば，そうめんなども用いられる。
・はるさめの代わりに道明寺粉やみじん粉を用いるとみぞれ揚げになる。

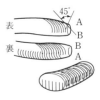

蛇腹切り

揚げ物 57

4　鶏の竜田揚げ

材料(4人分)
- 鶏肉(もも)……………320g
- ⓐ ┌ 濃口醤油…………T 2強
  │ 酒…………………T 1
  └ しょうが汁………t 1
- かたくり粉……………T 4
- サラダ菜………………4枚
- レモン…………………1/2個

◧ **下ごしらえ**

① 鶏肉は一口大に切り，ⓐで下味をつけ，15分間おく。

◪ **つくり方**

❶ ①の汁気を切り，かたくり粉をつけて170℃の油で揚げる。

❷ くし型レモンとサラダ菜を添えて盛る。

参考

・**竜田揚げ**とは材料を醤油，酒につけ，かたくり粉をまぶして揚げたもの。みりんや砂糖を加えると早く焦げ色がつきすぎ中心まで火を通しにくい。鶏肉，豚肉，さば，あじなどに応用できる。揚げ色が紅色をしているところからもみじの名所竜田川（奈良県）にちなんで名づけられた。

5　あじの南蛮漬け

材料(4人分)
- 小あじ………8〜12尾(400g)
- 小麦粉…………………適量
- 揚げ油…………………適量
- たまねぎ………小1/2個(80g)
- 油………………………少々
- 青ねぎ……………1本(15g)
- 赤とうがらし…………1/2本
- 南蛮酢
- ⓐ ┌ 酢(材料の12%)……T 3
  │ 濃口醤油(〃の10%)…T 3弱
  │ 水…………………T 1 1/3
  └ 砂糖(〃の3%)……T 1 1/3

◧ **下ごしらえ**

① 小あじはぜいご，うろこ，えら，内臓をとり水洗い後，水気をふきとる。

② たまねぎは薄切りにし油で炒める。青ねぎは斜めせん切りにする。赤とうがらしは種を除き小口切りにする。

③ ⓐの調味料を煮立て②を加えバットに入れ，冷ます。

◪ **つくり方**

❶ 小あじに粉をまぶし170℃の油で揚げ③の調味料の中に漬ける。

❷ 上下を返しながら漬け込み盛り付ける。

参考

・**南蛮**とは香味にねぎ，唐辛子を使ったもの。材料を揚げてから煮たり，酢漬けにするのも特徴である。

・あじやさばを三枚におろしたものも利用できる（P.41参照）。

・**大名おろし**とは小さい魚や身割れしやすい魚を三枚おろしにする手法をいう。

大名おろし

6 揚げだし豆腐

材料(4人分)	
木綿豆腐	1丁(400g)
ししとうがらし	8本
かたくり粉	適量
揚げ油	適量
天つゆ	
ⓐ　だし汁	120cc
薄口醤油	30cc
みりん	30cc
薬味	
だいこん	120g
青ねぎ	1本(10g)
花かつお	少々

◆ 下ごしらえ
① 豆腐は水気を切り（P.53参照），8つに切る。
② ししとうがらしは縦に切り込みを入れる。
③ 大根はおろし，青ねぎは小口切りする。
④ ⓐの材料で天つゆを作る。

◘ つくり方
❶ 180℃の油で②を揚げ，次にかたくり粉をまぶした①をきつね色になるまで揚げる。
❷ 器に❶を盛って天つゆをはり，薬味を天盛りする。

参考

・水切りした豆腐にフライの衣をつけて揚げ，天つゆを添えてもよい。

7 飛竜頭

材料(4人分)	
ぎんなん	4個
にんじん	20g
きくらげ	2g
豆腐	1丁(350g)
じねんじょ	20g
ⓐ　溶き卵	25g
塩	t 1/3
砂糖	t 1
揚げ油	適量
からし醤油	適量

◆ 下ごしらえ
① ぎんなんは下処理する（P.38参照）。
② にんじんは粗みじんに，もどしたきくらげは2cm長さのせん切りにしさっと茹でる。
③ 豆腐は布巾に包んで絞り，充分水気を除く。

◘ つくり方
❶ すり鉢で皮をむいたじねんじょをすり，③とⓐを加えさらにする。
❷ ❶に②を混ぜる。手に油をつけて4個に丸め，ぎんなんを中へ押し込み，低温の油に入れて中火で返しながらきつね色になるまで揚げる。
❸ からし醤油を添えて盛りつける。

参考

・飛竜頭に熱湯をかけて油ぬきし，だし汁½C，砂糖T1，薄口醤油T½，酒T1で静かに煮含めてもよい。

・**飛竜頭**（ひりょうず）は主に関西地方で呼ばれる名前で，関東地方ではがんもどきと呼ばれる。

煮　物

1　かれいの煮付け

材料（4人分）

かれい	80g×4切
白ねぎ	2本
ⓐ 水（魚の50％）	2/3 C
醤油（〃の5〜10％）	T 2
酒（〃の10％）	T 2
砂糖（〃の3〜5％）	T 1

◆ 下ごしらえ
① 魚の皮目に飾り包丁を入れる。
② 白ねぎは4〜5cmの長さに切る。

◇ つくり方
❶ 浅鍋にⓐを煮立て，魚の皮目を上にして並べ，煮汁をかけ，落しぶたをして中火で10分煮る。
❷ ❶の落しぶたを取り，強火にして煮汁をかけながら艶よく煮あげる。
❸ 魚を引き上げ，白ねぎを入れてさっと煮る。
❹ 魚の手前にねぎを盛り，煮汁をかける。

参考
・鮮度のよい白身魚は味を薄めに短時間で煮る。
・鯛などのウロコは，だいこんの切れ端を利用して，尾から頭に向かってこそげると魚の皮目を傷つけないで取ることができる。

2　さばのおろし煮

材料（4人分）

さば	70g×4切
塩（魚の1％）	t 1/2
かたくり粉	適量
揚げ油	適量
だいこん	400g
青ねぎ	1本(20g)
ⓐ だし汁	180cc
みりん	60cc
濃口醤油	60cc

◆ 下ごしらえ
① さばの切り身は小骨を抜き，皮に切り目を入れ，塩をあて10分以上置く。
② 軽く拭き，かたくり粉をまぶし，170〜180℃の油で7分通り揚げる。
③ だいこんはおろす。
④ 青ねぎは斜め細切りにする。

◇ つくり方
❶ 浅鍋にⓐを煮立て，だいこんおろしの半量を入れ魚の皮を上にして並べ，煮汁をかけながら，5〜6分煮る。最後に残りのおろしと青ねぎをのせ，ふたをして，ねぎがしんなりしたら煮汁と共に盛り付ける。

参考
・煮おろしともいう。材料の臭みや油っぽさがだいこんおろしでほどよく中和される。材料はそのまま，あるいは下煮するか揚げてから用いる。

3　さばのみそ煮

材料（4人分）

さば	80g×4切
ⓐ 水（さばの40%）	C 2/3
酒（〃の30%）	C 1/2
砂糖（〃の6%）	T 2強
しょうが	20g
赤みそ（〃の15%）	T 2 1/2
濃口醤油	少々
白ねぎ	2本

◆ **下ごしらえ**

① さばの皮目に切り目を入れる。しょうがは一部針しょうがにし，残りを皮のまま薄切りにする。
② 白ねぎは4cmに切り，金串をうち直火で焼き目をつける。

◻ **つくり方**

❶ 浅鍋にⓐを煮立て，さばと薄切りしょうがを入れ3分煮る。②のみそを煮汁で溶き2，3ヶ所に分けて入れ，弱火で5分煮る。醤油をまわし入れ，火をとめる。
❷ 魚をとり出し，残り汁で②をさっと煮て前盛りとする。魚に煮汁をかけ，針しょうがを天盛りする。

科 学

・水と酒の煮立った中に魚を入れるので身が引き締まる。酒の不揮発性成分とみそが魚臭を吸着し生臭みを消す。

4　いわしの梅煮

材料（4人分）

いわし	30g×8尾
ごぼう	80g
ⓐ 水	140cc
濃口醤油	T 1強
酒	t 2
みりん	t 1 1/3
梅干し	1個

◆ **下ごしらえ**

① いわしは頭と内臓をとって洗う。
② ごぼうはささがきにし，水につける。
③ 梅干しはたねを出し，ほぐしておく。

◻ **つくり方**

❶ 浅鍋にⓐを入れて煮立て，いわしを入れ，梅干をところどころにおいて弱火にかけ，15分ほど煮て②のごぼうを加え，汁気がほとんどなくなるまで煮る。

参 考

・梅干と煮ることで生臭みが消え梅干の酸で骨まで柔らかくなる。
・いわしの皮は弱くてとれやすいので弱火で煮始めるのがこつ。

煮 物

5 鯛の子とふきの炊き合わせ

材料(4人分)

たいの子		160g
ⓐ	だし汁	90cc
	薄口醤油	T2
	酒	T1
	みりん	T2
ふき		120g
木の芽		4枚

◆ 下ごしらえ
① たいの子を2～3cmに切る。
② ふきは20cmに切り，塩で板ずりし，熱湯でゆでる。冷水にとり，皮をむき，5cmに切る。

◆ つくり方
❶ ⓐの調味液を煮立て，①を入れて紙ぶたをして煮る。
❷ ❶の煮汁をT3強残し，水T2を加え，ふきを煮る。
❸ 煮物鉢に❶と❷を盛り，木の芽をあしらう。

参考

・**炊き合わせ**とは数種の食品をそれぞれ別々に煮て，一緒に盛り合わせること。味が混じらず，色どりも形も美しく仕上がる。

・たいの子に縦に切り目を入れ，子袋をひっくりかえして卵粒を外側に出す方法もある。

6 じぶ煮

材料(4人分)

鶏肉(もも)		320g
小麦粉		適量
白ねぎ		100g
ほうれん草		100g
干しいたけ		4枚
すだれふ		1/2本
ⓐ	だし汁	C2
	酒	T2 2/3
	砂糖	T2
	濃口醤油	T3
わさび		少量

◆ 下ごしらえ
① 鶏肉はそぎ切りにし，粉をまぶす。
② 白ねぎは5cmに切り，フライパンで焼きねぎにする。
③ ほうれん草は茹でて5cmに切る。
④ 戻したしいたけは，軸をとる。
⑤ すだれふは水でもどしておく。

◆ つくり方
❶ 鍋にⓐの調味料を入れ，しいたけを弱火で10分煮る。
❷ ①を加え火が通るまで煮る。
❸ ねぎ，ほうれん草と⑤を入れひと煮する。器に彩りよく盛り合わせ，おろしわさびをあしらう。

参考

・じぶ（治部）煮は鴨の肉に小麦粉またはそば粉をまぶして煮たもの。季節によっては鶏肉，カキなども用いる。

7　さといもといかの煮物

材料(4人分)

さといも	400g
するめいか	小1ぱい
ⓐ だし汁	C1
砂糖(いもといかの5％)	T3
濃口醤油(〃の1％塩分)	T2
酒	T2

◆ 下ごしらえ

① さといもは皮をむき下茹でする。
② いかは足をひきぬき内臓を除く。洗った後，胴は1cm幅，足は5cmに切る。

◇ つくり方

❶ 鍋にⓐを煮立て，いかを煮る。2分でいかを取り出し，さといもを煮る。最後にいかを戻し，さっと煮る。

参考

・さといもの下茹では，皮をむき水から茹で，沸騰後，茹でこぼしぬめりをとる。下茹でせずに皮をむいたさといもを塩でもみ，洗って直接煮る場合もある。

8　筑前煮

材料(4人分)

鶏肉	150g
にんじん	60g
れんこん	80g
ごぼう	80g
こんにゃく	1/2丁(120g)
干しいたけ	3枚
さやえんどう	20g
油(材料の5％)	T2強(26g)
だし汁(〃の30％)	160cc
ⓐ 砂糖(〃の2％)	T1強(10g)
みりん(〃の3％)	T1弱(16g)
濃口醤油(〃の7％)	T2(36g)

◆ 下ごしらえ

① 鶏肉は1口大にそぎ切りする。
② にんじんとれんこんは皮をむいて乱切りする。ごぼうは皮をこそげて乱切りし，れんこんとごぼうは酢水につけておく。
③ こんにゃくは塩もみして水洗いし，1口大に手でちぎって空炒りする。
④ 戻したしいたけは4つに切る。
⑤ さやえんどうは塩茹でする。

◇ つくり方

❶ 鍋に油を熱して①を炒め，八分通り火が通ったら鶏肉を取り出す。
❷ ❶の鍋に②③④を加えて炒め，だし汁を加えて煮る。煮立ったら醤油以外のⓐを加えてしばらく煮た後，❶と醤油を加え，材料が煮えて煮汁がほとんどなくなるまで煮る。⑤を混ぜて火を止め，盛り付ける。

参考

・筑前煮は筑前(福岡県)の郷土料理で，鶏肉を炒め，同じ鍋で具を炒めてから水を加え，砂糖，醤油で炒り煮したものである。正月料理にも用いられる。
・筑前煮はいりどり(炒り鶏)ともいう。

9 たけのこの直かつお煮

材料（4人分）

ゆでたけのこ	320g
花かつお	10g
みりん	T 2
砂糖	T 2
濃口醤油	T 4
木の芽	20枚

◆ 下ごしらえ

① たけのこを茹でる（P.18参照）。
② たけのこは1cmの輪切りにし，根元の太いところは半月に，先の細いところは縦に切って大きさを揃える。

◇ つくり方

❶ 鍋にたけのこを入れ，ひたひたの水と細かくもんだ花かつおをいれて火にかける。
❷ 煮立ったら砂糖とみりんを加え，落し蓋をして7〜8分煮る。次に醤油を加えて煮汁が半量になるくらいまで弱火で煮る。途中で2〜3回鍋返しをして，汁がまんべんなくたけのこにいき渡るようにする。
❸ 器にたけのこを盛り，煮汁を少しかけ，木の芽を天盛りする。

参考

・たけのこは先の柔らかいところは椀だねや和え物に，真ん中は煮物に，根元の固いところは薄切りにして炊き込みご飯に使うと良い。

10 かぼちゃの含め煮そぼろあんかけ

材料（4人分）

かぼちゃ		360g
ⓐ	だし汁(材料の50〜70%)	C 1
	砂糖(〃の3〜5%)	t 1強
	薄口醤油(〃の0.8%塩分)	T 1
鶏ひき肉		60g
酒		T 1
だし汁		C 1/2
ⓑ	みりん	T 1/2
	砂糖	T 1/2
	塩	少々
	薄口醤油	t 2
グリンピース		T 1
かたくり粉		T 1/2
しょうが		6g

◆ 下ごしらえ

① かぼちゃは種を除き，3cm位の角切りにし，面取りして，皮をところどころむく。
② 鶏ひき肉に酒をふりかけておく。
③ しょうがは針しょうがにして水にさらす。

◇ つくり方

❶ 鍋にかぼちゃを並べ，ⓐを入れ，落とし蓋をして煮含める。
❷ 別鍋にだし汁と鶏ひき肉，ⓑを入れて火にかけて煮たて，よくほぐす。
❸ ❷にグリンピースを入れ，水どきかたくり粉でとろみをつける。
❹ かぼちゃに❸をかけて，針しょうがを天盛りする。

参考

・かぼちゃの炒め煮：かぼちゃを炒めてから煮ると，ビタミンAの吸収率がよくなり，味にこくがでる。

11 なすの南蛮煮

材料(4人分)

なす	4個(400g)
油(なすの12%)	50cc
砂糖(〃の5%)	T2強
薄口醤油(塩分1.5〜2%)	T2〜3
だし汁(〃の50%)	C1
赤とうがらし	1本
白ねぎ	20g

◆ 下ごしらえ
① なすをたて2つに切り,皮の方に斜めに切り込みを入れ水にさらす。
② 赤とうがらしは種を除いて小口切りにする。
③ 白ねぎは白髪ねぎにし水にさらす。

◆ つくり方
❶ 鍋に油を熱し,①のなすを炒める。だし汁,砂糖を加え,落としぶたをして煮る。途中で醤油を加え,煮汁が1/4位になるまで煮る。②の半量加える。
❷ 器になすを盛り,白髪ねぎと残りの赤とうがらしを天盛りする。

参考

・なすの鍋しぎ
材料:なす6個,ごま油T4,みそT2½,砂糖T1½,みりんT2,だしC¼
作り方:1.5cm厚さに輪切りしたなすをごま油でしっかり炒め,みそ,砂糖,みりん,だしを加えていりつける。

12 高野豆腐, しいたけ, さやえんどうの炊き合わせ

材料(4人分)

凍り豆腐		2個
ⓐ	だし汁	C1
	酒	T1
	塩	t 1/6 (1g)
	薄口醤油	t1
	砂糖	T2
干しいたけ		4枚
ⓑ	戻し汁	100cc
	砂糖	t1
	みりん	t1
	濃口醤油	t1
さやえんどう		12枚
塩		少々

◆ 下ごしらえ
① 凍り豆腐は温湯につけて戻す。
② 戻したしいたけは軸を除いて亀甲に切る。

◆ つくり方
❶ 鍋にⓐを煮立て,①を絞って入れる。おとし蓋をして中〜弱火で汁がなくなるまで煮含める。
❷ ②は戻し汁に砂糖,みりんを入れて煮,2,3分後醤油を加えて煮含める。
❸ さやえんどうは洗って筋を除き,色よく茹でて水を切り,塩をふる。

参考

・高野豆腐のような加工品は,加工方法によって取り扱い方が異なるので,包装の表示を確かめる。
・高野豆腐は空気に触れると酸化しやすいので,開封したら早めに使う。
・**凍り豆腐**とは豆腐を一度凍らせた後に乾燥させたもの。高野山で作られたので高野豆腐という。信州では凍みる意から凍み豆腐ともいう。

亀甲しいたけの例

煮 物　65

13　ひじきの炒め煮

材料（4人分）

ひじき（乾）		15g
油揚げ		1枚
にんじん		50g
サラダ油		T 1
ⓐ	だし汁	C 1/2
	砂糖	T 1/2
	濃口醤油	t 2
	酒	t 2
	みりん	T 1

◆ **下ごしらえ**
① ひじきはさっと洗ってたっぷりの水につけてもどし水気をきる。
② 油あげは油ぬきして薄切り，にんじんは3cmのせん切りにする。

◇ **つくり方**
❶ 鍋に油を熱し，ひじきを炒め，②を加えて炒める。
❷ ⓐを加えて煮汁がなくなるまで煮る。

参考
・ひじきは海草の中でもミネラル分が多く，カルシウム，鉄，ヨウ素を多く含んでいる。油との相性がよいので，油あげ，がんもどき，さつま揚げなどと炒め煮することが多い。

14　きんぴらごぼう

材料（4人分）

ごぼう		1本(150g)
にんじん		1/3本(30g)
油（材料の8%）		T 1強
ⓐ	だし汁	T 2
	砂糖	T 1
	酒	T 2
	濃口醤油	T 2
白ごま		t 2
ごま油		t 1
一味とうがらし		少々

◆ **下ごしらえ**
① ごぼう，にんじんはマッチの軸大に切る。ごぼうは水にさらす。
② 白ごまは煎る。

◇ **つくり方**
❶ 鍋に油を熱し，ごぼうを炒める。にんじんを加えさらに炒め，ⓐの調味料を加えて炒める。汁気がなくなったら，②とごま油を加えて仕上げる。
❷ 好みで一味とうがらしをふる。

参考
・きんぴらに適した食材にはれんこん，うど，セロリ，ピーマンがある。

科学
・ごぼうには，イヌリンという体内ではブドウ糖に変わらない糖分がある。

15　五目豆

材料（4人分）

大豆	C 1 (140g)
干しいたけ	2枚(10g)
鶏肉	60g
にんじん	1/2本(40g)
ごぼう	1/5本(30g)
こんにゃく	1/3丁(80g)
砂糖（材料の6～7%）	T 5
酒	T 1
醤油（材料の8～9%）	T 3 1/2

◆ **下ごしらえ**
① 大豆はたっぷりの水に一晩つけておく。
② 戻したしいたけ，鶏肉，人参は1cmの角切りにする。ごぼうは1cmの角切りにして酢水にさらす。こんにゃくは茹でて，1cm角に切る。

◇ **つくり方**
❶ ①の大豆が柔らかくなるまで2～3時間水煮にする。
❷ しいたけを戻し汁と共に❶に加え，柔らかくなれば他の材料，砂糖，酒を入れ，煮汁が1/3位になれば醤油を加え仕上げる。

参考
・大豆1 C（140g）を戻すと約350gになる。干しいたけを戻すと約5倍になる。
・大豆は3～4倍の水に一晩つけておくが，時間のない時は水煮大豆を利用するとよい。
・圧力鍋を利用すると短時間でできる。

寄せ物

1 ごま豆腐

材料（4人分）

くず粉	30g
水	250cc
ⓐ 酒	T 1
塩	t 1/4 (1.5g)
砂糖	t 1/2 (1.5g)
練りごま	T 2〜3
青じそ	4枚
練りわさび	t 1
濃口醤油	適量

◆ つくり方

❶ 鍋にくず粉と水を入れ，くず粉を充分に溶いてからⓐで調味し，火にかけて練りながら加熱する。

❷ 糊化したら（透明になる）練ごまを入れて混ぜ，ぬらした流し箱に手早く入れて冷やし固める。

❸ 皿に青じそをしき，❷を切って盛り付け，練りわさびと醤油を添える。

参考

・**くず粉**（葛粉）とはくずでんぷんのことで，良質で高価。奈良県の吉野くず，福岡県の筑前くずが有名で，上等菓子の材料や日本料理のでんぷんあんに用いられる。

2 滝川豆腐

材料（4人分）

絹ごし豆腐	1/2丁(130g)
寒天	1/2本(4g)
水	C 1
ⓐ 塩	t 1/3
砂糖	t 1
かけ汁	
ⓑ だし汁	100cc
薄口醤油	T 1
みりん	T 1
練りわさび	t 1
ゆずの皮	1/2個

◆ 下ごしらえ

① 寒天は洗って水に膨潤させる。

② 水C1に①を絞ってちぎり入れ，弱火で煮溶かし，ⓐで調味する。

③ ⓑを一煮立ちさせ，冷やしておく。

◆ つくり方

❶ 豆腐を裏ごしし，すり鉢でよくする。

❷ 粗熱のとれた②を❶に混ぜ入れ，ぬらした流し箱に入れて冷やしかためる。

❸ かたまった❷を取り出し，3〜4mmの線状に切り（天つきを使用するとよい），器に入れてゆずの皮のすりおろしを上にのせ，練りわさびを添え，かけ汁をかける。

参考

・川の流れ，滝川の流れに見立てて盛りつけた夏向き料理である。

鍋　物

1　うどん鍋

材料(4人分)	
鶏肉(もも)	100g
酒	少々
えび	中4尾(150g)
はまぐり	4個(100g)
かき	8個(100g)
あなご	1尾(60g)
はくさい	大3枚(300g)
ほうれん草	1/2束(100g)
白ねぎ	1本(50g)
生しいたけ	4個(60g)
えのきだけ	1袋(100g)
しゅんぎく	1束(200g)
にんじん	30g
生麩	1/2本
油あげ	2枚(40g)
角餅	2個(100g)
ゆでうどん	2玉(400g)
だし汁	C8
ⓐ 薄口醤油	T2
みりん	T2
塩	t2
薬味	
青ねぎ	2本(30g)
レモン	1/2個

◆ 下ごしらえ

① 一番だしをとり，ⓐで調味する。
② 鶏肉は一口大に切り酒をふる。えびは背わたをとる。
③ はまぐりは砂をはかせる。かきはうすい塩水で洗う。
④ 白菜とほうれん草は茹でる。巻きすに白菜を横向きに並べほうれん草をのせて固く巻き水気を切って3cm幅に切る。
⑤ しいたけは軸を取り，かさに切り込みを入れる。えのきだけは根元を切ってほぐす。
⑥ しゅんぎくは根を落とし，よく洗う。白ねぎは斜めに切る。
⑦ にんじんは5mmの厚さに切って梅型で抜く。
⑧ 生麩は1cmの厚さに切る。
⑨ 油あげは油抜きして半分に切り，2つに切った餅を入れ，口を楊枝でとめる。
⑩ あなごは適当な大きさに切る。
⑪ うどんはほぐす。
⑫ ①～⑪を皿に盛る。
⑬ 青ねぎは小口切りしてさらしねぎにする。レモンはくし形切りにする。

◘ つくり方

❶ 鍋にだし汁を入れ，具のかたいものから順次入れて煮る。
❷ 器に薬味を入れ汁と共に食べる（煮汁が少なくなればだし汁をたす）。

参考

・うどん鍋（うどんすき）とは薄味（吸い物）仕立ての汁を張った鍋で，うどんと具（鶏肉，魚介類，野菜など）をいっしょに煮ながら食べる。

2 おでん

材料（4人分）

鶏肉（手羽）	100g
だいこん	½本（400g）
こんにゃく	1丁（250g）
ちくわ	2本（200g）
ごぼう天	4本（200g）
がんもどき	4個（200g）
じゃがいも	4個（600g）
水	C 5
醤油（水の7～8％）	C ⅓
塩（水の0.5％）	t 1弱
砂糖（〃の5～6％）	60g
練りからし	適量

◆ **下ごしらえ**

① だいこんは2cm厚さの輪切りにし、面取り隠し包丁して茹でる。
② こんにゃくは茹でて、三角に切り、細かく切り込みを入れる。
③ ちくわは斜め半分に切る。
④ ごぼう天、がんもどきは油抜きをする。
⑤ じゃがいもは皮をむき、水につける。

◆ **つくり方**

❶ 鍋に水、調味料を入れ、鶏肉、①、②、③、④を入れて煮込む。
❷ 時間をずらして⑤を入れて煮る。煮汁ごと器に盛り、練りからしを添える。

参 考

・だいこんの扱い方
　葉に近い方より根の方が辛い。茹でる時は米のとぎ汁か、ぬかを加え水から茹でると、白く仕上がり、苦味や辛味も消える。

面取り，隠し包丁

鍋物の種類

1．水，だしで煮る鍋物

1) ちり鍋‥‥新鮮な白身魚（たら，鯛，ふぐ，あんこう）とあくの少ない野菜等を昆布を入れた湯で煮る。材料の持ち味を賞味する。 — ポン酢，さらしねぎ　もみじおろし

2) しゃぶしゃぶ‥薄切りの材料（牛肉・豚肉・たこ）を煮立った昆布を入れた湯の中でしゃぶしゃぶと泳がす程度に火を通す。 — ポン酢，ごまだれ　さらしねぎ

3) 湯豆腐‥‥昆布を敷いた鍋に豆腐を入れ豆腐が少し揺れ始めたら引き上げる。 — つけ醤油，削り節，さらしねぎ，おろししょうが，もみのり，切り胡麻

4) 水炊き‥‥主に鶏の水炊きのことでだし汁は鶏がらを用いる。 — ポン酢，もみじおろし　さらしねぎ

2．うすい味付で煮る鍋物

1) 寄せ鍋‥‥魚介や野菜等あくの少ない材料を色々とりあわせ，吸物よりやや濃い目のだし汁で煮る。あくの出るものは必ず下ごしらえする。 — さらしねぎ　おろししょうが

2) すっぽん鍋‥丸鍋ともいい，ぶつ切りにしたすっぽんを水，酒，薄口醤油，しょうが汁で味をつける。 — さらしねぎ　しょうが

3．濃い味付で煮る鍋物

1) すきやき‥‥関東式…割下（醤油，酒，みりん，砂糖）を作っておいて煮る。
　　　　　　関西式…醤油と砂糖で好みの味に整えながら煮る。 — とき卵

2) 柳川鍋‥‥裂いたどじょうをごぼうのささがきと共に煮て卵でとじる。 — 粉山椒

3) かき鍋‥‥かきと野菜をみそ味，または醤油味で煮る。 — おろししょうが

4) 牡丹鍋‥‥いのしし鍋ともいい，甘味だれでさっと煮る。肉には一種のにおいとくせがあり，肉質はかたい。 — 粉山椒

5) 魚すき‥‥沖すきともいい，魚介を使用したすき焼き風の鍋物。魚は一口大に切り，合わせ調味料（だし，みりん，酒，醤油）につけておき，調味料ごと鍋に入れる。 — 七味とうがらし　粉山椒

お正月料理

　正月料理とは，新しい年を迎えるための料理で，おせち料理とも呼んでいる。おせちとは，昔，宮中で，1月7日人日，3月3日上巳，5月5日端午，7月7日七夕，9月9日重陽の五節句を祝うための料理を，せちえの料理と呼んだのが，今では正月料理のみをおせち料理と呼んでいる。

　おせち料理を詰める容器を重箱といい，上から，一の重（祝いざかな，口取り），二の重（焼き物），三の重（煮物），与の重（酢の物）を詰める。五段重ねの場合は，五の重は控え重といって予備の料理を入れる。

　現代は重箱も二重か三重がおもに用いられている上，内容も和洋中の料理をとりまぜて詰める傾向にある。一皿盛りで供するのも簡便でよい。

正月料理の祝い方
　大福茶，屠蘇酒，雑煮で祝うのが普通である。大福茶は，湯のみ茶わんに漬小梅とこんぶを入れ若水をわかした湯を注いだもので，これでまず新年を祝い，次に屠蘇酒を，祝い肴，おせち料理でいただき，雑煮でしめくくる。

【祝い肴】

1 黒　豆

材料（割合）

黒豆	250g
重曹（豆の1％）	t 1/3
砂糖	150g
塩	t 1
濃口醤油	T 2
熱湯	C 5
鉄くぎ・紙ふた	

黒豆はまめに（元気に）働けるようにということから健康を願う意味をもつ。

◆ **下ごしらえ**
① 鉄鍋に洗った豆と，すべての材料，熱湯を入れ，一晩浸ける。

◆ **つくり方**
❶ 鍋を中火にかけ，沸騰すれば，泡とあくをすくいとる。
❷ ごく弱火で紙蓋をして，約4〜5時間煮る。豆が終始，汁に浸かっているように，煮汁が少なくなれば水を補う。煮汁につけたままおき，味を含ませる。

参　考
・黒豆の砂糖は好みで50〜80％加える。

科　学
・黒豆の色素はアントシアン系の色素であり，金属のプラスイオンと結合して，安定した黒紫色を呈する。
・鉄鍋がないときは鉄釘をガーゼや紙パックに入れて加える。

2 数の子

材料(4人分)

数の子	100g
薄口醤油	t 2
酒	t 2
みりん	T 1
だし汁	T 2
糸かつお	3g

数の子には子孫繁栄の願いが込められている。

◆ 下ごしらえ
① 塩数の子は薄い塩水につけて塩抜きする。
② 白い膜をとり水気をふき取って，そぎ切りする。

◘ つくり方
❶ 調味料を一煮して冷まし，数の子をつける。
❷ 器にもって糸かつおを天盛りする。

参 考
・祝い肴とは祝い膳の酒の肴のことで**屠蘇肴**ともよばれる。
・祝い膳に出される**屠蘇酒**（おとそ）は薬用の草根木皮（山椒，桔梗，大黄，乾姜，桂皮等）の刻んだものを三角形の袋に入れ，酒またはみりんに浸す。

3 田作り

材料(4人分)

田作り	20g
砂糖	T 1
濃口醤油	t 2
みりん	t 2
けしの実	少々

五万米（ゴマメ）ともいい，五穀豊穣を願う縁起物。片口いわしは田の肥料として使われていた。

◆ 下ごしらえ
① 田作りは1尾ずつはなして電子レンジに2～3分かける。ポキンと折れるくらいになったら，紙の上に広げて冷ます。
② けしの実をかるく炒る。

◘ つくり方
❶ 鍋に調味料を煮立て，少し煮詰めてから田作りを入れてからめる。皿に広げて，けしの実をふりかける。

参 考
・120～130℃のオーブンで乾燥焼き，または130℃位の油で揚げてもよい。本来，鍋やフライパンで焦がさないように煎って作ったものである。
・たれが煮詰まって田作りがくっついてしまったら，酒少々をふりかけて火にかけるとよい。

4 たたきごぼう

材料(4人分)

ごぼう	70g
塩	少々
酢	t 2
白ごま	T 1
三杯酢 　酢	T 1
砂糖	t 2
塩	t 1/5 (1.2g)

ごぼうは地中深く根をおろすことから，家の基礎がしっかりするようにとの願いがこめられている。

◆ 下ごしらえ
① ごぼうは皮をこそげて，長く切り酢水にさらす。
② ごまを炒って，1/3を切りごまに，残りはよくすり，三杯酢と合わせる。

◘ つくり方
❶ 鍋にたっぷりの湯を沸かし，塩，酢を入れてごぼうを少し固めにゆでる。
❷ ごぼうをまな板の上に並べ，すりこぎで叩き，4～5cmに切る。
❸ ②につけこみ，味をしみこませる。揃えて盛り，切りごまを振る。

参 考
・ごぼうは細めのものがよい。
・ごぼうは茹ですぎると歯ごたえがなくなるので注意すること。

【口取り】

5 栗きんとん

材料(4人分)
さつまいも	200g
くちなし	1個
砂糖(いもの15%)	30g
みりん	T 1
くりのシロップ	T 1
くりの甘露煮	3個(45g)

きんとんは金の布団の意である。

◆ **下ごしらえ**

① さつまいもは皮を厚くむく。2 cm厚さに切って水さらしする。
② くちなしは縦に2,3個に切り,紙パック(茶用)に入れる。
③ さつまいもの水をかえて,②を入れる。

◆ **つくり方**

❶ ③を火にかけ,いもにきれいな色がついたら,くちなしを取り出し,軟らかくなるまで茹でる。熱いうちに裏ごしする。ぬれ布巾をかけて乾燥しないようにする。
❷ 鍋に❶,砂糖,みりん,くりのシロップをいれて練り上げる。
❸ くりの甘露煮を4～6つ割して混ぜ込む。

科 学

・さつまいもの裏ごし:茹でたいもが冷えると,細胞間のペクチンの流動性がなくなり,裏ごしのために強い力が必要となる。このために,細胞膜が破れて糊化でんぷんが流出して粘り,味も悪くなる。したがって熱いうちに裏ごしする方が良い。

・くちなし:アカネ科の植物で6稜ある果実は完熟すると紅黄色となる。美しい色が出るので着色料として用いられる。色素はカロチノイド系である。くり,さつまいも,たくあんなどの色付けに用いる。

参 考

・くちなしを使わず,さつまいもを練り上げたときに,抹茶と砂糖を混ぜ合わせたものを加えると若草きんとんとなる。

6 錦 卵

材料(4人分)
卵		4個
ⓐ	砂糖	40g
	塩	t 1/4 (1.5g)

◆ **下ごしらえ**

① 固茹で卵をつくり,卵白と卵黄を別々に裏ごしする。
② ①のそれぞれにⓐを各1/2量ずつ混ぜる。

◆ **つくり方**

❶ 流し箱に②の卵白を平らに入れて押さえ,その上に②の卵黄を入れる。
❷ 蒸し器で約10分蒸し,とり出してそのまま冷ました後切り分ける。

参 考

・二色卵とも書く。
・巻きすに卵黄,卵白を重ねて巻き,蒸す方法もある。

7 伊達巻き

材料(卵焼き器2個分)
- 卵　　　　　　　4個
- はんぺん　　　1枚(100g)
- 砂糖　　　　　　　T2
- 薄口醤油　　　　　t1
- みりん　　　　　　T2

◆下ごしらえ
① 卵焼き器は油を充分なじませる。
② フードプロセッサー(ミキサーでも可)に材料を全部入れてよく混ぜる。

◇つくり方
❶ ①に②を流しいれ蓋をして、弱火で焼く。表面が乾いてきたら裏返して焼く。
❷ 両面に焼き色がついて弾力が出てきたら、鬼すだれにとって手前から軽く巻き、輪ゴムでとめる。さめてから1cm厚さに切る。

参考
・鬼すだれの代わりに巻きすを利用してもよい。
・卵焼き器が18cm角のものであれば、この量で1本分である。
・オーブンで焼く場合は160〜170℃で10数分焼く。
・魚のすり身を用いる場合、塩t⅓、だし汁T2を加えるとよい。簡単にはんぺんを利用した。

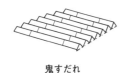

鬼すだれ

8 梅花かん

材料(流し箱小2個分)
- ⓐ 粉寒天　　　　2g
  　水　　　　　　C1
  　砂糖　　　　　10g
- グレナデンシロップ　T6
- ⓑ 粉寒天　　　　2g
  　水　　　　　　C1
  　砂糖　　　　　70g
- 牛乳　　　　　　C½

◆下ごしらえ
① 赤いゼリーはⓐの粉寒天を分量の水に浸漬し、火にかけて煮とかし、砂糖を加えて煮る。
② 少し冷ましてグレナデンシロップを加え、ぬらした型に流して、冷やし固める。
③ ⓐと同様に白いゼリーを作り、型に流す。

◇つくり方
❶ それぞれ6個に切り、梅型で抜き、②③を組替える。

9 きんかんの甘露煮

材料(4人分)
- きんかん　　　　　200g
- 砂糖　　　　　　　80g
  (きんかんの重量の40%)
- 水　　　　　　　150cc

◆下ごしらえ
① きんかんは洗い縦に5〜6mm間隔の切り目を入れる。
② たっぷりの熱湯で2分茹でる。湯を捨てもう一度茹でる。
③ 冷めたら上下を押して種を出す(竹串を利用してもよい)。

◇つくり方
❶ 鍋にきんかん、水、⅓量の砂糖を入れ紙蓋をして弱火で煮る。
❷ 残りの砂糖を10分おきに加え煮含める。

参考
・きんかんについて：皮ごと食用にする。皮に甘味や芳香があって美味しい。

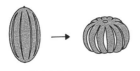

きんかんの切り方

お正月料理

【焼き物】
10　えびの鬼殻焼き

材料（4人分）	
有頭えび	4尾
濃口醤油	T 2
みりん	T 2

◆ 下ごしらえ
① えびは洗って，はさみで足を切り取り，殻つきのまま背開きにして，背わたを除く。
② 醤油とみりんを1/2量くらいまで煮つめる。

◆ つくり方
❶ えびをよく開き，皮と身の間に横に竹串を2本打つ。200℃のオーブンで8〜10分焼く。
❷ ②の照り醤油をぬり，乾かすように焼く。これを2〜3回くり返す。
❸ 竹串は熱い内にまわしておき，冷めてからぬく。

参考
・えびは大正えびなどの無頭でもよく，豪華にするなら伊勢えびを2つ割りすればよい。
・練りうにに卵黄，みりんを加えてのばしたものをぬってもよい。

11　いかのうに焼き

材料（4人分）	
もんごういか	小1ぱい
塩	少々
練りうに	T 1
卵黄	1/2個
みりん	t 1

◆ 下ごしらえ
① いかは水洗いして，皮をむく。
② 裏側に切込みを入れて松かさいかにして，金串を打つ。
③ 練りうにに卵黄とみりんを加えて固さを整える。

◆ つくり方
❶ いかに塩をふり，両面焼く。
❷ ❶に③のうにをぬり，乾かすように焼く。
❸ 金串は熱い内にまわしておき，冷めてからぬく。

すくい串

科学
・いかの皮：いかは筋繊維が体軸に直角に走り，その間を結合組織が仕切っている。いかの皮は4層あり，上2層はむき易いが下2層はむき難い。この中で4層目が強い熱収縮性をもち，収縮は体軸の方向に起こる。松笠いか花いかなど丸くなる方がよいときは裏側に切り込みを入れ，縮まない方がよいときは表側に切り込みを入れればよい。

12　鶏肉の山椒焼き

材料(4人分)

鶏肉(もも)		160g
ⓐ	濃口醤油	T 1½
	みりん	T 1½
	酒	T 1½
粉さんしょう		t ⅓
青のり粉		t ⅔
油		T 1½

◆ 下ごしらえ

① 鶏肉は皮にフォークで穴をあけ，ⓐの調味液に20分ほど浸ける。

◇ つくり方

❶ フライパンに油を熱し，鶏肉を皮から焼く。
❷ 両面に焦げ目がつけば，弱火で蓋をし火をとおす。つけ汁を加えて煮つめる。
❸ 冷めてから4mm厚さにそぎ切りし，粉さんしょうと青のり粉をふる。

参考

・樹脂加工のフライパンを使う場合は，油の量を減らすことができる。

13　とり松風

材料(4人分)

鶏ひき肉		150g
赤みそ		15g
ⓐ	酒	T ½
	みりん	T ½
	砂糖	T ⅔
	卵	大½個
	生パン粉	20g
けしの実		少々

◆ 下ごしらえ

① ⓐの材料をすり鉢でする（フードプロセッサー可）。

◇ つくり方

❶ オーブン皿にクッキングシートを敷き，①を広げる。（厚さ2cmの長方形）
❷ けしの実をふりかけ180℃のオーブンで13～15分間焼く。
❸ 長方形・末広など好みの形に切る。

参考

・松風：けしの実を使った料理や菓子などに用いる名称。表はけしの実がふってあって美しいが，裏はほの白くてさびしいことから「うらさびし」の連想から松風と命名された。この料理は「のしどり」ともいう。

14　鯛のみそ漬け焼き

材料(4人分)

たい	50g×4切
塩	t ½
白みそ	150g
みりん	T 1
酒	t 2

◆ 下ごしらえ

① たいは塩をして30分以上おく。
② 白みそにみりん，酒を合わせる。
③ ②の半量をバットにのばし，固く絞ったガーゼを敷き，①の魚を並べ，上にもガーゼをかぶせ，残りのみそをのせ，1～3日おく。

◇ つくり方

❶ オーブン皿にクッキングシートを敷き，たいの皮を上にして並べ，170℃のオーブンで約10分焼く。

【煮 物】

15 煮しめ（梅花にんじん，手綱こんにゃく，笹えんどう）

材料（4人分）
- こんにゃく……1/3丁（80g）
- 塩……少々
- ⓐ
  - だし汁……t 2
  - 酒……T 1/2（7.5g）
  - みりん……t 1（6g）
  - 砂糖……t 1/2（1.5g）
  - 濃口醤油……T 1/2（9g）
- さやえんどう……小12枚
- 塩……少量
- にんじん……100g

◆下ごしらえ
① こんにゃくは表面に塩をつけてよくもんでから水洗いし，たづな切りにする。
② さやえんどうは先を残して筋を取り，塩茹でし，冷水にとる。

◘つくり方
❶ 鍋で①をからいりし，ⓐを加えて汁気がなくなるまで煮る。
❷ ②の水気を取り，振り塩をし，3枚ずつ合わせて笹に見せて盛り付ける。
❸ 梅花にんじんのつくり方（P.31参照）。

参 考
・たづな切りはこんにゃくの切り方の1つで，こんにゃくを短冊に切り，中央に切り目を入れ，一方の端を切れ目にくぐらせるとねじれる。馬の手綱のようなので，この名がついた。

たづなこんにゃく
（ねじりこんにゃく）

16 えびの照り煮

材料（4人分）
- くるまえび（殻付き）……4尾
- ⓐ
  - だし汁……T 3
  - 酒……T 1 1/2（22.5g）
  - みりん……T 1 1/2（27g）
  - 砂糖……t 1（3g）
  - 塩……t 1/2（3g）

◆下ごしらえ
① えびは背わたを取り，洗って水気をきる。

◘つくり方
❶ ⓐを煮立て，①を入れて照り煮する。

参 考
・頭やヒゲがとれないように丁寧に扱う。

17 鶏団子の照り煮

材料（4人分）
- 鶏ひき肉……200g
- ⓐ
  - 砂糖……t 2
  - 塩……t 1/3
  - 卵……1/2個
  - 小麦粉……T 1 1/3
- ⓑ
  - だし汁……C 1
  - 砂糖……T 1 1/3
  - 濃口醤油……T 2
  - みりん……T 2/3
- さやえんどう……6枚

◆下ごしらえ
① すり鉢に鶏ひき肉とⓐを入れ，粘りが出るまでする。
② さやえんどうは筋をとり，塩茹でし，斜めに2つ切りする。

◘つくり方
❶ ①のひき肉を片手にとり，親指と人差し指の間から一口分くらいを握りだし，スプーンでとりながら，煮立てたⓑに入れる。
❷ 中火でふたをして約15分煮て，煮汁が少なくなってきたら，全体にからめる。
❸ 器に盛り，②のさやえんどうを散らす。

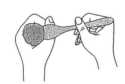

肉団子のつくり方

【酢の物】

18　紅白なます

材料(4人分)
- だいこん……………………200g
- 金時にんじん………………30g
- 塩……………………………t 1/2
- 甘酢
  - 酢…………………………T 3
  - 砂糖………………………T 2
  - 塩…………………………少々
- 白ごま………………………t 2

◆ 下ごしらえ
① だいこん，にんじんは5cmのせん切りする。
② それぞれ別々に塩をして，しんなりするまでおく。
③ 甘酢をあわせておく。
④ 白ごまは軽く炒って切りごまにする。

◆ つくり方
❶ だいこん，にんじんの水気を絞ってあわせ，甘酢T1をかけて，再度絞る。
❷ ④を合わせて残りの甘酢で和え，切りごまをふる。

参考
- にんじんの量が多いと赤が目立ち過ぎるので，にんじんはだいこんの1/5〜1/8くらいでよい。
- **ちぐさ和え**：だいこん60g，きゅうり60g，たまねぎ40g，セロリ20g，にんじん20gをせん切りし塩をして絞り，酢，濃口醤油，みりんで和える。
- **切りごま**は，煎ったごまを包丁で刻んだもので，すりごまほど油がまわらず，ごまの香りが出る。

19　酢れんこん

材料(4人分)
- れんこん……………………150g
- 酢水
  - 水…………………………C 2
  - 酢…………………………T 1 1/3
- 赤とうがらし………………1/3本
- ⓐ
  - 水…………………………C 2/3
  - 酢…………………………T 2
  - 砂糖………………………T 1 1/2
  - 塩…………………………t 1/2

れんこんは「先の見通しがきく」ということから，縁起がよいとされる。

◆ 下ごしらえ
① れんこんは水につけながら皮をむく。花れんこん，矢羽根れんこん，雪輪れんこんなど好みの形に切り，酢水にさらす。
② 赤とうがらしは種を出して小口切りする。

◆ つくり方
❶ ほうろう鍋にⓐとれんこん，赤とうがらしを入れてすきとおるまで箸で返しながら煮る。

科学
- れんこんは歯ざわりが大切なので，煮すぎないこと。酢はれんこんのペクチンの分解を防ぎ，歯ざわりを残す効果がある。

花れんこん　　雪輪れんこん　　矢羽根れんこん

お正月料理

20 千枚漬けのサーモン巻き

材料(4人分)
- 千枚漬け ………………… 4枚
- スモークサーモン(薄切り) 4枚

◪ つくり方
❶ サーモンを2等分し,千枚漬けの上に重ならないように広げる。手前からくるくると巻く。適当な長さに切り,切り口を見せて盛り付ける。

参考
・千枚漬けとはかぶの漬物。
・だいこんの桂むきを甘酢につけたものでサーモンを巻いてもよい。

21 五色なます

材料(4人分)
- ごぼう ………… 中1本(150g)
- 金時にんじん ……………30g
- 糸こんにゃく ……………150g
- れんこん …………………60g
- 干しいたけ ………………3枚
- サラダ油 ………………… T2
- a ┌ 砂糖 …………………… T2
    │ 塩 ……………………… t1
    └ 薄口醤油 ……………… T1
- 酢 ………………………… T2

◪ 下ごしらえ
① ごぼうとにんじんは太めのせん切り(マッチの軸状)にする。
② 糸こんにゃくはさっと茹でて5cmに切る。
③ れんこんは皮をむき,うす切りにして酢水につける(大きいときは半月またはいちょう切りにする)。
④ 戻したしいたけは,せん切りにする。

◪ つくり方
❶ 鍋に油を熱し,①〜④を充分炒め,ⓐで調味し,火を止めて酢を加え,ひと混ぜする。

参考
・この料理は時間をおいた方が味がなじんでおいしい。茹でたさやえんどう,みつば等を盛り付ける前に混ぜ合わせるのもよい。

22 なまこの酢の物

材料(4人分)
- なまこ ……………………200g
- 塩 ………………………… T1
- 三杯酢
- a ┌ ゆず絞り汁 ┐
    │ 酢   ┘ …………… T2
    │ 濃口醤油 ……………… T2
    └ 煮切りみりん ………… T1

◪ 下ごしらえ
① なまこは両端を少し切り落とし,腹を縦に切り開いて内臓をだす。
② ボウルに①を入れ塩を振り,強くゆすって身をしめ,ぬめりを取る。
③ ⓐを合わせて三杯酢を作る。

◪ つくり方
❶ ②のなまこを水洗いし,小口切りにする。③につける。

参考
・なまこの旬は初冬。赤なまこ,青なまこと大別できる。
・**煮切りみりん**とは煮立てたみりんに火をつけてアルコール分を燃やしてしまったもの。みりんを調味料として使う場合,アルコール以外のエキス分にその目的があり,高濃度のアルコール分は不要であるので,このようにして煮切ったみりんを用いることが多い。

23 白みそ雑煮

材料(4人分)	
だし汁	C 3
白みそ	100g
さといも	2個
金時にんじん	2cm(20g)
だいこん	2cm(50g)
丸餅	4個

◆ 下ごしらえ
① さといもは皮をむき下茹でして，1cm厚さの輪切にする。
② にんじん，だいこんは5mm厚さの輪切にして茹でる。
③ 白みそはだし汁でのばしておく。
④ 丸餅は熱湯につけ軟らかくしておく。

◆ つくり方
❶ 鍋にだし汁を煮立て，白みそを溶きこみ，①②をいれてひと煮する。丸餅も加える。
❷ 椀にだいこんを敷き，餅をのせ，にんじんは日の出に見たて，さといもを入れて熱い汁をはる。

参 考
・雑煮は正月の祝い膳の中でももっとも大切な料理の一つである。郷土色の豊かなもので，餅を主体とし，その土地で取れた産物が入ることが多い。

24 すまし雑煮

材料(4人分)	
だし汁	C 3
塩	t 1
薄口醤油	t 2/3
鶏肉(もも)	100g
かまぼこ	80g
生しいたけ	小4枚
水菜	30g
角餅	4個
焼きのり(8枚切)	4枚
ゆず	1/6個分

◆ 下ごしらえ
① 鶏肉は2cmのそぎ切りにする。
② 生しいたけは軸を除き，飾り包丁する（P.64参照）。
③ かまぼこは8枚に切る。
④ 水菜は色よく茹でて3cmに切る。

◆ つくり方
❶ 餅を焼いて熱湯をくぐらせ，椀に盛る。
❷ 鍋にだし汁を煮立て，①②を加えて火を通し，③を加えて調味する。
❸ 餅の入った椀に，④を入れて熱い汁を注ぎ，焼きのり，松葉ゆずをのせる。

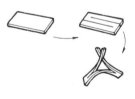

松葉ゆず

和菓子・飲み物

1 桜餅（関西風）

材料（4個分）

道明寺粉	60g
水	C 3/4
食紅	少々
砂糖	T 1
こしあん	80g
桜の葉（塩漬け）	4枚

◆ 下ごしらえ
① 水を食紅で薄く色づける。
② こしあんは4個に丸めておく。
③ 桜の葉は，水で洗ってかるく塩抜きする。

◇ つくり方
❶ ①をふっとうさせ道明寺粉を加え練りあげる。最後に砂糖を加え4個にわける。
❷ ぬれ布巾に❶を広げ，あんを包んで桜の葉で包む。

参 考

・桜餅（関東風）
材料：白玉粉 5g，薄力粉50g，砂糖 5g，水50cc，食紅 少々，あん80g，桜の葉 4枚，油。
つくり方：白玉粉をすりつぶし，砂糖を加えて水でときのばし，小麦粉を加える。鉄板に油をしいて生地を楕円形にのばして焼く。俵型にまとめたあんを包み，桜の葉で巻く。

2 水ようかん

材料（流し箱1個分）

寒天	1/2本（4g）
水	C 2
砂糖	100g
こしあん	200g
桜の葉（塩漬け）	6〜8枚

◆ 下ごしらえ
① 寒天を洗って水に膨潤させる。
② 流し箱はぬらしておく。

◇ つくり方
❶ 水C2に①を絞ってちぎり入れ煮とかし，砂糖を加えこす。
❷ ❶にあんを加えてよくまぜ，500gまで煮つめる。あら熱を取って流し箱に流し，冷やし固める。
❸ 6〜8等分して桜の葉で包んで供する。

参 考

・でき上がりの水ようかんの寒天濃度を0.8％にするために500gまで煮つめる。そのためにははじめに鍋の重量を計っておくとよい。
・寒天は室温でも固まり，ゼラチンは氷水や冷蔵庫で冷やさないと固まらない。

3 柏餅

材料(4個分)

白玉粉	20g
ⓐ 砂糖	T 1/2
ⓐ 水	T 1
上新粉	60g
熱湯	約60cc
こしあん	80g
かしわの葉(干)	4枚

◈ 下ごしらえ

① 白玉粉にⓐを加えてこねる。
② 上新粉を熱湯でこね、①も加えて耳たぶ位の固さにする。2つに分けて、強火の蒸し器で約10分蒸す。
③ こしあんを4個に丸める。
④ かしわの葉は茹でる。

◈ つくり方

❶ ②を熱いうちに手水をつけ粘りのでるまでよくこね、4個に分ける。
❷ ❶を熱いうちにだ円形にのばし、あんをおいて2つ折りにする。合わせ目をよく押さえる。
❸ ④で包み、強火の蒸し器で3分ほど蒸す。

科学

・**上新粉**はうるち米を粉にしたもので、熱湯を加えて米でんぷんの一部を糊化させてこねると扱いやすくなる。
・**白玉粉**はもち米を粉にしたもので、上新粉より粒子が細かく、水でよくまとめられる。
・だんごは、上新粉に白玉粉を加えるとやわらかくなる。砂糖を加えると甘味がつくと同時に老化が防がれ、やわらかさが保たれる。

4 利久まんじゅう

材料(4個分)

黒砂糖	30g
水	T 1
薄力粉	40g
重曹	t 1/8
こしあん	100g
手粉	適量
経木(きょうぎ)	4枚

◈ 下ごしらえ

① 黒砂糖と水を火にかけ、とけたら冷ましておく。
② 薄力粉と重曹を合わせてふるう。
③ あんを4個に丸める。

◈ つくり方

❶ ①に②を入れてかるくこね、手粉をふった台の上で数回折りたたみ、生地がなめらかになったら、4個に丸める。
❷ 手粉を使いながら、❶であんを包み、へぎの上にのせる。
❸ 強火の蒸し器に、ぬれ布巾を敷いて並べ、乾いたふきんをかけて約8分蒸す。

参考

・大島まんじゅう、茶まんじゅうとも呼ばれる。皮に黒砂糖の入った素朴なまんじゅうである。
・黒砂糖を煮とかすとき、煮詰め過ぎると粘りが出て、粉がうまく混ざらなくなる。砂糖が溶けたらすぐ火を止める。
・経木の代わりにクッキングペーパーを使ってもよい。

和菓子・飲み物　81

5　若　草

材料（8個分）	
卵	1個
砂糖	80g
白あん	60g
水	T 2
食緑	少々
薄力粉	70g
B.P.	t 1
こしあん	200g
甘納豆	24粒
半紙（15cm角）	8枚

◆ 下ごしらえ
① 薄力粉にB.P.を合わせて2度ふるう。
② こしあんは8個に丸める。

◘ つくり方
❶ 卵黄に砂糖，白あん，水，食緑を加えてまぜる。
❷ 卵白を泡立てて❶に軽く混ぜ，①の粉を加えてさっくり混ぜる。
❸ 半紙の上に❷を玉じゃくしで1/8すくってのせ，丸くのばす。甘納豆を3粒散らす。
❹ 強火の蒸し器で乾いた布巾をかけて4分蒸す。
❺ ❹の紙をはがし，熱いうちに③のあんを包む（紙についていた方を表にする）。生地の割れ目からあんが少しのぞくとよい。

科　学

・ベーキングパウダー：小麦粉の調理で膨化剤として用いられるベーキングパウダーは炭酸水素ナトリウム（重曹）に数種の酸性剤とでんぷんを混ぜて作られている。水と熱を加えると炭酸ガスが発生し，生地が膨らむ。酸性物質は炭酸ガスの発生を早めるものと，遅らせるものがあり，数種混ぜることにより，持続性を持たせている。また保存中に反応しないように緩衝材としてでんぷんが加えられている。

6　わらび餅

材料（4人分）	
わらび粉	80g
水	480cc
砂糖	40g
ⓐ きな粉	T 4
ⓐ 砂糖	T 3
ⓐ 塩	少々

◆ 下ごしらえ
① ⓐを混ぜる。

◘ つくり方
❶ 鍋にわらび粉と水，砂糖を入れ，よく混ぜてから火にかける。木じゃくしで底をよく混ぜながら煮る。
❷ 透明になって弾力が出たらぬらした流し箱に流し，表面をならして冷やし固める。
❸ ❷を切り分け，きな粉をまぶす。

参　考

・くず粉で作ると**葛餅**になる。
・わらび餅粉として市販されているものは甘藷でんぷんを原料にしているものが多い。
・黒ごま（切りごま）と砂糖，青のりと砂糖，黒蜜（黒砂糖60g，水40cc）をかけるなど変化をつけるのもよい。
・食べる直前にまぶさないと，砂糖が溶けて見た目が悪くなる。

7 くるみ餅

材料（4人分）

くるみ		30g
ⓐ	白玉粉	50g
	わらび粉	80g
	水	350〜400cc
	砂糖	100g
きな粉		20g
砂糖		20g
塩		少々

◻ 下ごしらえ

① くるみは100℃位のオーブンで軽く焼き，細かく刻む。
② きな粉，砂糖，塩をあわせる。

◻ つくり方

❶ ⓐの材料全てを鍋に入れて中火にかけ透明感が出るまでしっかり練り，①のくるみを加える。
❷ 流し箱に②を少し敷き❶を流し入れて表面をならし，冷水で冷やす。
❸ 型から出し，一口大に切り分けて皿に盛り②をふりかける。

参 考

・くるみ餅には茹でたえだまめをすりつぶし，砂糖を加えたあんでくるんだ餅もある。この名の由来はあんでくるむからとも，本来はくるみを用いたからともいわれる。

8 おはぎ（あんのつくり方）

材料（4人分）

もち米		C 1
水		C 3/4
あずき		80g
砂糖		80g
塩		少々
	きな粉	T 2
	砂糖	T 1
	塩	少々

◻ 下ごしらえ

① もち米を洗って水につけ炊く。
② あずきは渋切りし軟らかく煮る。すり鉢ですりつぶし，水を加えながら裏ごし器の内側でこす。こした液をさらしの袋に移して絞る（袋に残ったのが生こしあん）。
③ 鍋に生あんと砂糖を入れて練り上げる。
④ あんを2対1に分けてそれぞれを4個に丸める。

◻ つくり方

❶ ご飯をすりこぎでついて，半つぶしにする。2：1に分けそれぞれ4個に分ける。
❷ ぬれ布巾に大の飯を広げ，小のあんを包み，きな粉をまぶす。
❸ ぬれ布巾に大のあんを広げ，小の飯を包み，形を整える。

参 考

・もち米の1/5〜1/3量をうるち米にかえてもよい。（加水量はもち米重量×1＋うるち米重量×1.5とする）
・春秋のお彼岸に仏前に供えたことから，春は牡丹餅（ぼたもち），秋は萩餅（おはぎ）とよぶ。
・次のようなバリエーションを楽しむことができる。
1. 黒ごま(切りごま)＋砂糖，
2. 青のり粉＋砂糖，
3. 白こしあん，
4. 白こしあん＋抹茶，
5. **つぶしあん**（小豆を茹でて，軟らかくなったら，砂糖を入れてつぶしながら練り上げる）
  なお，小豆がつぶれないように練り上げたものは**粒あん**という。

9 栗まんじゅう

材料(8個分)
- 薄力粉……………………120g
- 卵……………………………35g
- 砂糖…………………………50g
- 水あめ………………… t 1 (7g)
- 重曹……………………… t 1/2
- 水………………………… t 1
- 白あん……………………120g
- 栗の甘露煮………………100g
- 手粉…………………………少々
- ドリュール
  - 卵黄……………………1/3個
  - みりん……………………少々
  - 醤油………………………数滴

◆ 下ごしらえ
① 粉をふるう。
② 栗を粗くきざみ，白あんに混ぜて，8個に分けて丸める。

◘ つくり方
❶ ボウルに卵を割りほぐし，砂糖，水あめをあわせて，重曹の水どきを加える。
❷ ❶に①の粉をふり入れさっくり混ぜる。
❸ 手粉をふった台の上に出し，軽くまとめて8個に分ける。
❹ ❸であんを包み，形を整えてクッキングシートを敷いたオーブン皿に並べる。ドリュールを二度ぬりして，170℃のオーブンで12〜15分焼く。

参 考
・重曹を水どきするとすぐに反応し始めるので入れる直前に合わせること。

10 栗蒸しようかん

材料(12×7.5cm 小流し箱1個分)
- こしあん…………………250g
- 栗のシロップ＋水………… T 3
- 薄力粉……………………25g
- かたくり粉……… T 1/2 (4.5g)
- 栗の甘露煮……………小 4個

◆ 下ごしらえ
① 粉をふるっておく。
② 栗の甘露煮を粗く刻み，飾り用8個と混ぜ込み用をつくる。

◘ つくり方
❶ こしあんに栗のシロップと水を加えてのばし，粉を入れて混ぜ，最後に栗の一部を混ぜ込む。
❷ 流し箱をぬらして❶を入れ，②の飾り用を適宜（切り分けやすいように）並べ，つゆどめをして強火で約25分蒸す。
❸ 冷めてから切り分ける。

参 考
・栗は，和風では茹でてそのまま食べるほか，甘露煮，渋皮煮，きんとん，栗ごはん等に，洋風ではバター煮，マロングラッセ等に，中国風ではとり肉との煮込み等に用いられる。

11 どら焼き

材料(4個分)

卵	小1個
はちみつ	25g
┌重曹	t 1/3
└水	50cc
砂糖	50g
薄力粉	65g
粒あん	100g

◆ 下ごしらえ
① あんを4個に分けておく。
② 鉄板を熱して、油ぶきしておく。
③ 粉をふるっておく。

◆ つくり方
❶ 卵を溶いて、はちみつ、重曹をといた水をまぜ合わせ、砂糖を加えて泡だて器でよく混ぜる。③の粉を加えてさっくりまぜる。
❷ ②の鉄板に油をひき、❶の生地をT2くらい流して焼く。表面に穴があいてきたら、返して裏も焼く(8枚)。
❸ 2枚合わせて、あんをはさむ。

参 考

・別名を三笠ともいう。

12 花たちばな

材料(4個分)

卵	2個
砂糖	50g
┌薄力粉	80g
└B.P.	t 1/2
粉砂糖	少々
┌りんごジャム	60g
└白あん	60g
パラフィン紙(8×20cm)	4枚
南天またはみかんの葉	4枚

◆ 下ごしらえ
① 薄力粉とB.P.を混ぜて2回ふるっておく。砂糖も1回ふるう。
② りんごジャムと白あんを混ぜて4つに分ける。

◆ つくり方
❶ 卵は卵白と卵黄に分ける。卵白を泡立て、砂糖を少しずつ加えながらしっかり泡立てる。卵黄を2回に分けて加え、さらに泡立てる。
❷ ①の粉を加えてさっくり混ぜ、絞り出し袋に入れて、クッキングシートに絞り出す。(直径7〜8cmの円形、8個)
❸ 粉砂糖を茶こしに入れてたっぷり振り、160℃のオーブンで6〜7分焼き、2枚重ねて②をはさむ。かんきつ類の葉をのせてパラフィン紙を巻く。

参 考

・生クリーム、バタークリームなどをはさむと洋菓子ブッセになる。

和菓子・飲み物　85

13　いちご大福

材料（4個分）

⎧ 白玉粉	80g
｜ 水	100g
⎩ 砂糖	40g
いちご	80g（4粒）
こしあん	120g
片栗粉	T 3

◆ 下ごしらえ
① こしあんを4等分し，いちごを包んで丸める。
② バットにかたくり粉を敷く。

◇ つくり方
❶ 耐熱容器に白玉粉と水を入れて混ぜ，砂糖も加える。ラップをして電子レンジで2分間加熱し，よく混ぜる。
❷ 様子をみて1～2分追加加熱する。
❸ よく混ぜて②のバットにとり，4個に分けて①を包む。

参考

・**大福餅**とは，餅であんをくるんだもので，焼いたものもある。従来のこねた生地を蒸し器で蒸す代わりに電子レンジを使えば短時間に仕上がる。いちごの代わりに栗を使えば栗大福になる。

14　あんみつ白玉

材料（4人分）

⎧ 寒天	1/2本
⎩ 水	300cc
⎧ 白玉粉	60g
⎩ 水	50cc
粒あん	100g
抹茶シロップ	
⎧ 砂糖	60g
｜ 水あめ	13g
ⓐ 水	120cc
⎩ 抹茶	t 2/3

◆ 下ごしらえ
① 寒天は水に膨潤させる。
② 抹茶に砂糖 t 2/3（分量外）をすり混ぜておく。

◇ つくり方
❶ 寒天を固くしぼり，300ccの水の中にちぎって入れ，弱火でゆっくり煮溶かす。よく溶けたら，固くしぼった布巾でこし，ぬらした流し箱に入れて固める。
❷ 白玉粉に50ccの水を少しずつ加えて，耳たぶくらいの固さになったら，直径1.5cm位の団子に丸め，沸騰水中で茹でる。浮き上がったら冷水にとり，冷ましてざるにあげる。
❸ 小鍋にⓐを入れて火にかけ1～2分煮つめてシロップを作る。最後に②を加えて溶かし，冷やしておく。
❹ ❶を1cm角に切り，ガラスの器に白玉団子，粒あんと共に盛り，抹茶シロップを注ぐ。

参考

・**白玉粉**とはもち米を水に浸し，摩砕して水にさらし，乾燥後粉砕したもの。粒子が細かく消化のよいでんぷんである。
・粒あん（P.82参照）

15 かりん糖

材料(4人分)

強力粉	100g
B.P.	t1
水	55g
打ち粉(強力粉)	T4
黒砂糖	100g
揚げ油	適量

◆ 下ごしらえ
① 強力粉とB.P.を一緒に2回ふるう。
② 黒砂糖をきざんで鍋に入れ，水T1を振りかけて全体を湿らせておく。

◆ つくり方
❶ ボウルに①と分量の水を入れ，混ぜ合わせてひとつにまとめる。
❷ まな板に打ち粉をし，❶をめん棒でのばし，一辺が15cmの長方形で厚みが3〜4mmとする。
❸ 15cmの辺を3等分し，間に打ち粉をして3枚重ね，小口から3〜4mm幅に切り離していく。
❹ ❸の粉を払い落として160℃の油できつね色に揚げる。
❺ ②を火にかけ沸騰して砂糖が溶け全面が泡立ったころに❹を入れ，からませる。
❻ アルミホイルを広げ，❺を手早く全面に広げて10分位放置し，表面がほぼかたまりかけたら，全体をほぐす。

参 考
・かりん糖全体をほぐす時期が早すぎると表面の艶が失われやすい。10分ほど放置し，艶っぽく乾いた頃に動かすとよい。

16 煎茶の入れ方

材料(4人分)

煎茶	8g
湯(80℃)	360cc

◆ 下ごしらえ
① 急須，湯のみ茶碗を温めておく。
② 一度沸騰した湯を湯冷ましに入れて，75℃に冷ましておく。

◆ 入れ方
❶ 急須に茶葉を入れ，75℃の湯を注ぎ，1〜2分おく。
❷ 茶碗の湯を捨て，茶を各碗に半量ずつ注ぎ，次は注ぐ順序を逆にして戻る。最後の1滴まで注ぎきる。

種類	茶の量	湯量	湯温	浸出時間
玉露	3g	40cc	50〜60℃	2〜2.5分
煎茶	2g	90cc	80℃	2分
番茶	3g	150cc	100℃	30秒
焙じ茶	3g	150cc	100℃	30秒
抹茶	2g	70cc	80℃	茶筅でたてる

参 考
・日本茶の種類
玉露：摘む3週間ぐらい前から日覆いした葉を摘み取り，強い蒸気で蒸しあげ，もみながら乾燥させたもの。
煎茶：日覆いせずに摘んだ茶葉を利用する。
番茶：煎茶を摘んだ後の2番茶，3番茶を摘み取って利用する。
ほうじ茶：番茶を焙じたもの。
抹茶：茶の若葉を蒸して，もまずに乾燥させ，粉に挽いたもの。

第2章 西洋料理

西洋料理の特徴

　ヨーロッパやアメリカ諸国の料理全般を西洋料理という。17世紀まではイタリアが，それ以降はフランスがその中心的な役割を果たしている。イタリアでは特有の小麦でパスタ料理を発展させ，アメリカでは移民が持ち込んだ自国の料理や食の合理化・簡便化で缶詰料理などを発展させた。このように各国の料理は気候風土，産物，国民性，社会事情などによってその特徴は異なっている。

西洋料理の特徴
1）西洋料理は主食，副食という分け方をしない。
2）主たる食材は獣鳥肉類で調味には塩を用いる。
3）獣鳥肉・魚の臭みを除くためや，複雑な香味を添えるために油脂，ワインと香辛料を用いている。
4）味のベースはソースである。
5）食事形式は食欲を促す前菜やスープに始まり，魚，肉料理，野菜に続いてデザートや飲み物で締めくくることが多い。

オードブル

オードブルとは前菜のことで,「メニューの外」「作品外」という意味に解されてきた。現在ではコース料理においてメインディッシュ(主菜)の前に出され,多くの料理を盛り合わせたものや一皿盛りにしたものがあり,形,内容ともメインディッシュと同列に扱われている。オードブルは次に出てくる料理を美味しく味わうための料理として非常に重要である。

オードブル盛合せ (Hors-d'Oeuvre Varies)
（オールー ドゥヴル ヴァリエ）

(1) カナッペ3種類（Canapés）

材料(4人分)
- 食パン(薄切り)‥‥‥‥‥2枚
- バター‥‥‥‥‥‥‥‥‥10g
- チーズ(薄切り)‥‥‥‥‥1枚
- カイエンペッパー‥‥‥‥少々
- ハム(薄切り)‥‥‥‥‥‥1枚
- キャビア‥‥‥‥‥‥‥‥10g
- オイルサーディン‥‥‥‥4尾
- レモン‥‥‥‥‥‥‥小片4枚

つくり方
1. 食パンを軽くトーストしバターを塗り1枚を3等分しそれを対角線(右図参照)に切る。
2. ハム,チーズは2つ切りにしそれを対角線に切る。
3. ❶の上にチーズをのせカイエンペッパーを振る。
4. ❶の上にハムをのせキャビアを飾る。
5. ❶の上にオイルサーディンをのせレモンを飾る。

参考

・オードブルの条件
1. 美しい
2. 美味である
3. 満腹しない
4. 食欲を促す

・各国のオードブル名
英　語：アペタイザー
イタリア：アンティパスト
ロ シ ア：ザクースカ

(2) スタッフドエッグ（Stuffed egg）

材料(4人分)
- 卵‥‥‥‥‥‥‥‥‥‥‥2個
- マヨネーズ‥‥‥‥‥‥‥20g
- パセリ‥‥‥‥‥‥‥‥‥少々

つくり方
1. 卵は固ゆでにし,半分に切る。
2. 卵黄を取り出し裏ごしし,マヨネーズで和える。
3. ❷を絞り出し袋に入れ卵白の中に絞りパセリを飾る。

(3) スタッフドキューカンバー（Stuffed cucumber）

材料(4人分)
- きゅうり‥‥‥‥‥‥‥‥1/2本
- イクラ‥‥‥‥‥‥‥‥‥30g

つくり方
1. きゅうりは板ずりし熱湯をくぐらせ冷水に取り4等分する。
2. イクラは酒を少量かける。
3. きゅうりの中を少しくり抜き❷を詰める。

（4） サーモンコルネ（Saumon cornet）

材料（4人分）
スモークサーモン（薄切り）	4枚
かいわれ菜	1/2束

◇つくり方
❶ かいわれ菜は根を落とし洗って4等分する。
❷ サーモンでコルネ形に巻く。

（5） 小えびのカクテル（Crevettes Cocktdil）

材料（4人分）
小えび	20尾
ⓐ ｛塩，レモン，にんじん，たまねぎ｝	各適量
サラダ菜	小4枚
レモン	1/2個
カクテルソース	
ⓑ ｛トマトケチャップ｝	t 2
｛レモン汁｝	t 1
｛タバスコ｝	少々

◇つくり方
❶ ⓐを入れた熱湯でえびを茹でて殻をむく。
❷ ⓑを合わせておく。
❸ レモンをくし形に切る。
❹ グラスにサラダ菜を敷き❶を盛り，❷をかけレモンを飾る。

（6） ブロセット（Brochette）

材料（4人分）
キューブチーズ	4個
きゅうりのピクルス	1本
えび	2尾
ⓐ ｛白ワイン，レモン汁｝	少々
｛ドレッシング｝	少々

◇つくり方
❶ えびは（5）と同様に処理し，ⓐにつける。
❷ 串に4つに切ったピクルス，えび，チーズの順に刺す。

（7） バルケット（Barquette）

材料（4人分）
チコリ	小4枚
かに	60g
アボガド	20g
マヨネーズ	15g

◇つくり方
❶ アボガドは皮をむき5mm角に切る。
❷ かにの身をほぐし，❶を加えマヨネーズで和える。
❸ 洗ったチコリに❷をのせる。

（8） その他
・花形ラディッシュ……茎のつけ根を掃除して飾り切りし，氷水に放ち，パリッとさせる。
・アスピックゼリー……肉のストックでつくったゼリー。中に茹で卵，えび，マッシュルームなど好みのものを適宜に入れるとよい。
・スタッフドオリーブ…種を抜いてピメントを詰めたもの（瓶詰）。アーモンドを詰めたものはアーモンドオリーブ。

参考
・フレッシュチーズは熟成させないタイプのもので，オードブル，デザート，サラダ，菓子等に使用される。
・フレッシュチーズの種類：カッテージチーズ（英），クリームチーズ（英），フロマージュ・ブラン（仏），プティ・スイス（スイス），マスカルポーネ（イタリア），モッツァレラ（イタリア），リコッタ（イタリア）。

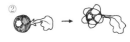

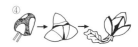

ラディッシュの花切り

スープ

1 コンソメジュリエンヌ (Consomme Julienne)

材料（4人分）

スープストック	C 4
（固形コンソメ2個）	
塩，こしょう	各少々
キャベツ	50g
セロリ	30g
にんじん	20g
たまねぎ	50g
さやえんどう	4枚(16g)
きざみパセリ	少々

◆ **下ごしらえ**

① キャベツ，セロリ，にんじんは3cmの細いせん切りにし，熱湯に通す。たまねぎはせん切りする。
② さやえんどうは茹で，せん切りする。

◆ **つくり方**

❶ スープストックに，①の野菜を入れて煮る。
❷ 塩・こしょうで味を整え，②を加えてスープ皿に注ぎ，パセリを散らす。

参考

・スープストック（ブイヨン）（1 1/4分）は，スープ鍋に大切りの牛すね肉（400g），よく洗い細かくたたいた鶏骨（1羽分），大切りの野菜（にんじん50g，たまねぎ50g，香草を適宜）を入れて強火にかけ，あくを取りつつ沸騰の続く程度に火を弱め，2時間ほど煮出す。澄ます時は卵白を入れるとよい。

スープ（Soup（英），Potage（仏））は獣鳥肉，甲殻類の煮出し汁で調製した汁物の総称で，材料，濃度，浮き実などにより数百種類もあるという。フルコースではオードブルの次に供され，のどをうるおし，味覚を楽しみ，後からの料理の食欲を促す。

スープの分類
澄んだスープ（ポタージュ・クレール）：コンソメ，ブイヨン，ポ・ト・フーなど。
濃度のあるスープ（ポタージュ・リエ）：ピュレスープ，クリームスープなど。
特別なスープ（ポタージュ・スペショウ）：チャウダー，ミネストローネ（ミネストラ）など。

---

2 パンプキンスープ (Pumpkin Soup)

材料（4人分）

かぼちゃ	240g
たまねぎ	120g
バター	20g
スープストック	C 2
（固形コンソメ1 1/2個）	
牛乳	C 2
ローリエ	1枚
塩，こしょう	各少々
きざみパセリ	少々

◆ **下ごしらえ**

① 皮と種を除いたかぼちゃとたまねぎは，うす切りにする。

◆ **つくり方**

❶ 厚手の鍋にバターを溶かし，①を炒め，スープ，ローリエを加え弱火でやわらかく煮てミキサーにかけ，シノワを通す。
❷ ❶を鍋に戻して牛乳を加えて温め，塩とこしょうで味を整え，パセリを散らす。

参考

・パンプキンスープはかぼちゃのでんぷんから粘度がつく。牛乳はスープに滑らかさと乳白色と良い風味を与えるが，長く煮るとこの特徴が失われ，変色するので注意。
・裏ごしはミキサーを利用すると簡単にできる。さらにシノワを通すと口当たりがよくなる。

3 コーンクリームスープ (Corn Cream Soup)

材料(4人分)
スイートコーン（クリームスタイル）	240g
バター	16g
薄力粉	16g
たまねぎ	20g
スープストック	480cc
（固形コンソメ1 1/2個）	
牛乳	C 1
ローリエ	1枚
生クリーム	40cc
塩	少々
白こしょう	少々
クルトン	食パン1/4枚分
（サンドイッチ用）	

◆ 下ごしらえ
① たまねぎはみじん切りにする。
② クルトンはパンを5mm角に切り，バターで炒めるか170℃の油で揚げる。

◇ つくり方
❶ 鍋にバターを溶かし，たまねぎを色づかないように炒め，粉を振り入れさらに炒める。
❷ スープストックでのばし，コーン，ローリエを加えて5分ほど煮る。
❸ 少し冷まして，ローリエを除いてミキサーにかけ，シノワを通す。
❹ 鍋に戻して牛乳を入れ，味を整え，生クリームを加える。
❺ 温めたスープ皿に注ぎ，クルトンを浮き実にする。

参考
・小麦粉をバター，マーガリン，植物油で炒めたものをルウ（roux）という
・ルウの作り方は，厚手鍋に弱火でバターを溶かしふるった小麦粉を一度に加え，木杓子で炒める（小麦粉とバターは1：1が適当）。次第に水分が蒸発して乾熱状態になり7〜8分で，サラサラとした流動性が出てくる（ホワイトルウ）。さらに炒めると約10分で黄色（ブロンドルウ）となり，15分内外で茶色（ブラウンルウ）の香ばしいルウとなる。
・ルウはスープストックや牛乳でのばすとソースになる。

浮き実（浮き身とも記す）
　スープに入れる実のことでクルトン（食パンを5mm角に切って揚げたもの），ロワイヤル（卵豆腐の角切り），ジュリエーヌ（茹でた野菜・ハム・肉のせん切り），ブルノワーゼ（加熱野菜・鶏肉の小角切），リー（米の煮たもの），ベルミッセル（極細のパスタ，マカロニ，タピオカなど麺類），クレープの糸・丸・菱形切，クネル（魚・鶏などのペースト状蒸し団子）など幾種もあり加熱され，形を整えて，スープを美しく，彩りよくみせる。

4 ビシソワーズ (Vicyhssoise)

材料(4人分)
じゃがいも(男爵)	160g
たまねぎ	80g
白ねぎ(ポアロー)	20g
バター	10g
スープストック	C 2
（固形コンソメ1 1/3個）	
牛乳	160cc
ローリエ	1枚
生クリーム	80cc
白こしょう	少々
あさつき	少々
パプリカ	少々

◆ 下ごしらえ
① じゃがいも，たまねぎはうす切り，白ねぎは小口切りにする。

◇ つくり方
❶ 鍋にバターを溶かして①を炒め，スープストックを加えて煮込む。
❷ じゃがいもが軟らかくなったら裏ごす。
❸ 火にかけて牛乳を加え，味を整える（冷ますと塩味は辛く感じるのでやや薄めに）。
❹ 充分に冷まし，生クリームを加える。冷やしたスープカップに注ぎ，あさつきの小口切り，パプリカをふる。

参考
・ビシソワーズはビシィという美味しい水のあるフランスの中部温泉町の名がつけられている。アメリカ料理に分類されたじゃがいもの冷たいクリームスープをいう。
・たまねぎは2つに切り，繊維に直角にうす切りする。つぶれやすいので裏ごししやすくなる。

5 にんじんのポタージュ (Carrot Soup)

材料（4人分）

にんじん	200g
たまねぎ	100g
バター	20g
スープストック	C 4
（固形コンソメ2個）	
米	20g
ローリエ	1枚
塩	少々
白こしょう	少々
きざみパセリ	少々

▶ 下ごしらえ

① にんじん，たまねぎはうす切りする。

▶ つくり方

❶ 厚手鍋にバターを溶かし，たまねぎをこがさないように炒める。にんじんを加えて炒め，スープ，洗った米，ローリエを加えて静かに20分ほど煮る。あくは除く。

❷ 粗熱をとり，ローリエを除いて，ミキサーにかける。

❸ 鍋にもどして火にかけ，塩・こしょうで味を整え，スープカップに注ぎパセリを散らす。

参考

・ポタージュとは仏語でスープ全体のことを指す。ポタージュリエは濃度のあるスープで，それにはゆでた野菜の裏ごしをスープストックなどでのばしたピューレスープ，小麦粉ルーのとろみに生クリームや卵黄の入ったクリームスープ，他に米（飯），パンなどでとろみをつけたスープ等がある。

・スープの一部を牛乳に代えても美味しい。

・にんじん以外にかぶ，グリーンピース，アスパラガスなど，色，味の良い野菜を用いるとよい。

6 きのこのスープ (Mushroom Soup)

材料（4人分）

しめじ	40g
まいたけ	40g
えのきたけ	40g
たまねぎ	80g
ベーコン	20g
オリーブ油	T 1
白ワイン	T 1
スープストック	C 3
（固形コンソメ1.5個）	
塩	少々
白こしょう	少々
きざみパセリ	少々

▶ 下ごしらえ

① しめじ，まいたけは小房に分け，えのきたけは1/2長さに切る。

② たまねぎはうす切りにして，ベーコンは5mm幅に切る。

▶ つくり方

❶ 鍋にオリーブ油を熱し，②を炒め①を加え，さらに炒めたら白ワインを加え，スープを入れて煮る。

❷ 塩・こしょうで味を整えてパセリを散らす。

参考

・冷凍のパイ生地をのばし，スープカップの上をおおい，オーブン焼きしてもよい。

7　ミネストローネ (Minestrone)

材料(4人分)

たまねぎ	60g
にんじん	40g
ズッキーニ	40g
大豆(水煮)	40g
ベーコン	20g
トマト	120g
にんにく	1/2かけ
パスタ	20g
オリーブ油	T 1
スープストック	C 3
塩	少々
白こしょう	少々
粉チーズ	T 2
きざみパセリ	少々

◆下ごしらえ

① たまねぎ，にんじん，ズッキーニ，ベーコンは1cm角の色紙に切る。
② トマトは湯むきにして，種を除いて1cm角に切る。
③ にんにくはみじん切りにする。
④ パスタは茹でる。

◘つくり方

❶ 鍋にオリーブ油を熱し，③を弱火で炒め香りを出す。
❷ ①に③を加え，さらに炒め②と大豆，スープを加え弱火にして煮込む。
❸ パスタを加えて，塩・こしょうで味を整えて粉チーズ，パセリをふる。

参考

・イタリアの代表的な野菜スープで野菜はにんにく，たまねぎ，にんじん，セロリ以外にかぶ，白いんげんなどあくの強くない野菜をいれるとよい。
・細いパスタを利用する時は，茹でずに直接煮込む。

8　かきのチャウダー (Oyster Chowder)

材料(4人分)

かき	120g
たまねぎ	150g
ベーコン	1枚
じゃがいも	150g
バター	10g
薄力粉	20g
スープストック	C 2
(固形コンソメ1個)	
牛乳	C 2
生クリーム	50～80cc
塩，こしょう	各少々
きざみパセリ	少々
ソーダクラッカー	4枚

◆下ごしらえ

①たまねぎ，ベーコンは1cm角に切る。
②じゃがいもは1cm角の薄切りにし，水にさらす。
③かきは薄い塩水で洗い水をきる。

◘つくり方

❶ ③は1/2量のスープで軽く茹でてあくを取り，ざるにあけ，茹で汁はこす。
❷ ①をバターで炒め，粉を加えて炒める。❶のゆで汁と残りのスープを加えてしばらく煮，②を加えてさらに煮る。
❸ 牛乳を加えて調味し，煮立ったら火を止めて生クリームを入れる。
❹ スープ皿に❶のかきを入れ，❸を注ぎ，パセリを散らし，クラッカーを添える。

参考

・かき(牡蠣)は9月から翌年の4月頃までがシーズン。欧米では「Rの字のつかない月(5～8月)は牡蠣を食べるな」といわれる。
・チャウダーは魚介類に野菜，ベーコンなどを加えて煮込むアメリカの代表的スープ。あさりのクラムチャウダーも有名。

科学

・牡蠣のたんぱく質は他の貝類より少ないが，ビタミン，無機質を多く含む。特に鉄分，亜鉛が多い。

9　オニオングラタンスープ (Potage Oignon au Gratin)

材料(4人分)

たまねぎ	400g
バター	24g
薄力粉	12g
スープストック	C 4
（固形コンソメ1個）	
フランスパン（5mm厚さ）	4切
おろしチーズ	8g
塩	t 1/2
こしょう	少々

◆下ごしらえ
① たまねぎは薄切りする。
② フランスパンをトーストする。

◘つくり方
❶ 厚手の鍋にバターを溶かし，たまねぎをあめ色になるまで弱火で炒める。
❷ 小麦粉を入れて軽く炒め，混ぜながらスープストックを加える。
❸ あくを取りながら弱火で10分ほど煮込んで，塩・こしょうで味を整える。
❹ 耐熱性のスープカップに❸を注ぎ，②をのせチーズをふって230℃のオーブンで約5分間焼く。

科学
・たまねぎの刺激臭と辛味の主成分は硫化アリル類であり，加熱により還元分解し，プロピルメルカプタンを生成し，甘味を生じる。炒める時間が長いほど甘味が強くなり，糖質がカラメル化し褐色度，風味が増す。

10　ポトフ (Pot-au-Feu)

材料(4人分)

牛肉(バラ塊)	200g
牛肉(すね塊)	200g
にんじん	大1本(150g)
白ねぎ(ポアロー)	1本(100g)
セロリ	1本(80g)
たまねぎ	小4個(200g)
じゃがいも	小4個(400g)
かぶ	小4個(200g)
ⓐ ローリエ	1枚
パセリ茎	1本
にんにく	1かけ(5g)
水	C 5
塩(煮込み用)	t 1
塩，こしょう	各少々
粒マスタード	適量

◆下ごしらえ
① 牛肉はそれぞれ4つに切る。
② にんじん，白ねぎ，セロリは筋を取り，4等分する。
③ たまねぎ，じゃがいも，かぶは皮をむき，じゃがいもは水につける。

◘つくり方
❶ 深鍋に水，牛肉を入れ，あくを取りながら30〜40分煮込む。
❷ ❶にじゃがいも以外の野菜，ⓐ，塩を入れ，煮込む。途中でじゃがいもを加え煮込む。
❸ ⓐをとり出し，皿に肉，野菜を盛りマスタードを添える。
❹ 煮汁はこして600ccにし，味を整えスープとする。

参考
・ポトフとはフランス風おでんのことでフランスの代表的な家庭料理である。Potは鍋，Feuは火，火にかかった鍋の意で，調理時の状態がそのまま料理名になった。

魚料理

1 魚のバター焼き (Fish Meuniere)

材料(4人分)
- 舌びらめ……………………4尾
- 塩(魚の1%)………………t 1/2
- こしょう……………………少々
- 小麦粉………………………20g
- サラダ油……………………T 1
- バター………………………T 1
- ムニエルソース
  - バター……………………30g
  - レモン汁…………………T 1
  - きざみパセリ……………少々
- レモン(うす切り)…………4枚
- パセリ………………………4枝
- 付け合わせ(P.105参照)

◆ 下ごしらえ
① 魚に塩・こしょうを振って約10分おく。

◆ つくり方
❶ ①の水分をとり、粉をつける。油とバターを熱したフライパンで、両面を焼く。盛り付けたとき表になるほうから焼く。

❷ 魚を取り出して焼き油を捨て、ムニエルソース用バターを入れて少し焦がす。火からおろしてレモン汁ときざみパセリを加える。

❸ 付け合わせをおき、手前に❶を盛って、熱いムニエルソースを魚にかけ、レモンをのせ、パセリを添える。

参考
- バターだけで焼くと味はよいが焦げやすいので、植物油と半々に用いる。
- 火加減は、最初は強火で焼き色がついたら火を弱め、中ほどまで火を通す。裏返したときも同様にする。
- 3枚におろしたあじやさけの切り身がムニエルに用いられる。

2 コールドサーモン・タルタルソース添え (Cold Salmon Tartarsauce)

材料(4人分)
- 生さけ………………80g×4切
- 塩(魚の1%)………………t 1/2
- こしょう……………………少々
- 白ワイン……………………T 2
- 香味野菜
  - たまねぎ…………………40g
  - にんじん…………………20g
  - ローリエ…………………1枚
  - レモン……………………4枚
- パセリ………………………4枝
- 付け合わせ(P.105参照)
- タルタルソース
  - マヨネーズ………………100g
  - ゆで卵……………………1/2個
  - ピクルス、たまねぎ…各T 1
  - きざみパセリ……………t 1

◆ 下ごしらえ
① さけは骨抜きして塩・こしょうをして10分ほど置く。

② 香味野菜のたまねぎはうす切り、にんじん、レモンは半月切りにする。

③ 卵、きゅうりのピクルス、たまねぎはみじん切りし、マヨネーズと合わせる。

◆ つくり方
❶ 浅鍋に香味野菜を敷き、魚の皮目を上にして並べて白ワインをふる。野菜が浸かる程度の水を注ぎ加熱する。煮立ったら蓋をして火が通るまで10分静かに蒸し煮する(または180℃のオーブンで15分蒸し焼きする)。皮をむいて冷ます。

❷ 魚を冷たい皿に盛り、タルタルソースをかけて、サラダ菜を添える。

参考
・マヨネーズ

材料:卵黄1個、酢10〜20cc、塩3g、からし粉2〜4g、こしょう少々、サラダ油150〜200ccである。

作り方:卵黄に酢以外の調味料を混ぜ、油を少量ずつ加えよく撹拌する。硬くなれば酢の一部でゆるめ、さらに油を加えて撹拌する。これを繰り返す。

3 揚げ魚の酢油漬け（Escabeche エスカベーシュ）

材料(4人分)

わかさぎ	20尾
塩（魚の1％）	t 1/3
こしょう	少々
小麦粉	30g
揚げ油	
たまねぎ	50g
にんじん	20g
ピーマン	1個(20g)
レモン	1/2個
パセリ	4枝
ⓐ サラダ油	T 3
酢	T 1 1/2
レモン汁	t 1
塩	少々
こしょう	少々

◆ 下ごしらえ

① わかさぎに塩・こしょうを振る。
② ⓐの調味料を充分混ぜておく。
③ たまねぎはうす切り，にんじんはせん切り，ピーマンとレモンは薄く輪切りし②につける。

◆ つくり方

❶ 魚は小麦粉を全体に薄くまぶして，180℃の油でカラリと揚げ，すぐに③につける。
❷ ❶を皿に盛り，漬け汁を注ぎ，パセリを添える。冷やしてもよい。

参考

・エスカベーシュに用いる魚は生さけ，さわら，あじ，きす等が適している。

科学

・くさみのある魚をエスカベーシュに用いる場合は魚を牛乳につける。牛乳中のカゼインがコロイド状をしていて臭いを吸着する作用があるためで下ごしらえに利用される。他に魚の下ごしらえとしてマリネする方法もある。酢，油や香りの強い野菜を振りかけ魚の生臭さ（トリメチルアミンなど）を消し，味をよくする。
・揚げたての魚は調味料が速く浸透しやすい。

4 魚介のコキール（Coquille）

材料(4人分)

芝えび	8尾(100g)
ほたて貝柱	8個(160g)
たまねぎ	1/4個(50g)
マッシュルーム	60g
ほうれんそう	1/2束(120g)
白ワイン	T 1
塩	t 2/3 (4g)
白こしょう	少々
バター（炒め用）	T 1
ホワイトソース	
バター	40g
小麦粉	40g
牛乳	C 2
スープストック	C 1
塩	t 1/2 (3g)
こしょう	少々

◆ 下ごしらえ

① えびは洗い，背わたと殻を除く。
② 貝柱は横半分に切る。
③ たまねぎ，マッシュルームは薄切りにする。
④ ほうれんそうは茹でて3cm長さに切る。
⑤ ホワイトソースは，ホワイトルウを作り，牛乳とスープストックでのばし，塩・こしょうをする（P.91参照）。

◆ つくり方

❶ バターを熱して③を炒め，①と②を加えてさらに炒め，白ワインを振り，塩・こしょうで味を整え，⑤の半量で和える。
❷ ④をバターで炒め，塩・こしょうし，バターをぬったコキール皿に敷く。
❸ ❷の上に❶を入れ，残りの⑤をかけ，

参考

・コキールとは貝殻に盛った料理をいう。茹でたえびやかにをほたて貝の殻に詰め，ホワイトソースをかけて焼いたグラタンに似た料理で，一般には，ほたて貝の貝殻の形をした陶器あるいは金属製の容器を用いる。グラタン皿で代用してもよい。

パン粉と粉チーズを振り，バターを上置きする。220℃のオーブンで焼き目がつくまで焼き，ナプキンを敷いた皿の上に置いて供する。

パン粉	t 2
粉チーズ	t 2
バター	8 g

5 かにのクリームコロッケ (Cream Crab Croquette)

材料（4人分）

たまねぎ	100 g
マッシュルーム	60 g
かに	120 g
油（炒め用）	T 1
塩	少々
こしょう	少々
ホワイトソース	
バター	40 g
薄力粉	50 g
牛乳	C 2
塩	t 1/3
こしょう	少々
ⓐ 小麦粉	30 g
溶き卵（卵1個＋水T 1）	
パン粉	50 g
揚げ油	適量
トマトソース	
バター	t 2 (8 g)
薄力粉	T 1 (9 g)
スープストック	C 1
（固形コンソメ1/2個）	
トマトケチャップ	C 1/2弱 (100 g)
ウスターソース	T 2
レモン	1/2個
パセリ	4 枝

◆下ごしらえ

① ホワイトソースは，ホワイトルウを作り（P.91参照），牛乳を加えて滑らかにのばした後，適当な濃度に煮つめて塩・こしょうで味を整える。

② たまねぎとマッシュルームは薄切りして炒め，ほぐしたかにを加えて軽く塩・こしょうをする。

③ ①と②を合わせてバットに入れ，冷蔵庫で冷やしかためる。

④ トマトソースは，ブロンドルウを作り（P.87参照），スープストック及びトマトケチャップとウスターソースを加えて煮る。

◆つくり方

❶ ③を8等分し，1個ずつ俵形に整え，粉，溶き卵，パン粉の順につけ，高温（190℃）の油で揚げる。

❷ 皿に④を丸く敷き，コロッケをのせてくし型レモンとパセリを添える。

科 学

・ルウに使用する粉は，グルテンの少ない薄力粉の方が適している。よく炒めるほど，ルウの粘度が減少する。

・小麦粉の使用量でとろみがかわる。ポタージュスープなどは液量の2～5％，ソースで3～6％，クリーム状には8～10％，コロッケには12～13％を使用。

・コロッケの中身は火が通っているので，衣がカリッとなるよう高温・短時間で揚げる（ただし冷凍品は要注意）。

6 ブイヤベース (Bouillabaisse)

材料(4人分)

はまぐり	8個
鮮魚(鯛など)	50g×4切
塩(魚の0.8％)	t 1/4
えび	8尾
塩	少々
たまねぎ	100g
パセリ	少々
にんにく	1かけ(5g)
バター	12g
トマトケチャップ	20cc
ⓐ サフラン(またはカレー粉)	少々
ローリエ	1枚
白ワイン	t 2
魚のスープ	C 4
塩, こしょう	各少々
フランスパン(1cm厚)	4枚
バター	8g
粉チーズ	少々
きざみパセリ	少々

◆下ごしらえ

① はまぐりは2〜3％の塩水で砂をはかせておく。
② 魚は大きめに角切りし，薄塩をする。えびは背わたを除いて殻をむき，尾は残しておく。
③ たまねぎ，パセリ，にんにくはみじん切りする。
④ 魚のあらで魚のスープストックを取っておく。
⑤ フランスパンに溶かしたバターと粉チーズを振り，トースターで色よく焼く。

◆つくり方

❶ 鍋にバターを溶かし，③の野菜を炒め，ケチャップを加え，①②を上に並べる。
❷ ❶にⓐを入れ，蓋をして5分ほど煮る。
❸ ❷に沸かした魚のスープを入れ，かるく塩・こしょうする。あくをとりながら，静かに煮る(煮過ぎないこと)。最後に味を整える。
❹ 熱いうちに器に取り分け，⑤を添え，きざみパセリを散らす。

参考

・魚のスープ(フュメ・ドポアソン)の取り方(1ℓ分)は，魚のあら(500g)を5cm位にぶつ切りし，洗い，鍋に入れ，定量の水(1.3ℓ)を加えて強火にかける。あくを除き，セロリ，たまねぎ，にんじんのうす切り，ベイリーフ，パセリ，レモンの切れ端などを入れて，蓋をせず静かに20分位煮る。煮すぎると生臭くなる。これをこす。

科学

・サフランは，香りと色素が利用される。花のめしべを乾燥させたもので，芳香と美しい黄色色素が含まれている。芳香成分はサフラナールで，黄色はクロシンである。

7 たらの香草焼き (Cabillaud au poêler)

材料(4人分)

たら(上身)	80g×4切
塩(魚の1％)	t 1/2
こしょう	少々
にんにく	15g
タイム	小枝4
トマト	大1個(200g)
白ワイン	T 2
オリーブオイル	T 2

◆下ごしらえ

① 魚に塩をして30分置く。
② トマトは8つに輪切りし，種を除く。

◆つくり方

❶ ①にこしょうをしスライスにんにく，タイムをのせる。
❷ グラタン皿に❶，②を並べ白ワイン，オリーブオイルを振りかけ，170℃〜180℃のオーブンで12分焼く。

肉料理

1 ポークカツレツ (Pork Cutlet)

材料（4人分）

豚肉（ロース）	80g×4枚
塩（肉の0.8%）	t 1/2
こしょう	少々
小麦粉	25g
溶き卵	卵1個＋水T 1
生パン粉	40g
揚げ油	適量
ブラウンソース	
ⓐ バター	10g
薄力粉	10g
スープストック	C 1
ⓑ トマトケチャップ	T 1
ウスターソース	T 1
塩	少々
付け合せ（P.105参照）	

◆ 下ごしらえ

① 肉を軽くたたいてのばし脂肪層と赤身の境目に包丁で切り込みを入れる。元の形にととのえ，塩・こしょうをする。

◆ つくり方

❶ ①に粉，溶き卵，パン粉を順につけ，形を整える。
❷ 180℃の油で揚げる。
❸ ソースはⓐでブラウンルウを作り（P.91参照），スープストックでのばしⓑをいれ，少し煮て塩で味を整える。
❹ 付け合わせを盛り，カツレツにブラウンソースをかける。

参 考

・カツレツの揚げ方にはディープフライとパネソテー（多い目の油での炒め揚げ）がある。いずれも揚げ加減が大切でカラリと揚げ，しかも肉質にジューシィさを残したい。
・カツレツのソースは簡便にはウスターソースとケチャップを3：1に混ぜてもよい。

2 豚肉の野菜ソース煮込み (Pork Robert) ポーク　ロベール

材料（4人分）

豚肉（ロース）	100g×4枚
塩（肉の1%）	t 2/3
こしょう	少々
小麦粉	25g
油	T 3
たまねぎ	200g
ピーマン	2個（40g）
トマト	200g
ⓐ スープストック	C 1
（固形コンソメ1個）	
トマトケチャップ	T 2
きゅうりのピクルス	1本
ローリエ	1枚
塩，こしょう・パセリ	少々

◆ 下ごしらえ

① 豚肉は筋切りして，塩・こしょうする。
② たまねぎ，ピーマンは1cm角切り，トマトは種をとり1cm角に，ピクルスは小口切りにする。

◆ つくり方

❶ 豚肉に粉をつけ，フライパンに油を熱し，両面焼き色をつけ，煮込み鍋に移す。
❷ フライパンに油を加え，熱してたまねぎ，ピーマン，トマトの順に炒めて❶の上にのせ，ⓐを加え中火で約20分煮込み，塩・こしょうで味を整える。
❸ 豚肉を皿に盛り，野菜ソースをかけ，きざみパセリをふる。

参 考

・脂身と赤身の収縮率が違うので筋が縮んで波状になるのを防ぐため筋切りする。
・筋切りは包丁の先で鋭く，裏側まで通す。
・肉をたたく必要のある場合は，肉をたたいたあと筋切りする。

3 チキンピカタ (Chicken Piccata)

材料(4人分)

鶏肉	100g×4切
塩(肉の1％)	t 2/3
こしょう	少々
サラダ油	T 1
小麦粉	20g
ⓐ 卵	1 1/2個
粉チーズ	20g
きざみパセリ	少々
サラダ油	T 3
付け合わせ(P.105参照)	
トマトソース	
ⓑ トマトピューレ	20g
トマトケチャップ	40g
赤ワイン	T 1
スープストック	150cc
ローリエ	1枚
塩, こしょう	少々
ブールマニエ	
バター	12g
薄力粉	12g
パセリ	4枝

◆ 下ごしらえ

① 鶏肉（大き目の一口大のそぎ切りにしてもよい）に塩・こしょうして油をつけ、20分おく。

◆ つくり方

❶ 鶏肉に粉をつけ、ⓐを混ぜた液を全面につける。油を熱したフライパンで両面を色よく焼き、180℃のオーブンで約10分焼く。

❷ トマトソースは、ⓑを煮たて、ブールマニエで濃度をつける。

❸ 皿に、付け合わせと鶏を盛り、ソースをかけ、パセリを添える。

参 考

・ピカタは粉チーズ、きざみパセリをいれた溶き卵でチキン、ポーク、白身魚などを包み込むようにして焼いたものである。風味、香ばしさが加わったおいしさがある。
・ピカタはオーブン焼きせず、フライパンでそのまま火を弱めて蓋をして蒸すように中まで火を通してもよい。
・ブールマニエとはバターと粉を練ったもので、スープやソースの濃度が足りないときなどに用いる。

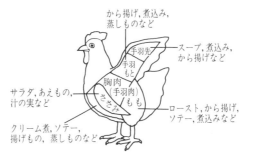

から揚げ, 煮込み, 蒸しものなど　手羽先　スープ, 煮込み, から揚げなど　手羽もと　胸肉(手羽肉)　ささみ　もも　ロースト, から揚げ, ソテー, 煮込みなど　サラダ, あえもの, 汁の実など　クリーム煮, ソテー, 揚げもの, 蒸しものなど

4 鶏肉の赤ワイン煮 (Coq au Vin) コ・コ・バン

材料(4人分)

鶏肉(骨付きもも肉)	4本
塩	肉の1％
こしょう	少々
小麦粉	適量
にんにく	1かけ
サラダ油	T 1
ⓐ 赤ワイン	C 1 1/2
スープストック	C 1 1/2
(固形コンソメ1個)	
ローリエ	1枚
マッシュルーム	12個
バター	T 1
きざみパセリ	少々

◆ 下ごしらえ

① 鶏肉は関節のところで2つに切り、塩・こしょうをして粉をまぶす。
② にんにくはみじん切りにする。

◆ つくり方

❶ フライパンに油を入れ、②のにんにくを炒め、鶏肉に両面焼き色をつける。マッシュルームをバターで炒める。

❷ 鍋に❶とⓐを入れ、弱火で約30分煮て、塩・こしょうで味を整える。

❸ 皿に盛り、きざみパセリをふる。

参 考

・煮込むときの赤ワインはたっぷり用い、ブーケガルニ（セロリ、パセリの茎、ローリエ、タイムをさらしの袋に入れるか、糸でくくった香草束のこと）を入れて煮込む。ドミグラスソースあるいはトマトピューレを加えて煮込んでもよい。
・鶏のクリーム煮（フリカッセ）は、ホワイトソースを加えて煮込んだ料理。

5 ローストチキン (Roast Chicken)

材料（1羽分）

若鶏	1羽（1kg位）
塩	t 1
こしょう	少々
香味野菜	
たまねぎ	1/2個（100g）
にんじん	50g
セロリ	50g
ローリエ	2枚
バター	T 1
サラダ油	T 1～2
グレービーソース	
スープストック	C 1
（固形コンソメ1/2個）	
トマトピューレ	T 1
ウスターソース	T 1
塩・こしょう	少々
コーンスターチ	t 1
付け合わせ（P.105参照）	
クレソン	4本
たこ糸，ぬい針	
パピエ，リボン	

◆ 下ごしらえ

① 香味野菜は薄切りする。
② 若鶏の内部を水洗いし，水切りして全体に塩・こしょうをすり込み，腹に①の半量をつめる。
③ ②の翼は背側で組む。腹を縫い，ももの関節を縫って固定する。首の皮は背側に固定する。

◆ つくり方

❶ オーブン皿に残りの①を敷いて鶏を背を下にしてのせ，バターを全体に塗り，サラダ油をかけ，ローリエをはりつけ220℃のオーブンで10分焼く。
❷ さらに200℃で鶏の向きをかえながら（両横）30分焼く。途中オーブン皿にたまった油をスプーンですくってかけ，表面の乾燥を防ぐ。もも肉の内側に竹串を刺して，澄んだ汁が出てくれば焼き上がり。
❸ 糸を抜き，大皿の中央に盛る。
❹ オーブン皿の焼き油を捨てて，スープストックを入れてこそげ，シノワで漉して鍋に入れ調味し，水溶きコーンスターチでとろみをつけてグレービーソースを作り，ソースポットに入れる。
❺ クレソン他付け合わせを添え，脚先にパピエとリボンを飾る。

参考

・クリスマス料理には欧米ではターキーが同様にグリルされる。これはアメリカ大陸の最初の移住者達が初めての年，野生のターキーを追いかけ廻さなければならなかった時代の労苦を思い，分かち合うための料理といわれる。

・**パピエ** papier（ペーパーフリル）の作り方
　白い紙を2つ折にして山に切り込みを入れる。少しずらして糊づけし，端から巻く。

ローストチキンの成形

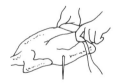

左手で脚を立て，ももの関節のところに手前から反対側に針を通す。

糸で脚を固定する。

でき上がり

6 ハンバーグステーキ (Hamburg Steak)

材料（4人分）

合びき肉		320g
たまねぎ		160g
卵		小1個
生パン粉		60g
牛乳		60cc
ⓐ	塩（肉の1％）	t 1/2（3g）
	こしょう	少々
	ナツメッグ	少々
油		適量
マッシュルームソース		
マッシュルーム		60g
バター		T 1 1/2
ⓑ	スープストック	C 1
	（固形コンソメ1/2個）	
	トマトケチャップ	32g
	ウスターソース	T 2
	赤ワイン	T 2
	ローリエ	1枚
	塩，こしょう	少々
ブールマニエ		
	バター	T 1/2
	薄力粉（スープの4％）	T 1
付け合わせ（P.105参照）		

◧ 下ごしらえ

① たまねぎはみじん切りにし，油で炒めて塩・こしょうをして冷ます。
② マッシュルームはうす切りする。
③ パン粉は牛乳に漬ける。

◪ つくり方

❶ ボウルに肉とⓐを加え，粘り気が出るまでよく混ぜ，①，③を加えまぜ，溶き卵を加えてよく混ぜる。
❷ 4等分し，小判形に整える。中央を少し凹ませる。
❸ フライパンに油を熱し，❷の両面に焼き目を付け，すぐふたをして弱火でなかに火が通るまで充分に焼く。
❹ マッシュルームをバターで炒め，ⓑを入れて煮込み，ブールマニエ（P.100参照）で濃度をつける。
❺ 付け合わせを添えて，ハンバーグを盛り，ソースをかける。

参考

・ひき肉は特にその扱いに注意し，加熱調理する上で内部まで充分に加熱（75℃以上を1分以上）しておく必要がある。
・焼き終りの確認方法は，竹串を刺して出て来た肉汁が完全に澄んでいることを確かめる。
・ミートローフにする場合はハンバーグパテをかまぼこ形に1つにまとめる（中にミックスベジタブルまたは小麦粉をまぶしたゆで卵を3個ほど入れてもよい）。クッキングシートを敷いたオーブン皿に置き，中心を少し窪ませバターを2，3箇所おいて，180〜200℃のオーブンで25〜30分ほど充分火が通るまで焼く。大皿に切り並べて盛り，周りにフライドポテト，野菜のソテー，グラッセ，クレソンなどをやや多目に飾り，ソースはソースポットに入れて添えるとよい。

7 ロールキャベツ (Stuffed Rolled Cabbage)

材料（4人分）

ⓐ	合びき肉	160g
	たまねぎ	50g
	生パン粉	16g
	卵	1/2個
	塩	t 1/2弱
	こしょう	少々
	ナツメッグ	少々
	キャベツ 4〜8枚（400g）	
	塩 キャベツの0.5％	

◧ 下ごしらえ

① たまねぎはみじん切りにする。
② ボウルにⓐをあわせよく混ぜる。
③ キャベツは包丁で芯を深くくり抜き，熱湯で茹で一枚ずつはがす。葉脈部分は包丁の柄か，すりこ木で叩いてやわらかくしておく。
④ ブールマニエをつくる。

◪ つくり方

❶ キャベツを4等分して広げ，軽く塩，

参考

・キャベツを茹がくときは，丸のままのキャベツを包丁で芯を深くくりぬき，たっぷりの沸騰湯で丸のまま茹で，葉を外側から順に1枚ずつ傷つけないようにはがしていき，最後の小さい葉まではがして冷ます。太い葉脈部は硬いので薄く削ぎ

ベーコン	4枚
スープストック	C 2
（固形コンソメ1個）	
ローリエ	1枚
トマトピューレー	40cc
ブールマニエ	
バター	14g
小麦粉	14g

こしょうを振り，②を芯にして包み，ベーコンで巻く。

❷　鍋に❶を並べ，ローリエ1枚とスープストックを入れて紙ぶたをし，約40分煮る。

❸　キャベツを皿に取り出し，後の煮汁にトマトピューレーとブールマニエを加えて，よくかき混ぜ，しばらく煮て味を整え，ソースをつくる。

❹　キャベツにソースをたっぷりかけ，温かいうちに供する。

取るか，またはたたいておく。

・ロールキャベツのソースはケチャップソース，ホワイトソース，生クリームでのばしたカレーソースなどでもよい。この場合はスープストックで煮込む。

①　　　　②　　　③　　④

ロールキャベツの巻き方

8　ビーフシチュー (Beef Stew)

材料（4人分）	
牛肉（バラ塊）	400g
塩（肉の1％）	t 2/3
こしょう	少々
油	T 2
赤ワイン	T 3
スープストック	C 6
（固形コンソメ2個）	
ローリエ	1枚
たまねぎ	200g
にんじん	120g
じゃがいも	240g
ブラウンルウ	
バター	30g
薄力粉	30g
トマトピューレー	80g
塩，こしょう	少々
きざみパセリ	少々

◧　下ごしらえ

①　たまねぎはくし型切り，にんじん，じゃがいもはシャトーに切る。

◪　つくり方

❶　肉は3cm角に切り，塩・こしょうし，フライパンで強火で全面に焼き色をつけ，赤ワインをふりかける。

❷　厚手の深なべにスープストック，ローリエ，❶の肉を入れ煮込む。

❸　①の野菜を加え，弱火で煮，あくをのぞく。

❹　フライパンでブラウンルウを作り，❸のスープの一部でのばし❸の鍋にもどす。

❺　トマトピューレーを加え，塩・こしょうで味を整え，器に盛り，きざみパセリを散らす。

科学

・肉を初めに炒めるのは肉の表面のたんぱく質を凝固させてうまみを保たせるためで，小麦粉をまぶし付けるとでんぷんの膜ができ一層強化される。

・長時間煮込むので筋繊維がほぐれやすくなり，流出した肉汁が野菜や汁を美味にする。

シャトー切り

9 ビーフステーキ (Beef Steak)

材料（4人分）

牛肉（サーロイン）	150g×4枚
塩（肉の1％）	t 1
粒こしょう	少々
たまねぎ（みじん切り）	T 4
クレソン	4本
バジルの葉	適宜
バジルペースト	T 4
油	T 1
バター	T 1
塩，こしょう	少々
赤ワイン	C 3/4
スープストック	C 1/4
付け合わせ（P.105参照）	

◆ 下ごしらえ

① 牛肉は軽くたたき，形を整える。

◇ つくり方

❶ 肉に塩・こしょうをして，油とバターの各半量を熱したフライパンで好みの加減に焼く（右記参照）。

❷ ❶のフライパンの余分な油を捨ててたまねぎを炒め，赤ワインを注いで煮つめ，スープを加えてこし，塩・こしょうで味を整える。

❸ 肉を皿に盛り，❷とバジルペーストをかけ，バジルの葉を添える。

参考

・初めに強火で加熱すると肉の表面のたんぱく質が凝固しうまみ成分を含んだ肉汁の浸出を防ぐ。

・肉の焼き加減
Rare：切ると赤い肉汁が出る。
Medium：切るとピンク色である。
Well-done：切ると完全に焼けている。

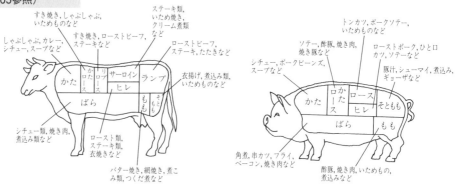

10 牛肉の包み焼き (Veau au pané anglaise)

ヴォー オー パネ アングレーズ

材料（4人分）

牛肉（赤身うす切り）	200g
角ハム	4枚
スライスチーズ	6枚
小麦粉	20g
溶き卵	1/2個＋水 T 1
パン粉	35g
油	適量
ケチャップソース	
ⓐ トマトケチャップ	T 4
ⓐ ウスターソース	T 4
ⓐ スープストック	T 2
クレソン	4本

◆ 下ごしらえ

① チーズを2等分する。

② ⓐを合わせて煮つめ，ケチャップソースを作る。

◇ つくり方

❶ 角ハムの上に①を3枚重ねて置き，2つ折りにする。

❷ 牛肉を4等分して薄く広げ，かるく塩・こしょうして❶をのせ，包む。

❸ ❷に薄力粉，溶き卵，パン粉をつける。フライパンに多めの油を入れて両面を焼く。

❹ 皿のまわりに②のソースを広げ，熱い❸を盛り，クレソンを添える。

参考

・牛肉の代わりに，豚肉や鶏肉を用いてもよい。

・チーズは溶けるタイプを用いるとよい。

11 付け合わせ (Garniture ガルニチュール)

付け合わせには主になる料理の味を引き立たせ、料理全体の味、彩りをよくし、栄養のバランスのよいものを考える。あたたかい料理にはあたたかい付け合わせ、冷たい料理には冷たい付け合わせを添えることが基本である。野菜、いも、きのこ、めん、米類などを使用する。

材料（4人分）

にんじんのグラッセ
- にんじん……………120g
- ⓐ バター（または油）……12g
- ⓐ 水……………100cc
- ⓐ 砂糖……………t 1
- ⓐ 塩……………少々

さやいんげんのソテー
- さやいんげん……………100g
- バター（材料の6％）………6g
- 塩（材料の0.8％）
- こしょう（少々）

粉ふきいも
- じゃがいも……………240g
- 塩（1％）
- こしょう（少々）

フライドポテト
- じゃがいも……1 1/2個（240g）
- 揚げ油……………適量
- 塩（0.8％），こしょう（少々）

マッシュポテト
- じゃがいも……………240g
- 塩・こしょう……………少々
- 牛乳……………50cc
- バター……………24g

リヨネーズポテト
- じゃがいも……………240g
- たまねぎ……………60g
- バター（または油）………T 2
- 塩（0.8％），こしょう（少々）
- スープストック……………150cc
- （固形コンソメ 1/2個）

◆ つくり方

にんじんはシャトー切り（P.103参照），または輪切りにして面取りする。小鍋でⓐを加え，弱火で煮汁がほぼ無くなるまで煮詰め，艶を出す。

さやいんげんはすじを取り，色よく塩茹でしバターで炒め，塩・こしょうをする。

じゃがいもは1個を4〜8つに切り水にさらす。竹串がとおるぐらいに茹で，湯を捨てた後，火にかけて余分の水気を飛ばし，塩・こしょうして鍋を軽くゆすり，粉ふきにする。

拍子木に切り水にさらしたじゃがいもは水気をよく拭き，160℃の油で揚げ，最後は180℃で角が色付くまで揚げ，塩，こしょうをする。

じゃがいもは茹でたものを熱いうちに手早く裏ごし，塩・こしょうして熱い牛乳を加えて混ぜる。鍋にバターをとかしていもを入れ練りまぜる。

じゃがいもは0.5cm厚さの半月切り，またはいちょう切りにし水にさらす。たまねぎはうす切りにする。たまねぎ，じゃがいもは鍋で炒め，塩・こしょうをふり，スープストックを加えていもがやわらかくなるまで煮詰める。

参考

・グラッセはグラス・氷のように艶を出すことの意。

・他にかぼちゃ，小たまねぎ，うり類，栗などを用いる。

・他に，さやえんどう，ほうれんそう，オクラ，芽キャベツ，ズッキーニ，トマト，生きのこ，アスパラガス，ブロッコリー，カリフラワー，冷凍ミックスベジタブル，果物などをソテーに用いる。

・じゃがいもは他に丸のまま皮付きでオーブン焼きしたベークドポテトも付け合わせに用いられ，バターと共に供する。

・マッシュポテトを絞り出しオーブン焼きしたものをジュセスポテトという。付け合わせやコキール，グラタンの縁飾りに用いられる。

・米は西洋料理では野菜とみなされ，サフランライス，**バターライス**（えびピラフ，P.120参照）として付け合わせに用いられる。

・リヨネーズポテトはたまねぎの入るリヨン風の意で，たまねぎ，じゃがいもを炒めてからオーブン焼きしてもよい。

野菜料理

1 キャベツのスープ煮 (Stewed Cabbage)

材料(4人分)

キャベツ	500g
たまねぎ	100g
にんじん	40g
ベーコン	4枚(80g)
バター	12g
ⓐ スープストック	C 3
（固形コンソメ2個）	
白ワイン	T 1
ローリエ	1枚
塩, こしょう	各少々

◆ 下ごしらえ
① キャベツは1人1切れのくし形に切り，ベーコンを巻く。
② たまねぎはうす切り，にんじんは3mm厚さの輪切りにする。

◆ つくり方
❶ 鍋にバターを溶かし，たまねぎを焦がさないように炒め，その上に①を並べ，にんじん，ⓐを入れ約40分弱火で煮込む。
❷ キャベツが充分やわらかくなれば塩・こしょうで味を整え，スープ皿に盛る。

2 ニース風野菜の煮込み (Ratatouille ラタトゥイユ)

材料(4人分)

ズッキーニ	1本(160g)
なす	2個(200g)
たまねぎ	1個(200g)
トマト（完熟）	中2個(280g)
赤ピーマン	1個(80g)
にんにく	1かけ
オリーブ油	T 4
ⓐ ローリエ	1枚
タイム	5枚
ローズマリー	1枚
塩	少々
こしょう	少々

◆ 下ごしらえ
① ズッキーニ，なすは，1cmの厚さの輪切りにする。
② たまねぎはうす切り，トマトは湯むきして，半分に切り種を除いて3cm角に切る。赤ピーマンは1cm角に切る。

◆ つくり方
❶ 厚手の鍋に油を熱し，たまねぎをゆっくり炒める。①を加えさらに炒めトマト，にんにく，ⓐも加え炒める。
❷ ❶がやわらかくなったら，塩，こしょうで味を整える。

参考
・ラタトゥイユは南仏ニースの代表的な野菜料理。ズッキーニをきゅうりに代えてもよい。

科学
・パセリはカロテン，ビタミンCが多い。カルシウム，鉄も多く，きわめて栄養価の高い野菜である。香気成分はピネン，アピオールなどである。

3 ほうれん草とじゃがいものグラタン (Potato Gratin)

材料(4人分)

ほうれん草	120g
じゃがいも	280g
ベーコン	40g
アパレイユ	
⎧ 卵	大1個
｜ 牛乳	240g
ⓐ 生クリーム	160g
｜ 塩(材料の0.6%)	t 1弱
⎩ こしょう	少々
にんにく	適量
バター	適量
パルメザンチーズ	適量

◆ **下ごしらえ**

① ほうれん草は少し硬めに茹で、3cmの長さに切る。
② じゃがいもは皮をむき、2mm厚さに切る。
③ ベーコンは3mm幅の細切りにする。
④ ボウルにⓐを混ぜ合わせる。
⑤ グラタン皿ににんにくの切り口をこすりつけ香りをつけ、溶かしバターを塗る。

◆ **つくり方**

❶ ⑤のグラタン皿にほうれん草の2/3を並べ、その上にじゃがいもをうすく並べる。残りのほうれん草、ベーコンをのせ、④を流し入れる。
❷ 最後にチーズをふり、180℃のオーブンで20分焼く。

科 学

・じゃがいもは芽や緑色の部分に有害なソラニンがあるので除く。
・じゃがいもは牛乳を加えて加熱すると水煮に比べてかたくなる。
・じゃがいもを水にさらすのは、酸化酵素(チロシナーゼ)による褐変を防ぐためである。

4 キッシュ (Quiche Lorraine)

材料(18cm径タルト型1個分)

パートブリゼ(パイ生地)	
⎧ 薄力粉	140g
｜ 無塩バター	70g
｜ 卵黄	1/2個(10g)
｜ 冷水	t 2
｜ 塩	少々
⎩ 強力粉(打ち粉)	適量
たまねぎ	1/2個(100g)
ほうれんそう	1/3束(80g)
ベーコン	60g
プロセスチーズ	60g
塩	t 1/2
こしょう	少々
バター(炒め用)	T 1
アパレイユ	
⎧ 卵	1個
｜ 牛乳	70ml
ⓐ 生クリーム	50ml
⎩ 塩、こしょう	各少々

◆ **パートブリゼのつくり方**

❶ バターを小さく切ってふるった粉に混ぜ、そぼろ状にする。中央をくぼませ、卵黄、塩水を加え混ぜる。耳たぶ位のかたさにまとめラップに包み冷蔵庫で1時間休ませる。
❷ ❶の生地を3mm厚さにのばし、タルト型にのせ、型の内側に指先で押さえてなじませる。縁の余分な生地を切り落す。フォークで生地に穴をあけ170℃のオーブンで7分焼く。

◆ **下ごしらえ**

① たまねぎは薄切り、ベーコンは2cm巾、ほうれんそうは茹でて3cmの長さに切る。

◆ **つくり方**

❶ バターで①を炒め、調味しチーズを加える。
❷ ❷パートブリゼに❶を入れⓐを流し入れ170℃で20〜30分焼く。

参 考

・キッシュとは、折りパイ生地、ブリゼ生地で作った型に卵、クリーム、ベーコンなどを混ぜて入れ焼いたタルト。温野菜として供される。
・パートはパイ生地、パスタ生地など小麦粉その他をねり合わせた生地のこと。パート・ブリゼ、パート・シュクレはねり込みパイ生地。パータ・ジェノワーズはスポンジ生地、パータ・シューはシュー生地。
・アパレイユは、器具、道具の意味で下ごしらえの混ぜ合わせものをさす。

5　コールスローサラダ (Coleslow Salad)

材料（4人分）

キャベツ	200g
にんじん	20g
きゅうり	100g
塩	t 1/4
こしょう	少々
フレンチドレッシング	
塩	t 1/4
砂糖	t 1/4
練りからし	t 1/2
酢	T 1 1/2
サラダ油	T 3
きざみパセリ	少々

◆ 下ごしらえ
① フレンチドレッシングを作る。
② キャベツ，にんじん，きゅうりは4cm長さのせん切りして氷水に放す。

◆ つくり方
❶ ②の野菜をボウルで混ぜ，盛る直前に塩，こしょうをしてドレッシングの一部で下味をつけてサラダボウルに盛り，パセリを散らす。①を添える。

参　考
・フレンチドレッシング別名ソース・ビネグレット（仏）の作り方：ボウルに粉状の調味料と練りからしを入れ，酢で溶く。サラダ油を少しずつ加えて泡だて器でよく混ぜ，とろりと筋が立つくらいの乳濁状にする（蓋つき小瓶に入れて激しく振ってもよい）。
・ドレッシングは英語のドレスからきたものでドレスを着せる意味で野菜にふわりとソースを着せ掛けるように混ぜる意。
・サラダおよびサラダボウルはよく冷やしておく。

6　グリーンサラダ (Tossed Green Salad)

材料（4人分）

レタス	1/2個
セロリ	1/2本
きゅうり	1本
（アンディーブ，チコリ，マーシュ，クレソン，ロケット，マスタードグリーンなど少量ずつ）	
ピーマン	中2個
ラディシュ	2個
フレンチドレッシング	
塩	t 1
砂糖	t 2
練りからし	t 1
こしょう	少々
酢	T 3
サラダ油	T 5
たまねぎ	40g
塩	少々
パセリ	4枝

◆ 下ごしらえ
① レタスは洗い，氷水に放す。水気を切り3cm角にちぎる。
② セロリは筋を取り，3cmのせん切り，きゅうりは小口切りして氷水に放す。他の葉菜も洗って氷水に放す。
③ ピーマンとラディシュは薄く輪切りにして氷水に放す。
④ たまねぎはみじん切りし，布巾に包んでもみ，さらしたまねぎとする。

◆ つくり方
❶ フレンチドレッシング（上項参照）を作り，④を加える。
❷ 水切りした野菜の①と②は，盛り付け直前にボウルで軽く塩，こしょうをして混ぜ，❶の半量を少しずつかけ，底から混ぜ，サラダボウルに盛る。
❸ ③を飾りパセリを添える。残りの❶を添える。

参　考
・サラダは生の野菜を冷たくしてそのまま塩を振り，食したのが始まりで，saltが語源と言われる。
・レタスは包丁で切ると切り口が褐変することがあるので手でちぎる方がよい。
・フレンチドレッシングは好みや材料で酢と油の比率は1:3，1:2，2:3と変える。酢はワインビネガー，フルーツビネガーがよく使われる。油もオリーブ油，調合油などで変化が出る。

7 トマトサラダ (Tomato Salad)

材料(4人分)
トマト	280g
たまねぎ	40g
きざみパセリ	少々
フレンチドレッシング	
塩	t 2/3
こしょう	少々
酢	25cc
サラダ油	50cc

◆ 下ごしらえ
① フレンチドレッシングを作り（P.108参照），たまねぎのみじん切りを混ぜる。

◆ つくり方
❶ トマトは皮を湯むきして7mm厚の輪切りにして器に並べ，冷やす。
❷ ①をかけてパセリをふる。

参考
・ドレッシング：たまねぎなどを加えたラビゴットソース，ガーリック・ドレッシング，ブルーチーズ・ドレッシング，ケチャップを加えたアメリカン・ドレッシング，ハンガリー風のパプリカ・ドレッシングなどがある。

8 マセドアンサラダ (Macedoine Salad)

材料(4人分)
りんご	1個(200g)
きゅうり	120g
トマト	160g
塩	t 1/4
フレンチドレッシング	
塩・練りからし	各 t 1/2
砂糖	t 1/3
酢	20cc
サラダ油	40cc
おろしたまねぎ	T 1
きざみパセリ	少々

◆ 下ごしらえ
① りんごは皮と芯をとり，1cm角に切り，1％の塩水をくぐらせる。
② きゅうりも1cm角に切る。トマトは湯むきして種を除き，1cm角に切る。
③ フレンチドレッシングを作る（P.108参照）。

◆ つくり方
❶ ボウルに①，②を入れ，盛り付け直前に塩・こしょうを軽くして，③で和える。
❷ 器に盛り，パセリを振る。

参考
・マセドアンサラダの名称は，材料をマセドアンに切り揃えることからきている。マヨネーズソースで和えることも多い。

9 シーザーサラダ (Caesar Salad)

材料(4人分)
プリーツレタス	6枚
たまねぎ	1/2個
うずら卵	4個
食パン(サンドイッチ用)	1枚
アンチョビー(缶詰)	4尾
にんにく	1かけ
粉チーズ	適量
ドレッシング	適量

◆ 下ごしらえ
① レタスは洗って好みの大きさにちぎる。
② たまねぎはうす切りにし，水さらしをする。水気を切る。
③ うずら卵はポーチドエッグにする（P.108参照）。
④ 食パンはクルトンにする（P.91参照）。
⑤ アンチョビー，にんにくはみじん切り。
⑥ ドレッシングをつくる（P.108参照）。

◆ つくり方
❶ 器に①②を盛り，④⑤を散らし③を中央にのせ，ドレッシング，チーズをかける。

参考
・シーザーサラダはメキシコ北西部の都市で考案されたといわれている。

10　グリーンアスパラガスサラダ (Green Asparagus Salad)

材料(4人分)

グリーンアスパラガス	12本
赤ピーマン	1/2個
レタス	1/4個
パセリ	4枝
シャンテリーソース	
┌ マヨネーズ	T 4
│ 生クリーム	T 2
└ 砂糖	t 1/2

◨ 下ごしらえ

① アスパラガスははかまを除き、ポキンと折れるところで折り、1％の塩熱湯で茹でて冷水に取る。
② 赤ピーマンはせん切りにし茹でる。
③ レタスは氷水でぱりっとさせ、水切りして3cm角にちぎる。

◪ つくり方

❶ 砂糖を入れた5分立ての生クリームとマヨネーズを混ぜシャンテリーソース（クリームマヨネーズ）を作る。
❷ 器に③を盛り、①を並べ❶のソースをかけて、ピーマン、パセリを飾る。

参 考

・マヨネーズの応用としてケチャップ、パプリカ入りのレッドマヨネーズ、緑野菜の裏ごし入りのグリーンマヨネーズ、西洋わさび入りマヨネーズやタルタルソースなどがある。

11　海の幸のサラダ (Sea Food Salad)

材料(4人分)

ほたて貝柱	4個(80g)
えび	小8尾(120g)
いか	1/2杯(150g)
ⓐ ┌ 白ワイン	少々
│ 塩	少々
└ レモン	少々
スモークサーモン	4枚(60g)
グリーンアスパラガス	2本(60g)
サニーレタス	80g
チコリ(トレビス)	40g
ⓑ ┌ フェンネル	適量
└ セルフィーユ	適量
ドレッシング(アンチョビ入り)	
┌ アンチョビ	2尾
│ オリーブ油	T 3
│ 粒マスタード	少々
│ ワインビネガー	T 1
│ レモン汁	T 1
└ 塩, こしょう	少々

◨ 下ごしらえ

① えびは背わたを抜き、いかは皮をむく。熱湯にⓐを入れ、貝柱、えび、いかを手早く茹で、急冷する。
② アスパラガスは根元のかたい所を折る。塩熱湯で茹でて斜めに切る。
③ 他の野菜は洗って水気を切りちぎる。
④ 香草ⓑは洗って水気を切る。
⑤ アンチョビは裏ごしして、ドレッシングを作る。

◪ つくり方

❶ ①の貝柱は横半分に切る。えびは殻をむく。いかの胴は輪切りにする。
❷ 皿に❶, ②, ③, スモークサーモンを形よく盛り付け④の香草を上に飾る。ドレッシングを添える。

参 考

・アンチョビはいわしを塩漬けして熟成後、オリーブ油に漬けたもの。塩分が多いのでドレッシングの塩分を加減する。

野菜料理

12　ポテトサラダ (Potato Salad)

材料（4人分）

じゃがいも	300g
塩，こしょう	各少々
たまねぎ	30g
きゅうり	1/2本(60g)
塩	少々
ハム（うす切り）	50g
マヨネーズ	40g
サラダ菜	4枚
きざみパセリ	少々

◆ 下ごしらえ

① じゃがいもは茹でて粉ふきにし，マッシャーでつぶし，塩・こしょうをする。
② たまねぎはうす切りし水にさらして絞り，きゅうりは小口切りし，塩（1.2％）をして絞る。
③ ハムは1cmの色紙切りする。

◆ つくり方

❶ マヨネーズで①～③を和え，味を整えて，サラダ菜を敷いた皿に盛り，パセリを散らす。

13　フルーツサラダ (Fruit Salad)

材料（4人分）

りんご	1/2個(120g)
オレンジ	1個(160g)
バナナ	1本(120g)
レーズン	10g
サラダ菜	4枚
ヨーグルトソース	
ⓐ プレーンヨーグルト	80g
レモン汁	t 2
はちみつ	t 2

◆ 下ごしらえ

① りんごは縦8つ切りにして芯と皮を除き，3mm厚さに切る。
② オレンジは皮を厚くむき，縦6つ切りにして5mm厚さに切る。
③ バナナも皮をむき，5mm厚さの小口切り，レーズンは少量の砂糖湯に浸す。

◆ つくり方

❶ ⓐを合わせヨーグルトソースを作る。
❷ ボウルでフルーツと❶を和えてサラダ菜を敷いた器に盛る。

参考

・りんごやバナナは空気にふれると褐変するので盛り付け直前に皮を剥き，切ってソースですぐに和える。

14　早漬けピクルス (Mix Quick Pickles)

材料（4人分）

かぶ	100g
にんじん	40g
セロリ	40g
きゅうり	40g
パプリカ（黄）	40g
塩（野菜の2％）	t 1
粒こしょう	5粒
ローリエ	1枚
サラダ油	T 2
砂糖	t 2
ワインビネガー	T 2

◆ 下ごしらえ

① かぶ，にんじん，筋を取ったセロリ，きゅうり，パプリカは5cm長さの拍子木切りにする。

◆ つくり方

❶ ①をボウルに入れて塩をふり，水分が出るまで重石をしておき，絞って水気を切る。
❷ 油に粒こしょう，ローリエを入れて熱し香りが立てばこす。これに砂糖とワインビネガーを加える。
❸ ❶に❷を加えて味をなじませる。

参考

・ピクルスとは野菜の酢漬け。前菜，カレーの薬味，サンドイッチのフィーリングなどに利用する。

卵料理

1 茹で卵 (Boiled egg)

材料（4人分）

卵 4個

つくり方

❶ 鍋に卵とたっぷりの水を入れ火にかける。沸騰後火を弱め茹でる。6分で半熟、12分で全熟となる。殻をむく場合は水に入れ、約1分後取り出す。

科学

・卵黄は約68℃、卵白は約73℃が凝固温度。卵黄を中心にするには水から沸騰まで動かして卵白の凝固をまつ。

2 いり卵 (Scrambled egg)

材料（4人分）

卵 .... 4個(200g)
塩（卵の0.8%）........ t 1/4
バター 20g

つくり方

❶ 卵を割りほぐし、塩を加え泡立てないようにかき混ぜる。
❷ フライパンにバターを溶かし❶を入れて火にかけ、かき混ぜ火からおろして更にかき混ぜ余熱で火を通す。

3 落とし卵 (Poached egg)

材料（4人分）

卵 .... 4個(200g)

つくり方

❶ 小鍋に水、塩（水の0.8%）、酢（水の3%）を入れて火にかけ、沸騰したら渦を作り弱火にし、中央に卵1個を静かに落とす。卵黄が卵白に包まれたら火を止め蓋をして半熟状にする。

科学

・塩と酢を加えると卵のたんぱく質が熱凝固しやすくなる。新鮮卵を使うと濃厚卵白が多いので作りやすい。

4 目玉焼き (Fried Egg)

材料(4人分)

卵	4個(200g)
油	T 1
水	T 1
塩	t 1/4

◪ つくり方

❶ フライパンを熱し油をひき，卵を割り入れ卵白が白くなったら，水を入れふたをする。
❷ 焼きあがったら塩を振る。

参考

・目玉焼きは卵白が凝固，卵黄に膜がかかり周りは焦げないのが望ましい。水を加えると望ましい状態になり，器に取りやすい。

5 オムレツ (Plane omelet)

材料(4人分)

卵		8個(400g)
ⓐ	牛乳(卵の20〜30%)	100cc
	塩(卵+牛乳の0.8%)	t 2/3
	こしょう	少々
バター(卵の10%)		40g
トマトケチャップ		T 4

◪ つくり方

❶ ボウルに卵を入れてほぐし，ⓐを加えて混ぜる。
❷ フライパンにバターを熱し，1人分を流し入れて箸で大きくかき混ぜ半熟にする。卵を端に寄せ，フライパンの柄をたたいて卵を返しながら形を整える。トマトケチャップをかける。

参考

・オムレツは表面が美しく焼け，内部が柔らかく半熟程度になっているのがよい。

6 スペインオムレツ (Spanish Omelet)

材料(4人分)

卵		4個(200g)
ⓐ	牛乳	T 1
	塩	t 1/3
	こしょう	少々
油		T 4
じゃがいも		200g
たまねぎ		100g
ロースハム		50g
きざみパセリ		少々

◆ 下ごしらえ

① じゃがいもは5mm厚さのいちょう切りにし，茹でる。
② たまねぎはうす切り，ハムは1cmの色紙に切り，炒める。①と合わせ塩・こしょうをする。
③ 卵にⓐを加えて溶きほぐす。

◪ つくり方

❶ フライパンに油を入れて熱し，②，③を一度にいれ大きくかき混ぜ，半熟状になってオムレツの下の面が薄いきつね色になったら，ひっくり返して蓋をし，もう片面も焼く。扇形に切ってパセリをふり供する。

参考

・スペインの家庭料理である。じゃがいも入りのオムレツで，半熟状に火を通したら弱火にしてふっくらと丸く焼き上げる。

パン・ライス・パスタ

1 サンドイッチの盛り合わせ (Sandwich Variation)

材料（4人分）

食パンうす切り	16枚
バター	50g
練りがらし	10g
ハムサンドイッチ	
ロースハム	2枚
スライスチーズ	2枚
サラダ菜	2枚
ツナサンドイッチ	
ツナ缶	60g
さらしたまねぎ	10g
マヨネーズ	20g
野菜サンドイッチ	
トマト	100g
きゅうり	1/2本(50g)
サラダ菜	2枚
卵サンドイッチ	
卵	2個
塩（卵の1％）	1g
牛乳	t 2
パセリ	1枝

◆下ごしらえ

① バターはクリーム状に練り，練りがらしを加える。食パンの片面にからしバターをぬる。
② サラダ菜は洗って水気をきる。
③ ツナ缶は油をすてほぐし，さらしたまねぎと共にマヨネーズで和える。
④ トマトは皮をむいてうす切りし，種を取る。きゅうりはうす切りし，塩をしてしんなりしたら水気をしぼる。
⑤ 卵は茹でてきざみ，塩と牛乳を合わせる。

◘つくり方

❶ 各サンドイッチの材料を①にはさむ。2組ずつ作る。
❷ かたくしぼった布巾をかけ，軽く重しをのせて約10分おき，パンと中身を落ちつかせる。
❸ 周囲を切り落とし，食べやすい大きさと形に切って（P.115参照）盛る。パセリを添える。

参考

・サンドイッチの材料は，肉，魚，卵，野菜，果物など栄養や色どりを考えて組み合わせる。
・サンドイッチはサンドイッチ公爵がチェスに夢中でその時，簡便に食べられるものとして考案されたという。
・バターはサンドイッチの味をよくし，挟む材料の水分がパンにしみ込まないように薄くぬる。またバターをぬることで，中身がはがれにくくなる。
・サンドイッチ用バターはからしバターが一般的であるが，他にわさびバター，卵黄バター，アンチョビバターなどがある。

2 フレンチトースト (French Toast)

材料（4人分）

食パン（6枚切）	4枚
ⓐ 牛乳	C 1
卵	2個
砂糖	T 2
サラダ油，バター	各20g
ジャム	T 2〜3 (40g)

◆下ごしらえ

① 食パンは半分に切り平バットに並べてⓐを混ぜ合わせた液を回しかけ，10分おく。

◘つくり方

❶ フライパンにサラダ油を熱し，①のパンを焼く。2〜3回ひっくり返して，途中バターを加えて表面が薄いきつね色になるように焼く。

参考

・好みのジャムをつける。少し固くなった食パンを利用して，子供のおやつによい。砂糖の代わりにおろしチーズ・きざみパセリを入れると朝食向き。フライパンのかわりに200℃のオーブンで焼いてもよい。

3 クラブハウスサンドイッチ (American Clubhouse Sandwich)

材料（4人分）

食パン(12枚切り)	12枚
からしバター	70g
鶏肉(もも)	80g
塩(鶏の0.5%)	少々
こしょう	少々
たまねぎ	80g
バター	10g
牛乳	T 1
きざみパセリ	少々
塩	t 1/4
卵	2個
ベーコン	4枚
レタス	小4枚
トマト	中1個(150g)
たまねぎ	20g
きざみパセリ	少々
マヨネーズ	30cc
ウエスタンソース	
ウスターソース	T 1
トマトケチャップ	T 1
練りからし	t 1/3
らっきょう漬	4個
きゅうりのピクルス	1本(15g)
カクテルピック	8本
パセリ	4枝
紙ナプキン	4枚

◆ 下ごしらえ

① 食パンはトーストし，からしバターを8枚は片面に，4枚は両面に塗る。

② 鶏肉は約1cmのそぎ切りにして塩・こしょうをし，たまねぎは大きめのみじん切りにする。

③ ベーコンは1枚を3等分しフライパンで焼き目をつける。レタスはちぎり，トマトは皮を湯むきして5mmの輪切り，たまねぎは薄切りして水にさらして絞る。

◆ つくり方

❶ バターを熱し②の鶏肉を炒め，たまねぎも加えて炒め，牛乳，きざみパセリ，塩，溶き卵を合わせて加え五目炒り卵を作る。

❷ 片面バターのパンを並べ❶を平らにのせ，ウエスタンソースを注ぎかけ，両面バターのパンをのせる。

❸ ❷にベーコン，レタス，トマト，たまねぎ，きざみパセリの順に乗せ，マヨネーズを細く全面にしぼり出し片面バターのパンをのせ，サンドする。

❹ 固く絞ったぬれ布巾をかぶせ，軽く重しをして落ち着かせてから，2～4切れに形よく切る。

❺ らっきょう，きゅうりのピクルスをさしたカクテルピックをパンの中央にさして，紙ナプキンを敷いた皿に盛り，パセリを添える。

参考

・クラブハウスサンドイッチ，ホットドッグ，ハンバーガーなどはアメリカのカントリークラブなどで作られたもので，焼いたりして温めて供されることが多い。

・応用としてミックスサンドイッチのほか，フルーツをホイップクリームで和えたフルーツサンド，チーズをはさみ，バターでこんがり焼きチーズがとろけるような**クローク・ムッシュ**，チーズとソーセージを並べてはさみフレンチトースト用の卵牛乳液に浸してこんがり蒸し焼きする**レオポルド・サンド**，中にハム・ほうれんそうのホワイトソース和えなどを入れロールサンドにしてフリッター衣をつけて150～160℃で揚げた**フライドロール・サンド**，フランスパンの上に彩りよく種々の材料をのせ，マヨネーズ，パセリ，レモンなどで飾りカクテルソースを添えたパーティー向きの**オープン・サンドイッチ**などバリエーションも多い。

サンドイッチの切り方

クラブハウスサンドイッチ

4 バターロール (Butter Rolled Bread)

材料(10個分)

強力粉	300g
インスタントドライイースト (粉の2％)	t 2
ⓐ 塩（〃の1.5％）	t 1
砂糖（〃の10％）	T 3 1/3
脱脂粉乳（〃の3％）	T 1 1/2
ⓑ 卵1個／ぬるま湯 （〃の65％）	C 1
バター（〃の15％）	45g
ドリュール（卵，水）	適量
ショートニング（型ぬり用）	適量

◆ 下ごしらえ

① 粉，砂糖はふるう。
② バター，卵は室温にもどし，卵はぬるま湯（30℃）とあわせる。
③ ボウルの内側に薄くショートニングをぬる。

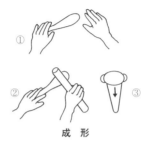

成 形

参 考

・一次発酵は28～30℃で湿度70％，二次発酵は35～37℃で湿度80％程度がよい。

・発酵方法：発酵器があれば理想的。ない時は湯煎。大きなボウルに湯（45℃）をはりその中に生地の入ったボウルを浮かせ上からビニールをかぶせ発酵させる。

・生地作りのポイントは生地を乾燥させない。発酵状態をきっちりと守る。

・フィンガーテストでは粉をつけた指先で生地表面に穴をあけ，指穴がそのままの形で残ればよい。

・イーストの種類は
1．コンプレストイースト（生イースト）
培養した酵母を圧搾成形したもの。使用時は3～4倍のぬるま湯に溶かし使用。
2．インスタントドライイースト
水に溶解する必要がなく発酵力の強いイースト。使用量はドライイーストの70～80％でよい。

▶ つくり方

❶ **混合**（生地をこねる）：①の粉の中にイーストを加えよく混ぜ合わせ，ⓐを加えさらによく混ぜる。ⓑを加え1つにまとめる。バターを加え叩きつけるようにしてこねる。生地を指先で伸ばし，切れずに薄くのびれば，生地温度をはかる。28～29℃であれば良い。

❷ **一次発酵**：③のボウルに丸めた生地を入れ，ぬれ布巾をかけて大きさが約2.5倍になるまで約50～60分発酵（右参考を参照）させ，フィンガーテストをする。

❸ **ガス抜き・分割・丸め・ベンチタイム**：生地を軽くおさえガスを抜き，それを10等分する。生地底を閉じるようにして丸める。バットに並べて，ラップをかぶせ，室温で15分置き生地の回復をはかる。

❹ **成形**：手のひらで転がして15cm位の円錐形にして，その先を指で押さえながらめん棒で細長い三角形をつくる。広い方から巻いて三重巻きに仕上げる。

❺ **二次発酵**：オーブン皿にクッキングシートを敷き，生地の巻き終わりを下にして並べる。約2倍になるまで発酵させる。

❻ **焼成**：生地の表面にドリュールを塗り180～190℃に熱したオーブンで12～13分焼く。

5 山形食パン (English Bread)

材料(1.5斤用ケース　1本分)

- 強力粉……………………300g
- インスタントドライイースト
  （粉の2％）……………… t 2
- ⓐ
  - 塩（〃の2％）…………… t 1
  - 砂糖（〃の5％）………15g
  - 脱脂粉乳（〃の5％）…15g
- ぬるま湯（〃の67％）……… C 1
- ショートニング（〃の5％）15g
- ドリュール………………適量
- ショートニング……………適量

◘ つくり方

❶　混合〜ベンチタイム：バターロール（前頁）参照。

❷　成形：2個に分割して丸めた生地の裏側を上にして，めん棒で長方形にのばし三つ折りにして向きを変え手前よりロール状に巻き，ショートニングを塗った型に入れる。

❸　二次発酵：型の上部1.5〜2cm盛り上がるまで発酵させる。

❹　焼成：生地の表面にドリュールを塗り180℃に熱したオーブンで40分焼く。

6 ピロシキ (Piroshki)

材料(8個分)

- 強力粉……………………170g
- 薄力粉……………………70g
- インスタントドライイースト
  （粉の2.5％）…………… t 2
- 食塩（〃の1.5％）………… t 1/2
- 砂糖（〃の5％）………… T 1 1/3
- 脱脂粉乳（〃の5％）…… T 1 1/2
- 卵1個
  ぬるま湯 ｝(〃の64％)… C 2/3強
- ショートニング（〃の5％）… T 1
- 中身（あん）
  - 合びき肉……………100g
  - はるさめ……………10g
  - たまねぎ……………100g
  - 生しいたけ…………2枚
  - 茹で卵………………1個
  - きざみパセリ………少々
  - サラダ油……………T 1/2
  - 塩，こしょう………少々
- 卵水（卵1個＋水T 1）
- パン粉・揚げ油……………適量

◘ つくり方

❶　混合〜ベンチタイム：バターロール（前頁）参照。

❷　成形：8個に分割した生地をめん棒でのばし中央にあんをのせる。二つに折りしっかりと閉じ折り返す。とき卵，パン粉をつけ，とじ目を下にして天板に並べる。

❸　二次発酵：バターロール参照。

❹　揚げる：150〜160℃の油で4〜5分揚げる。

◆ 中身の下ごしらえ

①　はるさめは湯で戻してみじんに切る。他の材料もすべてみじん切りにする。

◘ 中身のつくり方

❶　フライパンに油を入れ，ひき肉，たまねぎを炒め，生しいたけ，ゆで卵を加え，塩・こしょうで味を整え，はるさめ，きざみパセリを加え冷ましておく。

参考

・1人用の小さいものをピロシキといい，切り分けて食べる大きいものをピローグという。

・皮にはイースト入りのパン生地タイプを油で揚げるものと，パイ生地をオーブンで焼くものがある。

7 ピザ (Pizza)

材料(15cm径丸型 4枚)
- 強力粉 …………………140g
- 薄力粉 …………………20g
- インスタントドライイースト
  (粉の1.7%)……………t 1
- 塩 (〃の2%)……………t 1/2
- 砂糖 (〃の5%)…………T 1弱
- オリーブ油(〃の5%)……T 2/3
- ぬるま湯(〃の62%)……C 1/2
- ドリュール用卵…………適量
- 型塗り用オリーブ油……適量
- トマトソース (6枚分)
  - にんにく ………1/2かけ(5g)
  - たまねぎ…………1個(200g)
  - パセリ ……………………10g
  - ベーコン…………………50g
  - オリーブ油………………T 1
  - トマト(缶)………………225g
  - ケチャップ・砂糖………各T 1
  - ローリエ, オレガノ……少々
  - 固形コンソメ…………1/4個
  - 塩, こしょう……………少々

つくり方
❶ 混合〜ガス抜き:バターロール(P.116) 参照
❷ 分割:4等分
❸ 成形:生地を直径15cm位に丸くのばし,オリーブ油を薄く塗った型にのせ,その上にトマトソースを塗り,好みの具をトッピングし,チーズをのせる(ホワイトソースも流してよい)(右記参照)。
❹ 二次発酵:室温にて15〜20分発酵させる。
❺ 生地の周囲にドリュールを塗り,180℃に熱したオーブンで15分焼く。

トマトソースのつくり方
❶ にんにく,たまねぎ,パセリ,ベーコンはみじん切りにする。
❷ オリーブ油を鍋に入れ,❶を炒め裏ごししたトマト,その他の材料を入れて煮つめ,塩・こしょうで味を整える。

参考
・ピザの具
- サラミソーセージ 4枚
- 小えび …………… 4尾
- マッシュルーム … 2個
- ピーマン…………1/2個
- モッツァレラチーズ80g
・ホワイトソースの材料
- 薄力粉 ………………10g
- バター …………………10g
- 牛乳 ……………………C 1/2
- スープ …………………C 1/2
  (固形コンソメ1/2個)
- 塩 ………………………少々
- こしょう ………………少々

8 ハッシュドビーフ アンド ライス (Hashed Beef and Rice)

材料(4人分)
- 牛肉(うす切り)…………240g
- たまねぎ………………400g
- マッシュルーム………100g
- バター……………………30g
- ⓐ ┌ 小麦粉 ……………32g
  └ バター ……………32g
- スープストック………500cc
  (固形コンソメ1個)
- ⓑ ┌ トマトケチャップ……150g
  │ ウスターソース ……T 2
  └ 赤ワイン ……………T 2
- 塩, こしょう……………少々
- グリンピース……………25g
- ライス(米C 2)…………700g

下ごしらえ
① たまねぎとマッシュルームはうす切りする。
② 肉は3cmに切る。

つくり方
❶ 厚手の鍋でⓐを炒め,ブラウンルウ(P.91参照)を作りスープストックでのばす。
❷ ①をバターで炒め,❶に加え煮込む。ⓑを加える。
❸ ②をバターで炒め,❷に加え煮て味を整える。肉を入れてからは煮すぎない。
❹ ライスをミート皿に盛り,❸をかけ,茹でたグリンピースを散らす。

参考
・ハッシュドビーフのハッシュは細切れの意。
・英国流ハッシュドビーフは本来,ドゥミグラスソースが基本である。鶏がら,香味野菜にトマトピューレ,赤ワイン,スープなどで長く煮込み,艶のあるチョコレート色のソースを作りこくを出す。
・ドゥミグラスソースは甘くて,口にすぐ旨味が感じられる美味しさが特徴で,ライスとよく合う。日本では**ハヤシライス**とも呼ばれる。

9　チキンカレー (Curried Chicken)

材料(4人分)

鶏肉(もも)	240g
塩(肉の1％)	2.4g
こしょう	少々
油	T 2/3 (8g)
たまねぎ	150g
にんにく，しょうが	各1かけ
油	T 1 1/3 (16g)
バター	9g
油	T 1 1/3 (16g)
薄力粉	27g
カレー粉	10g
スープストック	C 3
(固形コンソメ 1 1/3個)	
ⓐ　トマトピューレー	20cc
おろしりんご	20g
ピクルス	8g
チャツネ	12g
ローリエ	1枚
ⓑ　バター	8g
塩	少々
生クリーム	T 1 1/3

◆ 下ごしらえ

① たまねぎ，にんにく，しょうがはみじん切にする。
② 鶏肉は3cm角に切る。

◆ つくり方

❶ フライパンに油を熱し，塩・こしょうをした鶏肉を両面焼く。厚手の鍋に油を熱し，①を炒め，スープストックの約半量を加え，鶏肉と共に煮込む。
❷ フライパンにバターと油を熱し粉をふり入れ，香ばしく炒め（ブロンドルウ），さらにカレー粉をふり入れよく炒める。残りのスープストックでのばし，❶に加える。ⓐも加え，弱火で30分以上煮込む。
❸ 火を止めてⓑで味を整える
❹ ライスまたはナンを添えて供する。

参考

・カレー粉は1種類の香辛料ではなく，チリ，ブラックペッパー，クミン，コリアンダー，グリーンカルダモン，フェヌグリーク，ターメリック等7種ものスパイスをブレンドしたものである。
・チャツネはインド特産の漬物でマンゴー，レーズン，しょうが，唐辛子，タマリンド，ライムジュース，他スパイスを漬け込んだもの。カレーの味付けや薬味に使用。
・カレーの薬味には福神漬，らっきょう漬，紅しょうが，ピクルス，エダムチーズのおろしたもの，茹で卵などが利用される。

10　パエーリャ (Paella)

材料(4人分)

米	C 2
スープストック	C 3
(固形コンソメ1個)	
えび	20g×8尾
いかの胴	1ぱい(150g)
あさり(殻つき)	150g
鶏肉(もも)	60g
たまねぎ	80g
にんにく	1かけ
トマト	100g
ピーマン(赤，緑)	各50g
サフラン	少々
油	T 2
塩	少々

◆ 下ごしらえ

① 米は洗ってざるにあげる。
② えびは足を切りとり背わたを抜く。いかは皮をむき1cmの輪切りにする。
③ 鶏肉は一口大，たまねぎとにんにくはみじん切りにする。
④ トマトは種を除き，ざく切り，ピーマンは一口大に切る。
⑤ スープにサフランを加える。

◆ つくり方

❶ 厚手の鍋に油を熱して③を炒める。②とあさりを加え炒め，④も加える。
❷ 米を❶に加えて炒め⑤を注いで塩を加えふたをする。煮立ったら弱火にして約20分炊き5分蒸らす。

参考

・パエーリャは海の幸を炊き込んだスペイン風サフラン入りライス。牛肉，あさり，いか，トマトなど手近かな材料で作られる。
・パエーリャ鍋を用い，鍋ごと食卓に出す。
・200℃のオーブンに15～20分入れて炊いてもよい。

11 えびピラフ (Shrimp Pilaf)

材料(4人分)

米	C 2 (320g)
バター	T 2
たまねぎ	80g
マッシュルーム	8個
ⓐ ┌ スープストック	480cc
│ 　(固形コンソメ1個)	
└ 塩	t 1/3
小えび(無頭, 5cm)	200g
白ワイン	T 1 1/2
こしょう	少々
きざみパセリ	少々

◆ 下ごしらえ
① えびは背わたを除く。
② たまねぎはみじん切りに，マッシュルームはうす切りにする。
③ 米は洗ってざるにあげる。

◆ つくり方
❶ えびは殻をとらずにマッシュルームと共にバター(1/3量)で色が変わるまで炒めて塩・こしょうをする。ワインとⓐの一部を入れ炒め煮して冷めたら皮をむく。炒めた煮汁は残しておく。
❷ 炊飯をする鍋にバター(2/3量)を溶かしてたまねぎを炒め，③の米を入れ透き通るくらいに炒める。ⓐとえびの煮汁を米に加水して炊飯する。
❸ でき上がりのピラフに❶のマッシュルームとえびを混ぜて皿に盛り，きざみパセリをふる。

参考
- ピラフ：炊飯の加水量は予め米を炒めるため，通常の加水量でも固めに炊き上る。鍋で炊く場合はこげやすいので火加減に注意し，弱火で少し時間をかけて炊く。
- ピラフは炊き込みにする方法と炊き上げたバターライスを利用する場合がある。具はえびのほかに，かき，白身魚，かに，チキン，牛肉なども美味しい。
- ドリアをつくる場合はグラタン皿に油をぬり，チキンライスやピラフを入れて上から薄めのホワイトソースをたっぷりかけてパン粉，バター，きざみパセリ，粉チーズを散らしオーブン焼きする。

12 炊き込みチキンライス (Chicken Pilaf)

材料(4人分)

米	C 2 (320g)
鶏肉(もも)	160g
たまねぎ	60g
にんじん	20g
マッシュルーム	8個
バター	T 2
ⓐ ┌ トマトジュース	C 1
│ スープストック	240cc
│ 　(固形コンソメ1個)	
│ 塩	t 1/2
└ こしょう	少々
グリンピース	40g

◆ 下ごしらえ
① 米は洗ってざるにあげる。
② 鶏肉は1.5cm角に，たまねぎ，にんじんは粗みじんに切り，マッシュルームは4つ割にする。
③ グリンピースは茹でる。

◆ つくり方
❶ 鍋にバターを溶かし，②を炒め，①の米を加え，さらに炒める。
❷ ❶にⓐを加え，炊飯する。でき上がりにグリンピースを混ぜる。

参考
- オムライスにする場合は1人1個の卵をほぐして塩，こしょうで軽く調味し，フライパンに油を熱して卵を流す。表面が半熟状の時にチキンライス1人分を入れて卵の手前側をライスに被せるようにフライパンを傾けながら前に滑らせ，フライパンを裏返して皿に取る。固く絞ったぬれ布巾で形を整え，ケチャップをかけてパセリを添える。

13 きのこのリゾット (Risotto Con Funghi)

材料(4人分)

米	C 2
たまねぎ	30g
ⓐ { オリーブ油	T 3
スープストック	C 4
(固形コンソメ 2個)	
生しいたけ，しめじ，まいたけなど	200g
マッシュルーム	4個
ⓑ { オリーブ油	T 1
にんにく	1かけ
塩，こしょう	少々

◆ **下ごしらえ**

① 米は洗ってざるに上げ，たまねぎはみじん切りにする。
② マッシュルーム，生しいたけはうす切りに，しめじ，まいたけは小分けにする。にんにくはつぶす。

◆ **つくり方**

❶ 鍋にⓐのオリーブ油を熱し，たまねぎをよく炒め，米を加えてさらに炒め，スープを加えて20分煮る。
❷ フライパンにⓑのオリーブ油を熱し，にんにくを弱火で炒めて香りがついたらとりだし，きのこ類を入れて強火で炒め，塩・こしょうをする。
❸ ❶に❷をあわせ，盛りつける。

参考

・リゾットはイタリアの代表的な米料理。米のしっかりした歯ざわりを残して煮上げるのが特徴。
・リゾットの具には鶏，貝類，きのこ類など種々の材料を使うことができる。
・米は粘りの少ないインディカ米を使うことが多い。

14 スパゲッティボロネーズ (Spaghetti Bolonaise)

材料(4人分)

スパゲッティ	320g
牛ひき肉	200g
たまねぎ	160g
マッシュルーム	80g
セロリ	60g
トマト	大2個(400g)
にんにく	2かけ
小麦粉	T 2 (18g)
ⓐ { 白ワイン	T 3
トマトピューレ	120g
スープストック	400cc
(固形コンソメ 1個)	
ローリエ	1枚
バター	T 2～3
塩，こしょう	少々
粉チーズ	T 4
きざみパセリ	少々

◆ **下ごしらえ**

① たまねぎ，マッシュルーム，セロリ，にんにくはみじん切り，トマトは湯むきし，種をとり，1cm角に切る。

◆ **つくり方**

❶ 鍋にバターを溶かしてにんにくを炒め，トマト以外の①の野菜を水気がなくなるまでよく炒め，牛ひき肉を入れて色が変わるまで炒める。粉を振り混ぜ，トマトとⓐを入れ時々混ぜて弱火で30分以上煮込む。トロリとなれば塩・こしょうで味を整える。
❷ スパゲッティを茹でる (P.122参照)。
❸ 皿に❷を盛り，❶をかけ粉チーズ，パセリをふる。

参考

・ボロネーズはボローニャ(北イタリアの古い都市)風ということで，他にもミラネーズ，ナポリテーヌ，シシリエンヌなど町名がついたものがある。
・ミートソースにとろみをつけるために，小麦粉とバターを炒めてルーを作る。量が少ない場合などは炒めた野菜の上に粉を振込む方法やブールマニエ (P.100参照) を入れる方法などが取られる。

15 スパゲッティ漁師風 (Spaghetti Pesukato-re)

材料（4人分）

スパゲッティ	320g
あさり	200g
白ワイン	T 3
するめいか	1ぱい
えび	200g
にんにく	1かけ
赤とうがらし	1本
油	T 3
ホールトマト（缶）	300g
固形コンソメ	1個
塩	少々
こしょう	少々
ローリエ	1枚
きざみパセリ	T 1

◆ 下ごしらえ

① あさりは鍋に入れ，白ワインをふりかけて蓋をして，蒸し煮する。
② いかは足と内臓をとり，皮をむいて1cmの輪切り，足は3cmに切る。
③ えびは尾を残し，背わたと殻をとる。
④ ホールトマトはつぶす。

◆ つくり方

❶ 鍋に油を熱し，みじん切りのにんにくと赤とうがらしを炒める。
❷ ②と③を❶に加えて炒め，①と④，固形コンソメを加え，ローリエを入れて煮る。きざみパセリ半量を加え，塩・こしょうで味を整える。
❸ スパゲッティを茹でて水気を切り，❷をからめて皿に盛り，パセリを散らす。

参考

・スパゲッティの茹で方：たっぷりの塩熱湯（塩分濃度1〜1.5％）でアルデンテ（歯ごたえのある固さ）に茹でる。

16 マカロニグラタン (Macaroni Gratin)

材料（4人分）

マカロニ	120g
たまねぎ	120g
マッシュルーム	80g
ハム	60g
バター	16g
塩	t 1/2
こしょう	少々
ホワイトソース	
牛乳	C 3
スープストック	C 1/2
（固形コンソメ1/2個）	
薄力粉	50g
バター	50g
塩・こしょう	少々
粉チーズ	T 4
バター	20g

◆ 下ごしらえ

① たまねぎ，マッシュルームはうす切り，ハムは小さめの短冊に切る。
② 牛乳は温めておく。

◆ つくり方

❶ たっぷりの熱湯に塩（1％）を入れ，マカロニを茹でる。
❷ ①を炒め，茹でたマカロニも加え，塩・こしょうで味を整える。
❸ ホワイトルウ（P.91参照）を牛乳とスープストックでのばし，やわらかめのホワイトソースを作る。
❹ ❷を半量のホワイトソースであえ，バターを塗ったグラタン皿に盛る。上に残りのソースをかけ，粉チーズ，バターをのせ，220℃のオーブンで7〜8分焼く。

参考

・グラタンは焼き具合が大切で，じっくりと中まで熱く火を通す。濃い目の焼色がつくまで加熱する。

デザート

1 ブラマンジェ（英国式）(Blanc manger)

材料(ゼリー型 4 個分)

コーンスターチ	28g
砂糖	27g
牛乳	320cc
バニラエッセンス	少々
イチゴソース	
ⓐ ┌ イチゴ	80g
│ 砂糖	T 1〜2
└ レモン汁	t 1/2
ミントの葉	4枚

◘ つくり方

❶ 鍋にコーンスターチ，砂糖を入れ，牛乳を少しずつ加え，よくまぜる。

❷ かきまぜながら加熱し，粘りが出てきたら弱火にし，さらにしっかり加熱する。火からおろして，エッセンスを加え，ぬらした型に注ぎ，冷やす。

❸ イチゴは洗い，砂糖とレモン汁をかけてフォークでつぶす。

❹ ❷を型から出し，❸のイチゴソースをかけてミントの葉を飾る。

※フランス式はゼラチンで固める。

科 学

・コーンスターチ，米，小麦など種実でんぷんはじゃがいもでんぷんに比べ加熱した場合の最高粘度は低いが粘度の低下（ブレークダウン）は少なく安定している。砂糖はでんぷん糊化の粘度を大きくする。

・コーンスターチなど地上でんぷんの透光度は地下でんぷんに比べて低い。白く仕上げるためブラマンジェにはコーンスターチを用いる。

2 パンナコッタ (Panna cotta)

材料(ゼリー型 4 個分)

粉ゼラチン	5g
水	T 2
生クリーム	120cc
牛乳	120cc
砂糖	30g
バニラビーンズ	1/4本
ラム酒	T 1
ブルーベリーソース	
┌ ブルーベリー	60g
│ 砂糖	18g
│ レモン汁	t 1/2
└ キルシュ	少々
ミントの葉	少々

◆ 下ごしらえ

① 粉ゼラチンは，水をふり入れ膨潤させる。

◘ つくり方

❶ 鍋に牛乳，バニラ，生クリーム，砂糖を入れて，沸騰直前まで加熱し，①を加え溶かす。

❷ ❶を冷やし，ラム酒を加え混ぜ少しとろみがついたら，ゼリー型へ流し冷やし固める。

❸ 鍋にブルーベリー，砂糖を入れてかき混ぜながら加熱し，とろみがついてきたら火からおろし，レモン汁，キルシュを加え冷やしてソースを作る。

❹ ❷を型から出し，❸をかけてミントの葉を飾る。

3 イチゴババロア (Bavarois au Fraise)

材料（ゼリー型4個分）

材料	分量
板ゼラチン	2枚（6g）
水	T2
いちご	150g
レモン汁	t1
砂糖	45g
生クリーム	130cc
エッセンス	少々
飾り用	
いちご	4個
生クリーム	適量
砂糖	少々
ミントの葉	少々

◆下ごしらえ
① 板ゼラチンは冷水に漬け膨潤させる。

◆つくり方
❶ ①は湯煎で溶かす。
❷ いちごはへたを取り，レモン汁とともにミキサーにかけ，砂糖と❶を加えて混ぜる。
❸ 別のボールで生クリームをとろりとするまで泡立てる。
❹ ❷と❸を混ぜ合わせ，水でぬらした型に流し入れ，冷し固める。
❺ 固まったら型ごとぬるま湯につけて皿に取り出し，泡立てた生クリームをしぼり出して，いちごやミントの葉を添える。

参考
・いちごを裏ごして作ると，口当たりの滑らかなババロアとなる。

科学
・ゼラチンの使用量は2～4%で，融解点が低いので湯煎にすることが多い。凝固力は低温で冷却時間が長い程強く，砂糖はゼラチンの凝固力を増し，酸は低下させる。従って果汁ゼリーやワインゼリーは4%程度のゼラチンを使用する。低濃度で冷却時間をかけて作ったゼリーほど舌ざわりがよい。

4 グレープフルーツゼリー (Grapefruit Jelly)

材料（グレープフルーツ1個分）

グレープフルーツ	1個
カラギーナン	15g
水	C1
砂糖	70g
白ワイン	T2

◆下ごしらえ
① グレープフルーツはきれいに洗い，横に2つに切り，中身を袋ごと取り出し果汁を絞る（1個につき150～200cc）。皮の内側の白い部分はとり，ゼリーを固める容器とする。

◆つくり方
❶ カラギーナンと砂糖をまぜ，C1の水を加えて煮溶かす。粗熱をとり，ワイン，果汁を入れ，グレープフルーツ容器に満たして冷やし固める。
❷ 充分に固まったら，くし形に切り分ける。

科学
・カラギーナンは海草抽出物で寒天とゼラチンの中間的な性質をもっている。室温で凝固し融解しない。40～60℃で熱可逆ゲルを作る。

参考
・寒天を使用する時は½本（4g）。
・寒天ゾルに果汁など酸が加わると凝固しにくくなり，ゲル強度は低下する。果汁の酸で加水分解が起こるためで，加熱すると促進される。果汁の量や加える時期に注意する。

5 コーヒーゼリー (Coffee Jelly)

材料(グラス4個分)

インスタントコーヒー	T 1 1/3
粉ゼラチン	T 1
水	T 3
熱湯	360cc
グラニュー糖	T 3
クリームソース	
牛乳	60cc
はちみつ	t 1強(8g)
生クリーム	T 2
ブランデー	t 1

◆ **下ごしらえ**

① 粉ゼラチンは水にふり入れ膨潤させる。

◆ **つくり方**

❶ ボウルにインスタントコーヒーと砂糖を入れ、熱湯を注ぎ入れ、①を加え溶かす。これをグラスに注ぎ冷やし固める。

❷ クリームソースは鍋に牛乳を入れ少しあたため、はちみつを加え溶けたら生クリームを入れて混ぜ、ブランデーを加えて冷やす。

❸ ゼリーが固まったら❷を静かに注ぎ入れる。

科 学

・ゼラチンはコラーゲンオセインを原料とする動物性たんぱく質でリジンを多く含む。寒天ゼリーに比べ融解温度が低く扱いにくいが、粘弾性のある滑らかな舌ざわり、口の中ですぐ溶ける食べやすさがある。

6 カスタードプディング (Custard Pudding)

材料(プリン型4個分)

卵	2個
牛乳	260g
砂糖	40g
バニラエッセンス	少々
バター(型ぬり用)	少々
カラメルソース	
砂糖	T 2
水	T 1
熱湯	T 1

◆ **下ごしらえ**

① 牛乳を人肌に温め砂糖を加え混ぜる。
② プリン型にバターを塗る。
③ 鍋に砂糖と水を入れ煮つめて(180℃)、こげ色がついたら熱湯でゆるめて、カラメルソースをつくり、型に注ぐ。

◆ **つくり方**

❶ ほぐした卵に①を加えてこし、エッセンスを加える。

❷ ③の型に❶を注ぎ、深バットに並べてオーブン皿にのせ、深バットに熱い湯をプリン液高さまで入れて180℃のオーブンで20分焼く。予熱なしの場合は25〜28分焼く。

❸ ❷を冷やし器に出す。

科 学

・卵液に砂糖が加わると凝固力が減少するが、牛乳が加わるので牛乳中の塩類が卵たんぱくの凝固力を強め、型から出しても弾力性のある形を保つ。

参 考

・プディングの焼きあがりは竹串をさし、何もついてこないことを確認する。

・深バットにはケーキ型や流し箱を代用できる。

・蒸し器を用い、型にラップをして、強火で4分加熱後、余熱4分で作る方法もある。

7 りんごのシロップ煮 (Apple Compote)

材料（4人分）

りんご（紅玉）		2個(400g)
ⓐ	水	C 2弱
	砂糖	50g
	レモン汁	t 2
ⓑ	ポートワイン	T 2
	コーンスターチ	T 1
	水	T 2

◆ 下ごしらえ

① りんごは半分に切り，芯と皮を除いて1％の塩水につけ，水気を切る。

◆ つくり方

❶ ①をほうろう鍋に伏せて入れ，ⓐを加え強火で沸騰させる。

❷ 沸騰後紙ぶたをして，りんごに透明感が出て充分にやわらかくなるまで中火で20分位煮る。

❸ りんごを器に取り出し，残った煮汁にⓑを加え煮てソースを作り，りんごの上にかける。

参考

・コンポートは果物に甘味をつけて煮詰めたもので，元の形をくずさないように調理する。デザートとして用いられる。コンポートには，鳩やひなどりの煮込み料理の付け合せという意味もある。
・果物は他に西洋なし，もも，あんず等に応用でき，温かくても冷めても美味しい。

8 フルーツパンチ (Fruit Punch)

材料（4人分）

りんご	1/2個
バナナ	1本
パインアップル（缶）	40g
みかん（缶）	60g
キーウィ	1個
いちご	4個
レモン	1/4個
白ワイン	T 4
シロップ 砂糖	50g
水	50cc
炭酸水	100cc

◆ 下ごしらえ

① 砂糖と水でシロップを作り，白ワインを加えて冷やす。

② りんごは縦4等分にして，5mm幅のいちょう切り，パインアップルは8等分の扇面切り，キーウィは5mm幅の半月切り，いちごはへたをとり，タテ4等分する。

◆ つくり方

❶ パンチボウルに果物を入れ，シロップを注ぎ冷やした炭酸水を入れる。

参考

・果物は生のもの，缶詰いずれでもよく，彩りよく食べよい大きさにきれいに切る。
・パンチ（ポンチ）は酒，砂糖，レモン汁などの混成飲料の1つ。パンチは古代インド語のパンチャ：5つの意からきているといわれ，スピリッツ，砂糖，レモン汁，スパイス，水の5種をまぜた飲みもの。

9 クラレットパンチ (Claret Punch)

材料（4人分）

ポートワイン	60cc
砂糖（全量の6％）	40g
水	40cc
炭酸水	C 2
氷片	少々
レモンうす切	4枚

◆ つくり方

❶ 砂糖と水を煮溶かして冷ましパンチボウルに入れ，ポートワインを加える。

❷ 供する直前に冷えた炭酸水を注ぎ，氷片，レモンの薄切りを浮かべる。

参考

・コールドパンチ，ホットパンチがあり，基酒の名前がつく。クラレットは仏のボルドー産の良質ワインにイギリス人が名づけてパンチ名にもなっている。

飲み物

1 コーヒー (Coffee)

材料（4人分）

Coffee（コーヒー）
- 粉（中挽き）………………40g
- 湯……………………………C 3
- グラニュー糖………………適量
- 生クリーム…………………適量

◆ 下ごしらえ
① ポットを温める。
② ペーパーを折り濾過器に立てる（ペーパードリップ式）
③ 粉を入れ平らにする。

◆ つくり方
❶ 少量の湯を低い位置から注ぐ。
❷ 20秒後残りの湯を中心から外へ，外から内側へ渦巻状に注ぐ。
❸ 同じ要領で注湯回数は4〜5回くらい行い温めたカップに注ぐ。

参 考
・豆の挽き方は入れ方に応じて選ぶ。
細挽き：エスプレッソ用
中挽き：ドリップ用，サイフォン用
粗挽き：パーコレーター用
・ペーパードリップ式は，いつでも誰でも同一条件で抽出できる利点がある。

Vienna Coffee（ウインナーコーヒー）
- コーヒー…………………C 3
- グラニュー糖……………適量
- ホイップクリーム………適量

◆ つくり方
❶ 温めたカップにグラニュー糖を入れる。
❷ ❶に熱いコーヒーを注ぎ軽く混ぜる。
❸ ホイップクリームをフロートする。

ウインナーコーヒー
「ウインナー」はオーストリアの首都ウィーンからきている。グラニュー糖を入れずにホイップクリームの上からシナモンシュガーまたは粉砂糖をのせてもよい。

Cafe au lait（カフェオレ）
- コーヒー………………300cc
- 牛乳……………………300cc
- グラニュー糖……………適量

◆ つくり方
❶ 温めたカップに熱い牛乳とコーヒーを注ぐ。

カフェオレ
フランスで好まれるコーヒーの飲み方である。コーヒーをエスプレッソに代えたものがカフェラテである。

Cappuccino（カプチーノ）
- コーヒー（深炒り）………C 2
- グラニュー糖……………適量
- 牛乳………………………C 1
- シナモンパウダー………適量

◆ つくり方
❶ 温めたカップに熱いエスプレッソを入れ泡立てた牛乳を注ぐ。
❷ 好みのシナモンパウダーで風味づけする。

エスプレッソ
イタリア語で「すばやく」を意味する。名前の通り，素早く，しかも濃厚に抽出した苦みやうま味の強いコーヒーである。

カプチーノ
イタリアで好まれるコーヒーの飲み方の一つで，エスプレッソにクリーム状に泡立てた牛乳を加えたものである。

2 紅茶 (Black Tea)

材料(4人分)

Black Tea (ティー)
- 茶葉 ································ t 4
- 熱湯 ···························· 700cc
- グラニュー糖 ················ 適量

つくり方
1. 温めたティーポットに茶葉を入れる。
2. 熱湯を20～30cm程の高い位置から注ぐ。3～4分蒸らす。
3. 温めたティーカップに濃さが均等になるように回し注ぐ。

参考
- 世界三大銘茶は、ダージリン(インド産)、キーマン(中国産)、ウバ(スリランカ産)。
- 茶葉のグレード(リーフの大きさ)は、オレンジペコ(O.P)、ブロークンオレンジペコ(B.O.P)、ダスト(D)などに分類され、ダストはティーバックなどに使用される。
- 茶葉の持ち味を充分に引き出す為の5つの基本ルール(ゴールデンルール)とは、①良質の茶葉を使う。②茶葉の量をはかる。③ティーポットを温める。④新鮮な沸かしたての熱湯を使用。⑤茶葉を蒸らす時間を待つ。
- アイスティーを冷蔵庫でゆっくり温度を下げると水色が濁る。これをクリームダウンという。

Apple Tea (アップルティー)
- 茶葉 ······················· 軽く t 4
- りんご(王林) ················ 1/4個
- ロゼワイン ···················· t 1
- 熱湯 ···························· 700cc
- グラニュー糖 ················ 適量

つくり方
1. りんご(王林)は2～3mmのいちょう切りにして温めたカップの中に2枚入れその上からロゼワインをかけておく。
2. ティーポットの中に残りのりんごと茶葉を入れ、沸騰した熱湯を勢いよく注ぎよく蒸らす。
3. ❶のカップに❷を注ぐ。

Iced Tea (アイスティー)
- 茶葉 ································ t 4
- 熱湯 ···························· 400cc
- 氷 ································ 適量
- シュガーシロップ ··· 40～60cc

つくり方
1. ティーポットに茶葉を入れる。
2. 熱湯を注いで10～15分蒸らす。
3. 蒸らした茶葉をこしながら広口の容器に移す。
4. グラスに氷を8分目程入れ❸の紅茶を一気に入れ急冷させる。

3 レモンスカッシュ (Lemon Squash)

材料(4人分)
- レモン ···························· 2個
- 砂糖 ···························· 100g
- 水 ································ C 1/2
- 炭酸水 ························ 250cc
- 氷片 ································ 少々

つくり方
1. レモンのうす切りを4枚とり、残りは汁を絞る。
2. 砂糖と水でシロップを作り冷ます。
3. 供する直前にグラスに氷、レモン汁、シロップ、炭酸水を入れ、レモン輪切りを飾る。

参考

炭酸水の入った冷たいものをレモンスカッシュ、オレンジ果汁を用いるとオレンジスカッシュと呼び、炭酸水の入らないものをレモネード、温かいものをホットレモンという。

洋菓子

1 マドレーヌ（混合式，Madeleine）

材料（マドレーヌ型12個分）

薄力粉	80g
コーンスターチ	20g
B.P.（粉の2％）	t 2/3
砂糖	80g
卵	2個
バター	80g
レモンの皮（国産）	1/2個分

◆下ごしらえ

① ボウルに粉とB.P.，砂糖をふるいよく合わせる。
② バターは湯煎でとかす。
③ レモンはよく洗浄してから黄色い表皮のみ，すりおろす。

◘つくり方

❶ ①の真ん中をくぼませ，卵を割り入れ，粉と混ぜていく。
❷ レモンの皮と溶かしバターを加えて混ぜ合わせ少しおく。
❸ マドレーヌ型に流し入れ170℃のオーブンで約12分焼く。

科学

・粉の一部にコーンスターチを使用するのは，グルテン量を減らし軽く仕上げるためである。

参考

・卵白をメレンゲにしてスポンジケーキの要領で合わせて焼く方法もある。
・アルミケース（No.6）を代用できる。

2 アップルケーキ（Apple Cake）

材料（18cmエンゼル型1個分）

バター	110g
砂糖	120g
卵	3個
バニラエッセンス	少々
薄力粉	160g
B.P.	t 1/2
りんご（紅玉）	小2個
シナモンパウダー	少々
りんごジャム	T 2
ラム酒	t 1
粉砂糖	少々
焼き型用バター	T 1
〃 小麦粉	少々

◆下ごしらえ

① 型に溶かしバターを塗り，粉をはたく。
② 砂糖，粉とB.P.を各々ふるう。
③ りんごは縦8つ切りにして芯，皮を除き，2/3個分は3mm厚さのくし形に，残りは5mmのいちょう切りにして1％塩水を通して水気を拭く。

◘つくり方

❶ バターをクリーム状に練る。砂糖を2～3回に分けて入れよく混ぜる。
❷ 卵を1個ずつ加えてよく混ぜ，バニラエッセンス，②の粉と，③のいちょう切りりんごを加えて軽く混ぜ，型に流す。
❸ 上にくし形りんごを放射形にずらして並べ，シナモンをふり180℃のオーブンで約30分焼く。上面にラム酒で溶いたジャムを塗り，冷めたら粉砂糖をふる。

参考

・お菓子作りや料理に用いるりんごは，酸味のある固めの「紅玉」という品種が適している。他には「国光」「富士」がよい。

3 パウンドケーキ (Pound Cake)

材料（パウンド型中1本分）

- ⓐ 無塩バター ……………50g
- ⓐ 有塩バター ……………50g
- 砂糖 ………………………100g
- 卵 …………………………2個
- 薄力粉 ……………………100g
- B.P. ………………t 1/2強(2.5g)
- バニラオイル ……………少々
- ⓑ レーズン ………………30g
- ⓑ アンゼリカ ……………20g
- ⓑ チェリー ………………5個
- スライスアーモンド ……少量
- 敷紙

◆ 下ごしらえ
① 砂糖は1回，粉とB.P.は2回ふるう。
② ⓑを粗くきざむ。

◈ つくり方
❶ ボウルにやわらかくしたバターを入れてクリーム状に練り，砂糖を少しずつ加えて，白くなるまで混ぜる。
❷ ❶に溶き卵を3回に分けて加え，加えるたびによく混ぜ，バニラも加える。
❸ ❷に粉を一度に加え，さっくり混ぜ②を加え混ぜる。
❹ 硫酸紙を敷いた型に❸を入れ，中央をくぼませるようにして，スライスアーモンドをふり，170℃のオーブンで30〜40分焼く。

参考
・パウンドケーキはバターケーキの基本で，名の由来は，バター，砂糖，卵，薄力粉をすべて1ポンドずつ用いて焼いたケーキ，または各々4オンスずつ用いて1ポンドに焼き上げたケーキというところからきている。
・漬け込みフルーツ（プラム種）を多く入れるとフルーツケーキとなる。プラム種は，ドライフルーツやナッツを粗く刻み，ブランデーやラム酒に漬け，香辛料としてナツメグやオールスパイスをふり込み1週間以上漬け込む。

4 マーブルケーキ (Marble Cake)

材料（20cmエンゼル型1個分）

- バター（無塩）……………70g
- 砂糖 ………………………140g
- 卵黄 ………………………3個
- 牛乳 ………………………40cc
- 薄力粉 ……………………140g
- B.P. ………………………t 2/3
- 卵白 ………………………3個
- バニラオイル ……………少々
- ココア ……………………t 2
- 砂糖 ………………………t 2
- 湯 …………………………少量
- 粉砂糖 ……………………T 1
- 焼き型用バター …………T 1
- 〃 小麦粉 …………少々

◆ 下ごしらえ
① 砂糖は1回，粉とB.P.は2回ふるう。
② ココアに砂糖を混ぜ，少量の湯で溶く。
③ 卵白を硬く泡立てる。
④ 型に溶かしバターを塗り，粉をはたく。

◈ つくり方
❶ ボウルでバターをクリーム状に練り，砂糖を加え混ぜ，卵黄，牛乳も加えて混ぜる。
❷ ❶に粉と③とバニラオイルを入れ軽く混ぜる。
❸ ②を❷の約1/10と混ぜて再び❷の生地に加えて1〜2回軽く混ぜ型に流す。混ぜすぎるとマーブル模様が出にくいので注意する。
❹ 170℃のオーブンで30〜40分焼き，型から出し冷めたら粉砂糖をふる。

参考
・バターをヘラや泡立て棒でよくすり混ぜ，空気を入れふわりとなめらかに白いクリーム状にすることをクリーミングという。砂糖を入れざらつきがなくなるまで良く混ぜると口ざわりのよいものとなる。
・ケーキの上を飾る方法
コールド・アイシング：卵白1/2個，粉砂糖150g，レモン汁少々，卵白を硬く泡立て，粉砂糖を少しずつ加えてよく混ぜる。白くなればレモン汁を落として混ぜ，ケーキに雪状又は網目にかける。

洋菓子　131

5　ベークドチーズケーキ (Baked Cheese Cake)

材料(18cm丸型1個分)

ⓐ ┌ 牛乳 ……………… 300cc
　├ バター(無塩) …… 40g
　├ 砂糖 ……………… 40g
　└ 塩 ………………… 少々
ⓑ ┌ 卵黄 ……………… 2 1/2個
　├ コーンスターチ … 50g
　└ 牛乳 ……………… T 1
ⓒ ┌ 卵白 ……………… 3個
　└ 砂糖 ……………… 40g
クリームチーズ ……… 200g
バニラエッセンス …… 少々
レモン汁 ……………… T 1
ラム酒漬レーズン …… 10g
ドリュール
ⓓ ┌ 卵黄 ……………… 1/2個
　└ 水 ………………… t 1
パートシュクレ ……… 1枚
硫酸紙 ………………… 1枚

◆ 下ごしらえ
① 型の底と側面に硫酸紙を敷き，パートシュクレ（右記参照）を置く。ラム酒漬レーズンを散らす。

◇ つくり方
❶ ⓐを鍋に入れ沸騰直前まで加熱する。
❷ ⓑの材料をボウルに入れて混ぜ，その中に❶を注ぎ再び鍋に移し，火にかけとろみをつける。
❸ ❷をボウルに移しクリームチーズを混ぜ，レモン汁，バニラエッセンス，ⓒの泡立てたメレンゲを加えクリーム状にする。
❹ ①の型に❸を流し込み表面を平らにしてⓓを塗り，150～160℃のオーブンで50分焼く。

参考

・パートシュクレ
材料：無塩バター40g，砂糖40g，卵20g，エッセンス少々，薄力粉100g
つくり方：❶バターをクリーム状にし砂糖とあわせ，白っぽくなれば卵，エッセンスを加える。❷❶にふるった粉を加えまとめて冷蔵庫で1時間休ませる。❸❷の生地を2～3mm厚さにのばし，ケーキ型をあてて型を抜き，フォークで適当に穴をあける。❹❸を160℃のオーブンで7分位焼く。

6　レアチーズケーキ (Rare Cheese Cake)

材料(18cmセルクル型1個分)

スポンジ（直径18cm）
（卵2個，砂糖60g，薄力粉60g，バニラオイル少々，溶かしバターT 1）……………… 1枚
┌ 粉ゼラチン … T 1 1/3 (12g)
└ 水 ………………… T 4
クリームチーズ ……… 100g
プレーンヨーグルト … 150g
砂糖 …………………… 50g
コアントロー ………… T 2
レモン汁 ……………… T 2
生クリーム …………… 50g

◆ 下ごしらえ
① セルクル型に，スポンジ（P.132参照）を1cm厚さに切って敷く。
② 粉ゼラチンを水にふり入れ膨潤させる。湯せんにかけて溶かす。
③ クリームチーズは裏ごしし，ヨーグルトとまぜる。

◇ つくり方
❶ ③に②のゼラチン，砂糖を加え混ぜ合わせる。
❷ ❶に生クリーム，コアントロー，レモン汁を加え，冷やしてとろみがつけば①の型に流し，上を平らにならして冷蔵庫で冷やし固める。

参考

・スポンジの代わりにパートシュクレや，ビスケットを粉にしてバターをまぜたものを敷くのもよい。

・セルクル：洋菓子の成形に使う型。底がないので，でき上がったものをはずしやすい。

7 いちごのショートケーキ (Strawberry Short Cake)

材料(18cm丸型1個分)

スポンジ
- 全卵………3個(150g)
- 砂糖………80g
- バニラオイル………少々
- 薄力粉………75g
- 溶かしバター(無塩)……15g

ホイップクリーム
- 生クリーム………C 1
- 砂糖(生クリームの7%)………T 1½
- バニラエッセンス………少々

シロップ
- 砂糖………T 1
- 水………T 2
- ラム酒………t 1

いちご………200g
敷紙

◆ 下ごしらえ
① 砂糖，粉は各々ふるう。
② 型の底と側面に硫酸紙を敷く。
③ 砂糖と水を煮立てラム酒を入れてシロップを作る。
④ いちごは洗って，飾り用（6～8個）を残し，5mm厚さに切る。

◆ つくり方
❶ 共立て：ボウルに全卵と砂糖を入れ，45℃の湯煎をしながら泡立てる。湯煎と同じ温度になったら湯煎からおろし，さらにしっかり泡立て，バニラオイルを入れる。
❷ 粉を加え切るようにまぜる。
❸ ❷に溶かしバターを入れ混ぜ，②の型に流し入れ，170℃のオーブンで約25分焼く。冷めてから横に2等分する。
❹ 生クリームは砂糖とエッセンスを加えて，氷水で冷やしながら泡立てる。
❺ ❸に③を刷毛でぬり❹の一部を塗って，❹をはさんで重ねる。上面にも❹の一部を塗り，残りの❹は絞り出し，いちごを飾る。

参考
・泡立てた生クリームは塗り用と飾り用に分けておくのがよい。飾り用の生クリームにスポンジの粉が混ざると，生クリームが汚れる。
・泡立て用クリームには，乳脂肪のみの生クリームと，乳脂肪と植物脂肪の混合した混合クリーム，植物性脂肪のみの植物性クリームがある。
・卵の泡立て方法には全卵をいっしょに泡立てる**共立て**と，卵黄，卵白を別々に泡立てる完全**別立て**（P.140参照）と簡易別立てがある。簡易別立てでは卵白を8分通り泡立てて砂糖を加え泡立てる。最後に卵黄を加える。

8 アメリカンドーナツ (American Doughnut)

材料(ドーナツ8個，ボール8個)

- 薄力粉………150g
- B.P.(粉の4%)………6g
- 砂糖………40g
- バター………15g
- 卵………1個
- 牛乳………45～50cc
- シナモン………T 1
- 砂糖………T 3
- 揚げ油………適量
- 打ち粉………少々

◆ 下ごしらえ
① 砂糖は1回，粉とB.P.は2回ふるう。
② シナモン，砂糖を混ぜる。

◆ つくり方
❶ 粉と砂糖，バターを混ぜる。卵と牛乳を加えて混ぜ，まとめる。
❷ 打ち粉をして麺棒で1cm厚さに伸し，ドーナツ型で抜く。
❸ 140℃の新しい油でゆっくり揚げる。途中箸でドーナツ中央の穴をまわし拡げる。裏返して両面揚げる。
❹ 揚げたてのドーナツにシナモンシュガーをまぶす。

参考
・ドーナツの生地にはケーキ生地とパン生地がある。
・小麦粉にシナモンのほか，ナツメグ，セージなどの香辛料を加えて揚げたドーナツもある。

9 にんじんケーキ (Carrot Cake)

材料(カップケーキ型6個分)

にんじん	75g
砂糖	50g
卵	2個
アーモンドパウダー	75g
レモン汁	t 2
レモンの皮(国産)	1/2個分
ⓐ ┌ 粉砂糖	25g
└ コーンスターチ	15g
バター	15g
パラフィン紙(13cm角)	6枚

◆ 下ごしらえ
① にんじんは皮をむいてすりおろす。
② ⓐを合わせてふるう。
③ カップケーキ型に紙を敷く。

◆ つくり方
❶ ボウルに砂糖と卵黄を入れて湯煎にかける(白っぽくなるまで充分泡立てる)。
❷ ❶を湯煎からはずし,①のにんじんを加えて混ぜ,つづいてアーモンドパウダーを加えてよく混ぜ,レモン汁半量とすりおろしたレモンの皮を加えて混ぜる。
❸ 別のボウルに卵白をかたく泡立て,❷を2回に分けて加え,さらに泡立てる。最後に残りのレモン汁を加える。
❹ ❷をもう一度よく混ぜ,溶かしたバターを加えて手早く混ぜ,❸のメレンゲを2回に分けて混ぜる。
❺ ③のケーキ型に流し入れ,170℃のオーブンで約20分焼く。

参考
・かぼちゃやほうれんそうを利用するのもよい。

プリンケースの底面
切込みを入れる。

カップケーキ型敷紙

10 シフォンケーキ (Chiffon Cake)

材料(20cmシフォン型1台分)

シフォンケーキ	
卵黄	6個
砂糖	60g
塩	ひとつまみ
サラダ油	50g
┌ 薄力粉	100g
└ B.P.	t 1/2
牛乳	80g
メレンゲ	
┌ 卵白	6個
└ 砂糖	60g
ホイップクリーム	
┌ 生クリーム	C 1
└ 砂糖	T 2

◆ 下ごしらえ
① 砂糖は1回,粉とB.P.は2回ふるう。

◆ つくり方
❶ 卵黄に,塩と砂糖を加え,白くなるまですり混ぜる。
❷ サラダ油,牛乳を,❶に加える。
❸ ❷に①の粉を混ぜる。
❹ 卵白を泡立て砂糖を2～3回に分けて加えながら泡立て,しっかりしたメレンゲを作る。
❺ メレンゲの1/3量を❸に加えさっくりと混ぜ,残りの2/3量を加えてさらに混ぜる。何も塗らないシフォン型に流す。
❻ 170℃のオーブンで40～50分間焼く。
❼ 生クリームと砂糖を八分立てにし,ケーキのまわりに塗る。または添える。

参考
・シフォンは薄い絹織物。ふんわりした触感がこの布地に似ているところから名づけられた。
・シフォンケーキの型にバターなど何も塗らないのは,生地の縮みをおさえるためである。

11　チョコレートケーキ (Chocolate Cake)

材料(18cm丸型1個分)

卵	3個
砂糖	80g
薄力粉	60g
B.P.	t 1/3
バター	35g
ココア	20g
牛乳	40cc
生クリーム	C 1
砂糖(生クリームの7%)	T 1 1/2
敷紙	

◈ 下ごしらえ

① 砂糖を1回，粉とB.P.を2回ふるう。
② バター，ココアを湯煎で溶かし牛乳を加えて混ぜ合わせる。
③ 生クリームは氷水で冷やしながら砂糖を加えて泡立てる。

◈ つくり方

❶ ボウルで卵白を8分通り泡立て，砂糖を3回に分け入れ，メレンゲを作り，卵黄を1個ずつ加えて混ぜる。
❷ ①の粉を❶に入れさっくりと混ぜ，②も加えて硫酸紙を敷いた型に流す。
❸ 160℃のオーブンで30分焼き，型出しをする。冷まして横4枚にスライスする。
❹ ③のクリームを間に塗り，上面，サイドも塗り，ナイフの側面を利用してケーキ表面の生クリームにたたくように角を立てて仕上げる。軽く焼いたスライスアーモンドを散らしても良い。

12　スイートポテト (Sweet Potato)

材料(4人分)

さつまいも		2本(400g)
ⓐ	砂糖	40g
	バター	32g
	牛乳	T 1 1/2
ⓑ	卵黄	小1個
	生クリーム	T 1 1/2
	バニラオイル	少々
	ラム酒	t 2
ドリュール	卵黄	1/2個
	水	数滴

◈ 下ごしらえ

① さつまいもは200℃のオーブンで30〜35分焼く。

◈ つくり方

❶ ①を縦半分に切り，中身をくり抜き，熱いうちに裏ごす。皮は容器として使う。
❷ ❶に，ⓐを入れて火にかけて練り，なめらかになったら，ⓑを混ぜ合わす。
❸ 皮に❷を詰め，表面をなめらかにする。
❹ ドリュールを塗り，200℃のオーブンで約15分焼く。

参考

・さつまいもをくり抜くときは皮を少し厚目に残す。皮が破れてしまった場合は口金をつけた絞り袋からアルミケースにきれいに絞り出して焼いてもよい。

洋菓子　135

13　クレープシュゼット (Crepe Suzette)

材料(8枚分)
薄力粉	60g
砂糖	t 2
卵	1個
牛乳	150cc
塩	少々
バター	10g
バター(焼き用)	適量
シュゼットソース	
バター	30g
砂糖	40g
オレンジジュース	150cc
レモン汁	T 1
オレンジキュラソー	T 1
ブランデー	T 1

◆下ごしらえ
① ボウルに粉，砂糖をふるって入れる。粉の中央をくぼませ，卵を入れて混ぜ，牛乳，塩，溶かしバターの順に加えて混ぜ，30分以上ねかす。
② 平浅鍋にバターを溶かして砂糖を入れ，溶けたらジュース，レモン汁，キュラソーを加えて弱火で煮る。

◆つくり方
❶ フライパンを熱し，バターを敷き，T2のクレープ生地を中央に流して伸ばし，乾いてきたら裏返して薄く色づくように焼く。
❷ クレープは4つ折りし，②の鍋に並べて煮，ブランデーで風味をつける。

参考
・クレープは布地の縮みで，焼け具合の状態がそのように見えるからである。パリ街角の屋台からコースのデザートまで広範囲に食される。パンケーキの1種。
・シュゼットソースのほかにりんご煮やブルーベリーのソース，カスタードや生クリーム，果物をはさむなどバリエーションも多い。
・本来はクレープパン(厚くて浅いクレープ専用のフライパン)を使用する。

14　スコーン (Scone)

材料(4人分)
薄力粉	200g
B.P.	t 1
塩	少々
砂糖	T 2
無塩バター	60g
牛乳	110cc
ドリュール用牛乳	少々
打ち粉(強力粉)	

◆下ごしらえ
① 粉とB.P.を合わせてふるい，バターは1cm角に切ってともに冷やしておく。

◆つくり方
❶ ボウルに粉を入れ，塩，砂糖を混ぜる。
❷ バターを入れて，手ですりつぶしながらもみ込む。
❸ 粉がパン粉状にさらさらになったら，牛乳を加えひとまとめにする。
❹ 打ち粉をふった台の上で1.5cm厚さにのばし，直径6cm位の丸型でぬく。
❺ ドリュールをぬって200℃のオーブンで12～15分焼く。

参考
・5mm角に切ったチェダーチーズ80g，またはラムレーズン100gを混ぜるなどバリエーションを楽しむ。英国のアフタヌーンティーには欠かせぬお菓子である。焼きたてにクリームやジャムを添えて供する。

15 クッキー (Cookie)

型抜きクッキー

材料（天板1枚分，約15枚）

薄力粉	100g
B.P.	t 1/2（2g）
バター	40g
砂糖	40g
卵	25g
バニラオイル	少々
ドリュール 卵黄	1/2個
みりん	t 1/2（3g）
グラニュー糖	適量

◆下ごしらえ

① 粉とB.P.は2回，砂糖は1回ふるう。
② オーブンを180℃に温める。オーブン皿にクッキングシートを敷いておく。

◇つくり方

❶ ボウルにバターを入れクリーム状にし，砂糖を加えて白くなるまで混ぜる。
❷ ❶に卵，バニラを加えて混ぜ，最後に粉をさっくり混ぜる。
❸ 打ち粉をして❷の生地を麺棒で3～4mm厚さにのばし，型で抜く。ドリュールを塗ってグラニュー糖をふる。オーブンで約10分焼く。

参考

・バターをショートニングに変えたり，小麦粉の2割程度をコーンスターチに換えると歯ざわりにサクサク感がでる。
・薄力粉の一部をココアに置き換えると，チョコ風味のクッキーとなる。抹茶やコーヒー，シナモンを入れてもよい。

絞り種クッキー（モスビスケット）

材料（天板2枚分，35個）

薄力粉	100g
バター	65g
砂糖	40g
卵	30g
レモンオイル	少々
ⓐ レーズン	少々
アンゼリカ	少々
チェリー	少々

◆下ごしらえ

① 粉，砂糖はそれぞれふるう。
② 型抜きクッキーの②参照。
③ ⓐはあらく刻む。

◇つくり方

❶・❷ 型抜きクッキーの❶❷参照。
❸ 口金をつけた絞り出し袋に❷を入れ，②の皿に絞り出す。③をのせて約12分焼く。

参考

・絞り種クッキーの生地は水分量の多いやわらかい生地である。形をS字，棒，リング等好みの形にできるが，同時に焼く場合は大きさを揃えないと焼きむらが生じる。

チョコチップクッキー

材料（天板2枚分，約35個）

薄力粉	140g
塩	t 1/4（1.5g）
重曹	t 1/3（1.3g）
バター	80g
三温糖	125g
卵	1個
チョコレートチップ	80g
ナッツ（くるみ）	60g
バニラオイル	少々

◆下ごしらえ

① 粉と塩と重曹を合わせて2回ふるう。
② 型抜きクッキーの②参照。
③ ナッツは120℃のオーブンで10分ローストし，あらく刻む。

◇つくり方

❶・❷ 型抜きクッキーの❶❷参照。
❸ ❷を軽く混ぜたら，チョコレートチップと③を入れて混ぜる。
❹ ❸の生地をスプーンですくって②の皿の上に均等に並べ，約12分焼く。

参考

・生地は温まると広がるので，間隔をあけて並べる。種が多かったり少なかったりすると焼きむらが生じる。

洋菓子　137

16　ラング ド シャ (Langues de chat)

材料(約20個分)

バター	30g
砂糖	45g
卵白	20g
薄力粉	40g
バニラオイル	少々

◆ 下ごしらえ
① 砂糖，粉はそれぞれふるう。
② オーブンを170℃に温める。

◆ つくり方
❶ ボウルにバターを入れてクリーム状にし，砂糖を加えすり混ぜる。
❷ 卵白，バニラオイル，粉の順に加え混ぜる。
❸ 口金をつけた絞り袋に❷を入れオーブンシートを敷いた天板に5cm長さに絞り，オーブンで7〜8分焼く。

17　チュイールアマンド (Tuile Amande)

材料(4人分)

卵白	1個分
砂糖	40g
薄力粉	20g
溶かしバター	20g
バニラオイル	少々
スライスアーモンド	40g

◆ つくり方
❶ ボウルに卵白と砂糖をまぜ，バニラ，粉も加えてまぜる。
❷ ❶に溶かしバターをまぜ，スライスアーモンドを入れ，つぶさないように混ぜる。
❸ クッキングシートを敷いたオーブン皿にt 1ずつのせ，フォークでアーモンドが重ならないようにのばし，160℃のオーブンで8分焼く。
❹ 熱いうちに麺棒などに巻きつける。

参考
チュイールは瓦を意味する。ごくうすく焼いた生地を瓦形にしたもので卵は卵白だけでもできる。
・さめると乾燥して曲げる時に割れるので熱いうちに成形する。

18　イングリッシュ マフィン (English muffin)

材料(マフィン型8個分)

強力粉	200g
薄力粉	50g
インスタントドライイースト (粉の2%)	T 1/2
塩 (〃の2%)	t 1弱
砂糖 (〃の4%)	T 1強
脱脂粉乳 (〃の2%)	t 2
水 (〃の70%)	175ml
バター (〃の4%)	10g
コーンミール又は白ごま	適量
溶き卵	適量

◆ つくり方
❶ 生地つくり〜ベンチタイム：バターロール（P.116）参照。
❷ 成形：オーブン皿にクッキングシートを敷きマフィン型を並べ，その中に両面に溶き卵を塗りコーンミールをつけた生地を入れる。
❸ 二次発酵，焼成：型の8分目位になればクッキングシートをかぶせ天板をのせて180℃で13分焼く。

参考
・マフィンはイーストまたはB.P.を入れた柔らかい生地を焼いてつくる速成パン。
・イングリッシュマフィンの型は底がないのでクッキングシートを敷く。
・食べる時はバター，ジャム類，ハム等をはさむ。

19　フルーツタルト (Tarte aux Fruits)

材料(15cmタルト型)

パートシュクレ
- バター ……… 50g
- 粉糖 ……… 50g
- 塩 ……… 少々
- バニラオイル ……… 少々
- 卵 ……… 20g
- 薄力粉 ……… 100g

カスタードクリーム
- 牛乳 ……… 150g
- 砂糖 ……… 40g
- 卵黄 ……… 1個分
- 薄力粉 ……… 15g
- バニラエッセンス ……… 少々

- キーウィ ……… 1/2個
- パインアップル ……… 1/2枚
- 黄桃 ……… 2個
- いちご ……… 5個
- ナパージュ ……… 適量
- 洋酒 ……… 適量

◧ 下ごしらえ

① パートシュクレを作る(P.131を参照にし,170℃のオーブンで約12～13分焼く。)
② カスタードクリーム(P.142参照)を作る。
③ キーウィは皮をむき,薄く半月に切る。
④ パインアップルは扇面切りにする。
⑤ いちごは縦半分に切る。
⑥ ナパージュに洋酒を加え,少し加熱する。

◨ つくり方

❶ パートシュクレにカスタードクリームを絞る。
❷ ③④⑤を彩りよく飾り,その上にハケで⑥を塗る。

参 考

・**タルト**とはタルト生地を円形の型に敷き,詰め物をした菓子や料理のことを言う。小さな型で焼いたものをタルトレットと呼ぶ。

・**ブリゼ生地**はりんごや洋梨のように水分の多い材料を詰めてから焼きあげるものや,キッシュなどの料理にむいている。

20　ミルクキャラメル (Milk Caramel)

材料(約40個分)

ⓐ
- 砂糖 ……… 70g
- 水あめ ……… 90g
- コンデンスミルク ……… 80g
- バター ……… 20g

- コーンスターチ ……… 少々
- 包装用セロハン紙

◨ つくり方

❶ 鍋にⓐを入れ杓子で混ぜながら煮る。
❷ 115℃～120℃ぐらいになるまで煮る。(水の入ったコップに一滴落として固まるぐらい)
❸ 平らな器にサラダ油をぬり,アルミ箔を敷いて❷を5mm厚さに流し入れる。
❹ 固まりかけたら,硬くならないうちに2cm角に包丁で切る。
❺ コーンスターチを薄くまぶし,セロハン紙で包む。

21 アップルパイ (Apple Pie)

材料(18cmパイ皿1枚分)

薄力粉	160g
バター	80g
冷水	80cc
打ち粉	少々
りんご(紅玉)	3個
砂糖	150g
レーズン	T1
レモン薄切り	2枚
ラム酒	少々
ドリュール	
卵	1/2個
塩	1つまみ
水	t1

◆ 下ごしらえ

① りんごは縦8つに切り,芯と皮を除き,いちょう切りにして砂糖,レモン,レーズンを加え透き通るまで煮る。シナモン,ラム酒を加え冷ます。

② 大理石の台(のべ板)またはボウルに粉をふるう。

◆ つくり方

❶ ②にバターを置きスケッパーで1cm角に刻みながら粉をまぶす。中央を凹ませ,冷水を入れ軽く混ぜて生地を四角にまとめ,ラップをして冷蔵庫に約30分寝かす。

❷ 打ち粉をして麺棒でのばし3つ折にしてはのばす。これを3〜4回繰り返す。

❸ ❷の生地をのばし4:6に切り分ける。大きい方の生地をパイ皿より2cm大きくのばし,パイ皿に拡げて余分は切り落とす(図⑦)。底にフォークで穴をあけ②のりんごを並べる。小さい方の生地をパイ皿より2cm大きくのばし,りんごの上に被せ,余分の生地は落とす。生地の重なり部分にドリュールを糊代わりにぬる。

❹ 余分の生地は縁飾りに用い(図⑧),パイはさみではさんで落ち着かせる。パイ中央に小さく十字切り目を入れて,全面にドリュールを塗る。

❺ 220℃のオーブンで10分,180℃にして30〜40分焼く。

参 考

・アメリカンパイはパリパリした食感がよいパイで練りパイ生地。タルトレットと同様に小麦粉にバターを練り込んでからのばす。

・フレンチパイはハラリとした歯ざわりのパイで折りパイ生地。寝かしておいたドウに,練り直して1cm厚さにした大きなバターをそのまま包んでからのばす。折りたたみ方はアメリカンパイと同じである。焼いたときの層がはっきりと出る。室温の高い所では作りにくい。

・パイ生地の応用としてリーフパイ,チーズスティック,ミルフィーユ,アリュメット,タルトレット等もある。

科 学

・パイが層状になるのは油脂が生地に層状に切り込まれ,加熱すると層の間に水蒸気が発生するが,油脂分の層に遮られて逃げられずに隙間を作り,焼き上がりには美しい層状を呈する。高温で焼く方がよい。

パイの作り方

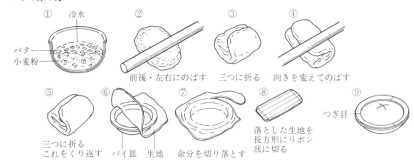

22 ロール ケーキ (Rolled Cake)

材料(28×24cm天板1枚分)	
卵	3個(180g)
砂糖	60g
薄力粉	50g
コーンスターチ	20g
溶かしバター	10g
バニラオイル	少々
アプリコットジャム	80g
洋酒	t 2
粉砂糖	適量
敷紙	

◆ 下ごしらえ

① 砂糖は1回，粉とコーンスターチは2回ふるう。

② アプリコットジャムは洋酒を加えてのばす。

◇ つくり方

❶ 卵は卵黄と卵白に分ける。卵黄に砂糖の1/3の量を加え色が変わる程度に泡立てる。

❷ 卵白を泡立て，残りの砂糖を数回に分けて入れ，さらに泡立てる。

❸ ❶と❷を合わせ，バニラ，①の粉を入れさっくり混ぜ，溶かしバターを加え手早く混ぜる。

❹ 紙を敷いたオーブン皿に❸を流し入れ平らにならして180℃で10分焼く。焼き上がれば紙をはがす。

❺ 大きめの紙に❹を置き②のジャムを塗り，手前から紙を持ち上げて巻き，巻き終りを下にして休ませる。切り分けて粉砂糖をふる。

参考

・ジャムを塗るとき，生地の焼目の方に洋酒風味のシロップを塗ると香りがよくなる。

薪形ケーキ (Bûche de Noël)

（ブッシュ ド ノエル）

材料(28×24cm天板1枚分)	
ロール生地	
卵	3個(180g)
砂糖	80g
薄力粉	80g
ココア	10g
溶かしバター	20g
ラムシロップ	
砂糖	T 1
水	T 1
ラム酒	t 1
ホイップクリーム	
生クリーム	250g
粉砂糖	18g
ラム酒	t 2

◆ 下ごしらえ

① 砂糖は1回，粉，ココアを合わせ2回ふるう。

② ホイップクリームをつくり，一部は残し（年輪用），一部は緑の水溶き色粉を混ぜ（つた用），残りは熱湯で溶いたココアを混ぜる。

◇ つくり方

❶ ロールケーキを作る（上記参照）。

❷ 焼き上がった生地にシロップを塗り，ホイップクリームを全体に塗る。手前側に浅く切り込みを入れ巻く。

❸ 片端を斜めに切り落とし，ホイップクリームを全体に塗る。切り口に白のクリームを塗りココア入りのクリームで年輪をかく。切り取った部分をケーキの上にのせ，その周囲にもホイップクリームを塗り枝と幹に形づくる。フォークで木目

参考

・ブッシュドノエルはフランスの代表的なクリスマスケーキ。

・メレンゲのマッシュルームのつくり方：卵白30g，砂糖60g，コーンスターチ t 1を充分泡立てる。絞り出し袋に入れ天板にマッシュルーム形に絞りだして，オーブン(90℃)で乾燥させる。

ココア	10g
熱湯	T 1
色粉(緑)	少々
メレンゲマッシュルーム	2個
ココア	少々
ひいらぎ	2本
粉砂糖	適量

の形をつける。

❹ 緑色のクリームで，つた，葉を絞り出す。ココアを振ったマッシュルーム，ひいらぎを飾り，全体に粉砂糖を振る。

ブッシュ・ド・ノエル

絞り出し袋の作り方

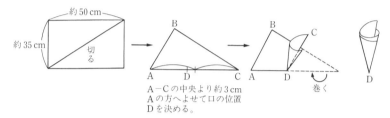

23　クリスマス用パン・ドイツ風 (Stollen) シュトーレン

材料(4個分)

強力粉	400g
インスタントドライイースト (粉の3％)	T 1 1/3
食塩（〃の2％）	t 1
はちみつ（〃の15％）	60g
卵　大1個 牛乳 ｝（〃の60％）	240g
バター（〃の15％）	60g
副材料	
ラム酒漬レーズン	80g
くるみ	60g
トッピング	
スライスアーモンド	40g
ドリュール用卵	適量
溶かしバター	適量
粉砂糖	適量

◆ 下ごしらえ

① 副材料のくるみは120℃位でローストし，粗みじん切りにする。

◆ つくり方

❶ 生地つくり：バターロール（P.116参照）。

❷ 生地がこね上がれば，レーズン，くるみを混ぜる。

❸ 一次発酵：バターロール参照。

❹ 分割：4等分。

❺ 丸め，ベンチタイム：バターロール参照。

❻ 成形：生地を麺棒で長方形に伸ばし両端を折り重ね二つ折りにしてとじる。とじめを下にして形を整え天板に並べる。

❼ 二次発酵：バターロール参照。

❽ 焼成：発酵後生地の表面にクープを入れる。ドリュールを塗りスライスアーモンドを貼り付け180℃で20分焼く。

❾ 焼き上がったらすぐに溶かしバターを塗り，冷めてから粉砂糖をかける。

参考

・シュトーレンはドイツで親しまれているクリスマス用パン。棒という意味で細長い形状をしている。

・クープの効果は，生地の表面に切り込みを入れ，パン生地の膨張時における生地内部の圧力を逃し，パンの形を整える。

・イタリアにはドーム形をしたパネトーネというクリスマス用パンがある。

24 シュークリームとエクレア (Chou Cream and Eclair)

材料(4人分)

シュー
- 水　　　　　　　　100cc
- バター　　　　　　40g
- 薄力粉　　　　　　60g
- 卵　　　　　　　2個+卵白

カスタードクリーム
- 薄力粉　　　　　　25g
- 砂糖　　　　　　　50g
- 牛乳　　　　　　　200cc
- 卵黄　　　　　　　2個
- バター　　　　　T1/2(6g)
- バニラエッセンス　少々

ホイップクリーム
- 生クリーム　　　　50g
- 砂糖　　　　　　t1(3g)

コーティングチョコ(缶)…適量
粉砂糖　　　　　　　適量

◆ 下ごしらえ
① 粉をふるう。

◘ つくり方
❶ 水とバターを火にかけ,沸騰してきたら粉を加え,火を弱めて混ぜ,5分位続けて半透明の生地になれば火からおろし,冷ます。

❷ ❶に卵を少しずつ加えて混ぜ,かたさを見ながら卵白を加えてねり混ぜ,流れないで形がつくれる程度のやわらかさにする。

❸ 径1cm位の丸型の口金で,シューは丸く山高に,エクレアは横に太目に7～8cm位に,少し間隔をおいてしぼり出す。

❹ 200℃のオーブンで約15分焼く。焼成後はオーブン扉を開けずに5分間保温する。

❺ カスタードクリームを作る。

❻ 生クリームに砂糖を加え,氷水を当てて7分立てにし,❺と合わせる。

❼ 焼きあがった❹の側面に包丁で横に切り込みを入れ,❻のクリームをつめる。

❽ シュークリームには好みで粉砂糖を振りかけ,エクレアには湯煎で溶かしたコーティングチョコを塗る。

◘ カスタードクリームのつくり方
❶ 鍋に卵黄と砂糖を入れて混ぜ,粉を加えて混ぜ,温めた牛乳を少しずつ加えて,混ぜながら煮上げる。火からおろしてバターを加え,手早く冷やしてエッセンスを加える。

参考
- シューとは,フランス語でキャベツのことであり,焼き上がりの形から名付けられた。
- エクレアは電光,いなずまの意味。
- シューを焼いている途中や,焼成後すぐにオーブンの扉を開けると,しぼむので注意する。
- シューの生地でスワンやバスケット,リングをつくっても楽しい。また,油で揚げるとベニェスフレという。

科学
- シューは加熱によって生じた水蒸気の圧力によって膨張する。したがって,水蒸気が発生したときにその圧力を充分保たせる組織が必要で,でんぷんが充分に α 化し,ち密な膜を作る必要がある。シュー生地を加熱して充分に練りあげるのはそのためである。
- パリっと焼き上げたいときは,シューを焼く前に霧を吹くとよい。フランスパンなど表面を堅く焼く際に蒸気をかける理由と同じである。

第3章 中国料理　アジアの料理

中国料理の特徴

　中国料理は，古い歴史と文化，広大な国土により気候・風土・習慣・産物の違いから調理法も嗜好も地方によって特徴がある。大別すると四つの系統になり，その特徴は簡単に"南淡北鹹東酸西辣（ナヌ　ダン　ベイ　シェヌ　トン　スワヌ　シィ　ラァ）"と表現される。

1）食品の材料を無駄なく使い分け経済的な料理である。
2）乾燥食品・保存食品が発達している。
3）生食が少なく，油やでんぷんの使い方が巧みである。
4）特殊な調味料や香辛料がある。
5）料理法が簡単で短時間で調理できるものが多い。
6）調理器具・食器の種類が少ない。
7）円卓式の食事形態で，大皿・大鉢に盛って出されるので人数の融通が利く。

中国料理の系統

1）北方系（北京料理）

　北京は古くから都として栄え，中国全土から珍しい食物や料理人が集まり，各地の代表的な料理が宮廷料理として供されている。華北は寒冷地のため油を使った濃厚な料理が多く，また小麦の産地であることから麺類，包子，餅など粉食が中心である。代表的な料理に北京ダック，満漢全席がある。

2）東方系（上海料理）

　"魚米の郷"と呼ばれる江南地方は揚子江下流域で，農産物が豊富であり，河川・湖沼が多いため新鮮な魚介が豊富である。また中国一の米の産地であり紹興酒・鎮江の酢を産する。蒸蟹（ズェンシェ）（上海蟹の蒸し物），東玻肉（トンブオロウ）（豚肉の角煮）などが有名である。

3）南方系（広東料理）

　中国南部の珠江下流域で食材の豊富な広東地方は，新鮮な海産物を使って海鮮料理が発達した。また，早くからヨーロッパの影響を受けて洋風の材料を料理に取り入れている。淡白な味付けが特徴で"食在広州"といわれている。調味料としては蠔油（ハオイウ）（かき油）がある。炸春捲（ヂァチュヌヂャヌ），又焼肉（チャシャオロウ），ふかひれ料理が有名で，点心を食べる飲茶はこの地方の呼び名である。

4）西方系（四川料理）

　中国内陸部に位置する四川省周辺は，地味肥沃で"天府の国"といわれるが，新鮮な海産物が得られないこと，湿気が多いことなどから食品の加工・貯蔵法に優れ，特に漬物（榨菜など）が発達している。気候風土の関係から，唐辛子その他香辛料を多く用いた辛い味の料理が特徴である。代表的な料理に麻婆豆腐（マアボオドウフゥ）・棒棒鶏（バンバンヂイ）・回鍋肉（ホェイグオロウ）がある。

特殊材料

1）燕窩（イェヌウォ）（燕の巣）

　海つばめの巣で海草をつばめの分泌液で固めたもの。スープに用いる。

2）魚翅（ユィチイ）（ふかのひれ）

　ふか，さめのひれを乾燥したもの。鮑翅（パオチイ），散翅（サスチイ）などがある。

　温湯に一昼夜つけたのち，不透明なものを取り一晩流水で臭味を除去する。

3）海参（ハイシェヌ）（干しなまこ）

　「きんこ」ともいわれる。弱火で5時間ほど茹でてそのまま冷ます。水を取り替えて充分柔らかくもどしてから，腹わたを出す。煮込み，あんかけなどに用いられる。

4）干鮑（ガヌパオ）（干し鮑）

　あわびを茹でて干したもの。水に2～3日浸け柔らかくなれば，蒸籠（チョンロン）で蒸す。前菜，スープあんかけなどに用いられる。缶詰もある。

5）海蜇皮（ハイジォピィ）（くらげの塩漬け）

食用くらげを，みょうばんと塩で漬けたもの。塩抜きをして，端から巻いて細く切り，熱を通し冷水にさらす。冷菜一般に使われる。

6) 木耳（ムゥアル），銀耳（イヌアル）（きくらげ）

きのこを乾燥させたもの。黒いものを木耳（ムゥアル）という。白いものを銀耳（イヌアル）といい珍品である。湯に浸してもどして，スープや炒め物に用いる。

7) 乾貝（ガヌベイ）（干した貝柱）

帆立貝や平貝の貝柱を乾燥させたもの。熱湯につけ，冷めるまで置くか，または1時間位蒸す。スープ，煮物，蒸し物，炒め物などに用いる。つけ汁はだし汁として利用する。

8) 松花蛋（スンホワダヌ）（あひるの卵の保存品）

皮蛋（ピィダヌ）ともいう。塩，石灰，もみがら等を泥で練って，卵に塗り包み，壺に入れて保存する。卵黄が黒く卵白がゼリー状にすきとおり，松葉模様の結晶が出来るのでこの名がある。前菜に用いる。

9) 搾菜（チァツァイ）（野菜の漬物）

四川省が有名である。からし菜の種類の塊茎を，香辛料，唐辛子と共に塩漬けしたもの。炒め物，スープの副材料に使用される。

10) 京果（ピングオ）（乾燥種子）

宴席の最初に食卓に出されているもの。すいかの種（西瓜子（シィクワズ）），かぼちゃの種（南瓜子（ナンクワズ）），松の実（松子（スンズ）），なつめ（紅棗（ホンザォ））などがある。老酒を飲みながら食べる。

調理方法用語

1) 冷菜（ロンツァイ）（冷たい材料で前菜として用いられることが多い料理）
   拌菜（バヌツァイ）……あえもの　材料の上から味付けした汁を注ぐ方法。
   凍菜（ドンツァイ）……寄せもの　茹でたり煮たりして火を通した豚肉や鶏肉を冷やしゼラチンや寒天で固めたもの。

2) 湯菜（タンツァイ）（汁物料理でいろいろな料理の基礎になるもの）
   清湯（チンタン）……にごりのない澄んだスープ，湯は材料名の終わりにつける。
   川湯（チュワスタン）……実の多いすましスープ，川は材料名の最初につけられる。
   奶湯（ナイタン）……牛乳のように白くにごった濃厚な味のスープ，またはミルクを入れたスープ。
   羹（ゴン）………でんぷんで少し濃いめにとろみをつけたスープ。
   素湯（スゥタン）……野菜やきのこ類などの植物性のものから取ったスープ（精進スープ，薬膳スープ）。

3) 炒菜（チァオツァイ）（炒め料理）
   生炒（ションチャオ）……材料に下味をつけずにそのまま炒める方法。
   清炒（チンチャオ）……材料を少量の油で炒める方法，一般に塩味で仕上げる。
   乾炒（ガヌチャオ）……主材料に下味をつけたあと少量の油で炒める方法。
   爆（バオ）………炒より強火で短時間で炒める方法，北京料理でよく用いられる。

煎（ヂェヌ）………少量の油で炒め焼きする方法。

4）炸　菜（揚げ物の料理　衣の種類で分類する）
　　清炸（チンヂァ）……下味をつけた材料をそのまま揚げる（衣なし）方法。
　　乾炸（ガヌヂァ）……下味をつけた材料に水溶きしない粉類をつけて揚げる方法。
　　軟炸（ロワヌヂァ）……下味をつけた材料に衣をつけて揚げる方法。
　　高麗炸（ガオリィヂァ）…下味をつけた材料に固く泡立てた卵白に片栗粉などを加えた衣をつけて揚げる方法。

5）溜　菜（ツゥリュウ）（あんかけ料理）
　　醋溜……酢のきいたあんをからませる方法。
　　糖醋（タンツゥ）……甘味のかかった甘酢あんをからませる方法。
　　奶溜（ナイリュウ）……牛乳を入れて白く仕上げたあんをからませる方法。

6）蒸　菜（ヅェンツァイ）（蒸し物料理）
　　清蒸（チンヅェン）……新鮮な材料に塩，胡椒等で下味をつけ，ねぎ，しょうがを入れて蒸す方法。
　　粉蒸（フェヌヅェン）……下味をつけた材料に米粉，糯米粉をまぶして蒸す方法。

7）焼　菜（シャオツァイ）（煮こみ料理）
　　紅焼（ホンシャオ）……しょうゆを入れて弱火で煮込む方法。
　　白焼（バイシャオ）……塩味で色をつけずに煮込む方法。
　　乾焼（ガヌシャオ）……少々のスープで短時間煮込む方法。
　　醤焼（ヂャンシャオ）……甜面醤を使って煮込む方法。
　　煨菜（ウェイツァイ）……弱火で長時間煮込む調理法。
　　燉菜（ドゥヌツァイ）……内側の鍋に材料を入れ，外側の鍋に水を入れて間接的に長時間に込む方法。
　　燜菜（メヌツァイ）……油で揚げるか炒めたものを蓋をしてゆっくり煮込む方法。
　　扒菜（バァツァイ）……くずを入れて弱火で煮る方法。
　　滷菜（ルゥツァイ）……佃煮のように汁がなくなるまで煮込む方法。

8）烤菜（カオツァイ）（直火焼料理）
　　燻（シュヌ）………燻製にする方法。
　　焙（ベイ）………火であぶる方法。

9）甜　菜（ティェヌツァイ）（コース全体の最後にでる甘い料理）
　　糖水（タンシェイ）……ゼリー寄せにしたり，茹でたりしたものをシロップ仕立てにする方法。
　　抜絲　……揚げた材料にあめをからませ，糸をひく状態にする方法。

料理用語

一品（イピヌ）……特上の料理。
二丁（アルディン）……2種類の角切り材料を用いた料理。
三絲（サスス）……3種類の細切り材料を用いた料理。
三鮮（サヌシェヌ）……山海の代表的な材料を用いた料理。
三様（サヌヤン）……3つの違った材料を用いた料理。

四宝（スバオ）……4種類の貴重な材料を用いた料理。
五柳（ウリュウ）……5種類の材料を細切りにしたもの。
五香（ウシャン）……5種類の香辛料を混ぜた調味料。
七彩（チーチョイ）……7種類の材料を用いた料理。
八宝（バァバオ）……多くの材料を用いた料理。

什　錦(什景)……多くの材料を用いた料理。
水　晶……水晶のように透き通った状態。
雪　花……卵白を使って白く仕上げた状態。
桂　花(木犀)……卵を使って仕上げた状態。
蛋　皮……卵を薄焼きにした状態。
佛　手……手を合わせたように2つ折りにした状態。
琵　琶……折り重ねた状態。
如　意……僧が手に持った仏具の形の状態。
金　銭……金貨の形に似せ仕あげた状態。
紅　焼……醤油で煮込んで仕あげた料理。
金　銀……金色と銀色に仕あげた料理。
虎　皮……黄金色に仕あげた料理。
翡　翠……翡翠(緑)色をした料理。
翠　衣……緑色に仕あがった料理。
貴　妃……楊貴妃の名，酒を多く使用した料理。
菜単(菜譜)……料理の献立。

火　鍋……中央に煙突のある鍋を使った料理。
砂　鍋……土鍋を使った料理。
回　鍋……一度煮たものをさらに料理する。
麻　辣……山椒と唐辛子で味付した料理。
清　香……山椒としょうゆで味付けした料理。
椒　醤……しょうゆと唐辛子を混ぜたもの。
椒　麻……山椒とねぎと生姜をすりおろして使う料理。
魚　香……四川独特の味付。
酸　辣……唐辛子と酢と胡椒をきかせた料理。
醋　椒……酢と胡椒をきかせた料理。
糖　醋……砂糖と酢で甘酢っぱい味付をした料理。
冰　糖……シロップを使った料理。
金　華……中国ハムを使った料理。
丸　子……肉や魚のすり身を団子にしたもの。
百　花……えびのすり身を使った料理。

調理器具

まな板(菜墩子)

直径30〜80cm，高さ10〜20cm位の丸太材を輪切りにした中国特有のまな板。けやきが多く，桜，いちょうなども使う。

両手鍋(耳鍋)　…片手鍋(北京鍋)
中華鍋(鍋子)

この鍋一つあれば工夫次第ですべての料理を作ることができる。コンロの大きさと釣り合いがとれてないと火の廻りが悪い。

火鍋

鍋とこんろを兼ねた中国独特の卓上鍋。中央の煙突に燃料を入れて材料を煮る。

蒸し器(蒸籠)

セイロともいう。蓋の上部があじろ編になっているため，蒸気が適当に抜け，材料が美しく仕上がる。

玉杓子(鉄勺)

調味料を量ったり，炒め物などの材料をかき混ぜたり，用途は広い。

穴杓子(炸鏈)

穴がたくさんあいており，油きり，水きりに用いる。

鹹点心 (シェヌテヌシヌ)

1 什錦炒飯（五目焼きめし） (シ ヂヌ チャオ ファヌ)

材料（4人分）

飯	800g
むきえび	80g
ⓐ 塩（えびの1％）	少々
酒	t 1弱
焼豚（またはハム）	80g
ゆでたけのこ	40g
干しいたけ	2枚（6g）
白ねぎ	20g
卵	2個
油	T 3
ラード	20g
塩	t 2/3（4g）
こしょう	少々
濃口醤油	T 1
グリンピース	20g

◆下ごしらえ

① むきえびはⓐで下味をつける。
② 焼豚，たけのこ，戻したしいたけは1cm角に切る。ねぎは小口切りにする。
③ グリンピースを茹でる。

◆つくり方

❶ 鍋を火にかけ，油を熱して①②を火の通りにくいものから順に炒め，塩・こしょうで調味して，器にとる。
❷ 鍋を火にかけ，ラードを熱して全面に油をゆきわたらせ，とき卵を入れて手早く混ぜる。飯を入れてよくほぐし，❶を加えて混ぜ，味を整えてから醤油を鍋肌からいれてよい香りをつけ，③をまぜて火を止める。

参考

・炒飯の飯は，粘りの少ないものが良いので，少しかために炊く。
・こげつかさないために，油をよく鍋肌になじませ，強火で手早く炒める。
・家庭で炒飯をつくる時は火力が弱いので1回量は1～2人前ずつ作る。

2 鶏肉飯（鶏肉入りご飯） (ヂィ ロウ ファヌ)

材料（4人分）

米	C 2
鶏肉	100g
干しいたけ	2枚（6g）
ゆでたけのこ	50g
油	T 2
ⓐ 湯（タヌ）	480cc
濃口醤油	t 2
塩	t 1/2
グリンピース	20g
紅しょうが	12g

◆下ごしらえ

① 米は洗ってざるに上げておく。
② 鶏肉，戻したしいたけ，たけのこは5mm角に切る。
③ グリンピースは茹でる。

◆つくり方

❶ 炊飯用の厚手の鍋を熱し，油をいれて熱くなれば②の材料を順に入れて炒める。さらに①の米を入れて中火で炒め，米に油がなじめば，ⓐを加えて炊く。
❷ 蒸らしが終わればよくほぐし，皿に盛りつけて，グリンピースと紅しょうがのせん切りを散らす。

鹹点心　149

3　鶏絲粥（ディスチョウ）（鶏肉入り粥）

材料（4人分）

米	C 3/4（120g）
湯（米の容量の約10倍）	1500cc
	（固形コンソメ2個）
鶏肉（ささ身）	160g
塩	t 1/4
酒	T 1/2
塩	少々
卵	1個
みつば	10g

◆ 下ごしらえ
① 米は洗って厚手の鍋または土鍋に入れて湯を加え，火にかける。沸騰したら弱火にして約1時間ふきこぼさないようにして煮る（途中でかき混ぜないこと）。
② 鶏のささ身は筋をとり，皿に並べて塩，酒をふり，蒸し器で蒸し，冷めてから手で細かくさく。
③ みつばはみじん切りにする。

◆ つくり方
❶ ①のかゆに塩で味を整え，②のささ身を加える。卵をほぐして全面に流し，みつばを散らし火をとめる。

参考
・鶏のささ身は耐熱の皿に並べて，ラップをかけ電子レンジで約2分加熱してもよい。
・みつばを青ねぎに代えてもよい。
・鶏のささ身はそぎ切りにして直接粥に入れてもよい。（鶏丁粥）

4　肉粽子（ロウズォンズ）（肉ちまき）

材料（4人分）

もち米	C 1 1/2
豚肉（ロース）	80g
干えび	8g
干しいたけ	2枚
うずら卵	4個
青ねぎ	1/2本（10g）
油	T 2
湯（えび，しいたけのもどし汁）	C 1
ⓐ 濃口醤油	T 1 1/2（27g）
ⓐ 酒	T 1
ⓐ 砂糖	t 1
竹の皮	4枚
たこ糸	

◆ 下ごしらえ
① もち米は洗って水につけて，ザルにあげておく。
② 豚肉は5mm角に切る。
③ 戻したえび，しいたけは粗みじんに切る。
④ うずら卵は茹でて殻をむく。
⑤ 青ねぎは小口切りにする。
⑥ 竹の皮は水につけておく。

◆ つくり方
❶ 油を熱し⑤を炒め，②，③を炒め湯（タン）を加えⓐで調味する。
❷ ①を加え汁がなくなるまで炒め煮する。
❸ ❷と④を竹の皮で包み蒸籠（ズェンロン）で20分蒸す。

参考
・中国では5月の端午の節句に食べる習慣がある。
・豚肉を焼豚に代えてもよい。

ちまきの包み方

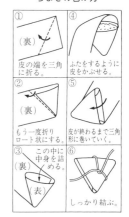

① （裏）皮の端を三角に折る。
② （裏）もう一度折りロート状にする。
③ （裏）この中に中身を詰める。
④ ふたをするように皮をかぶせる。
⑤ 皮が終わるまで三角形に巻いていく。
⑥ しっかり結ぶ。

5 什錦湯麺（五目汁そば）
シヂヌタンミェヌ

材料（4人分）

中華麺（生）	4玉
豚肉（うす切り）	80g
ⓐ いか	40g
たけのこ	30g
干しいたけ	3枚（9g）
はくさい	40g
にんじん	3cm（30g）
もやし	60g
卵	2個
湯（固形コンソメ3個）	C5
塩	少々
こしょう	少々
かたくり粉	T2
水	T4

◆ **下ごしらえ**

① 豚肉は3cm幅に切る。ⓐは3cm長さのうす切りにする。
② 卵は固ゆで卵とし2等分する。

◆ **つくり方**

❶ ①を火の通りにくいものから順に炒め、湯を加え、塩とこしょうで味を整えて、水溶きかたくりでとろみをつける。
❷ 麺を茹で、中華どんぶりに入れ、❶を全面にかけて②を飾る。

参考

・麺の茹で方は、短時間に糊化がおこるため高温にして表面の糊化を早め、煮くずれを防ぐ。浮上後は火を弱め麺内外の温度が均一になるように過熱はさける。

6 什錦炒麺（五目焼きそば）
シヂヌチャオミェヌ

材料（4人分）

中華麺（むし）	4玉
油（炒め用）	1玉分30cc
豚肉（うす切り）	120g
ⓐ 濃口醤油・酒	各T½
卵	10g
かたくり粉	12g
しばえび	80g
ⓑ 塩・酒	各少々
卵白	10g
かたくり粉	4g
干しいたけ	4枚（12g）
ゆでたけのこ	60g
にんじん	40g
さやえんどう	20g
油	T1⅓（16g）
ⓒ 湯（固形コンソメ⅔個）	C1
塩	t⅓（2g）
こしょう	少々
かたくり粉	16g
揚げ油	適量

◆ **下ごしらえ**

① 豚肉は片に切り、ⓐで下味をつけ、しばえびは殻をとりⓑで下味をつけ、油通しする（P.164参照）。
② 戻したしいたけ、たけのこ、にんじんは片に切る。
③ さやえんどうは塩茹でする。

◆ **つくり方**

❶ 鍋に油を熱し、①②の火の通りにくいものから順に炒め、ⓒを入れて味を整える。
❷ 鍋を火にかけ、油を熱して麺を入れ、片面をかりかりに焼く。油を足して麺を裏返して焼く。この操作は一度に多量の麺を入れるとこげめがつきにくいため、1人分ずつ行うこと。
❸ ❷を皿に盛り、❶をかける。

参考

・麺は焼きつけるので茹ですぎない。麺の表面が水分を吸収した程度でよい。吸収した水分で焼きつけている間に糊化がすすむ。

7 炒醤麺（チャオヂャンミェヌ）(炒めみそそば)

材料(4人分)
中華麺(生)	4玉
もやし	150g
きゅうり	100g
いか	80g
卵	1個
豚肉(うす切り)	150g
青ねぎ	1本
しょうが	1片
油	T 1 1/2 (18g)
ⓐ 赤みそ	T 4
湯(タン)	100cc
濃口醤油	T 3
砂糖	T 1
みりん	T 1/2

◆ 下ごしらえ
① もやしは蒸し茹でにする。
② きゅうりはせん切りにしてかるく塩をふる。
③ いかは布目に包丁を入れ，せん切りにして，さっと茹でる。
④ 卵は錦糸卵にする。
⑤ 豚肉はせん切りにする。
⑥ 青ねぎとしょうがはみじん切りにする。
⑦ ⓐのみそは湯(タン)でのばしておく。

◘ つくり方
❶ 油を熱して⑥⑤の順に炒め，⑦を入れて煮る。
❷ 麺を茹でて器に盛り，①から④の材料を色よく飾り，中央に❶をかける。

科学
・**中華麺**は小麦粉をかん水（アルカリ性の水）でこねてあるため，グルテンの粘弾性が増し，非常に強い粘りが出て，口当たりが良い。また，小麦粉中に含まれるフラボノイド色素は，かん水のアルカリ性により，黄色に変色するので，中華麺は黄色い。

8 炒米粉（チャオミィフェヌ）(ビーフンと肉野菜炒め)

材料(4人分)
ビーフン	200g
豚肉(うす切り)	160g
しょうが汁	少々
干しいたけ	4枚(12g)
キャベツ	120g
青ねぎ	1本
もやし	120g
ⓐ 湯(タン)	120cc
塩	t 1
酒	T 1 1/3 (20g)
濃口醤油	t 2
白ごま	t 1 1/3 (4g)
油	T 3

◆ 下ごしらえ
① ビーフンはたっぷりの熱湯につけて，すぐに取り出す。
② 豚肉はせん切りにし，しょうが汁で下味をつける。
③ 戻したしいたけ，キャベツ，ねぎはせん切りにする。
④ もやしは根をとる。
⑤ 白ごまは煎る。

◘ つくり方
❶ 中華なべに油を熱し，②③④を熱の通りにくいものから順に炒め，ⓐを加えて調味する。
❷ ❶に①を入れて全体によく混ぜる。皿に盛って白ごまを散らす。

参考
・ビーフンはうるち米を原料とした麺。外観は乾燥状態であるが，二度の熱処理によって糊化しているので，水または湯につけて戻し，茹でる必要はない。
・からし酢を添えてもよい。

9　餛飩（わんたん）

材料（4人分）

- 皮(市販品) ………………32枚
- ⓐ
  - 豚ひき肉 ……………50g
  - 青ねぎ(みじん切り) …3g
  - しょうが汁 …………少々
  - 塩(肉の1.2%) ………少々
  - 濃口醤油 ……………t1
  - こしょう ……………少々
  - 酒 ……………………t2
  - ごま油 ………………t1/2
- 湯 …………………………C4
- 塩 …………………………t1
- 濃口醤油 …………………少々
- こしょう …………………少々
- ごま油 ……………………少々
- 青ねぎ ……………………1本
- ゆでたけのこ ……………40g

◆下ごしらえ

① ボウルにⓐを入れてよくこね中身をつくる。
② ①を32等分し，割箸を用いて皮で包む。（右図参照）
③ 青ねぎを小口切りか斜めせん切りにする。

◆つくり方

❶ 鍋に湯を沸かし，②を1人分ずつ茹でる。
❷ 湯にうす切りのたけのこを加え，塩で調味する。
❸ 各自の丼に醤油，ねぎ，湯を入れて，茹でたてのわんたんの湯を切って丼に浮かす。好みでこしょう，ごま油少々たらす（丼を湯につけて温めておくとよい）。

参考

・中国の北方では餛飩，南方では雲呑と書く。

包み方

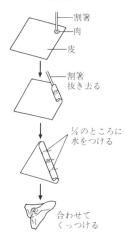

10　鍋貼餃子（焼きぎょうざ）

材料（4人分）

- 皮(市販品) ………………32枚
- 豚ひき肉 …………………200g
- はくさい …………………160g
- 干しいたけ ………………2枚
- 青ねぎ ……………………20g
- しょうが …………………1かけ
- ⓐ
  - 塩 ……………………t1/2
  - 濃口醤油 ……………t2
  - 酒 ……………………T1
  - ごま油 ………………t1/2
- 油 …………………………適量
- ⓑ
  - 酢 ……………………T2
  - 濃口醤油 ……………T2
  - 辣油 …………………少々
  - ごま油 ………………少々

◆下ごしらえ

① はくさいはみじんに切り水気を切る。
② ねぎ，しょうが，戻したしいたけはみじんに切る。
③ ひき肉に①，②を混ぜ，ⓐで調味し32個に丸める。

◆つくり方

❶ 皮に③をのせ，下図のように包む。
❷ 熱したフライパンに油を入れ，❶を並べこげ目がつけば餃子の高さの1/3位の所まで湯を加え蓋をし，弱火で蒸し焼きにする。
❸ ❷の水がなくなればごま油を少々ふりかける。
❹ 焼き目を上にして盛りつけⓑを添えて供す。

参考

・蒸したもの：蒸餃子
・茹でたもの：水餃子

・皮の材料

- 強力粉 ……………100g
- 薄力粉 ……………100g
- 塩 …………………t2/3
- 温湯 ………………C1/2強
- かたくり粉 ………適量

11 焼売（しゅうまい）

材料（4人分）
- 皮（市販品）……………16枚
- 豚ひき肉………………200g
- 干しいたけ ……… 2枚（6g）
- 青ねぎ ………… 1本（20g）
- しょうが ……………………10g
- ⓐ
  - 濃口醤油 ……………… T 1
  - 砂糖 …………………… t 1
  - ごま油 ………… T 1/2（6g）
  - 酒 …………… T 1/2（7.5g）
  - かたくり粉 …………… T 1
- グリンピース……………16粒
- からし醤油………………適量

◆ 下ごしらえ
① 戻したしいたけ，青ねぎ，しょうがをみじん切りにする。

◇ つくり方
❶ ボウルに豚ひき肉を入れ，①とⓐを入れてよく混ぜる。
❷ ❶を16個に分け，皮で包み，上にグリンピースをのせて蒸す。強火で約15分。
❸ からし醤油を添えて供する。

左手に皮をのせ中身をのせ，ナイフで押し込む。

右手で輪を回し円筒形に整える。

参考
・焼売の皮
材料：強力粉50g，薄力粉50g，塩 t 1/6，湯70cc。
つくり方：小麦粉に塩を加えて70℃の湯でこね，30分ねかしてから分ける。うち粉をふってめん棒で薄くのばす。

12 猪肉包子・豆沙包子（肉まんじゅう　あんまんじゅう）

材料（4人分）
- 皮（8個）
  - 強力粉………………120g
  - 薄力粉………………120g
  - インスタントドライイースト
  - （粉の2％）……………5g
  - 砂糖 ……………………20g
  - 塩 …………………粉の1％
  - ラード……………………17g
  - 水（粉の60％）………140cc
- 肉あん（4個）
  - 豚ひき肉 ………………80g
  - たけのこ ………………40g
  - たまねぎ ………………60g
  - 干しいたけ ……………… 2g
  - にら ……………………15g
- ⓐ
  - 濃口醤油 ……………… t 1
  - 塩 …………………… t 1/3
  - 砂糖 …………………T 1/2
  - ごま油 ………………… t 1
  - こしょう ………………少々
  - かたくり粉 …………… T 1

◇ 生地のつくり方
❶ 皮の作り方はパン生地（P.116）参照。
❷ 一次発酵後ガスを抜き，8個に分ける。生地を丸くのばし8〜10cmにする。皮の中心にあんをのせ生地端を寄せてとじる。
❸ 肉まんはとじ目を上に，あんまんはとじ目を下にして底に5cm角に切ったクッキングシートをあて蒸籠（せいろ）に間隔をあけて並べる。
❹ 室温（30℃）におき，2倍の大きさになれば強火で15分むす。

◇ 肉あんのつくり方
❶ 野菜は3mm角に切る。ボウルにひき肉を入れ塩を加え粘り気が出るまで練る。野菜とⓐを加え4個にわけ丸める。

参考
・あずきあん（4個）
材料：
- こしあん …………200g
- ⓐ
  - ラード …………12g
  - ごま油 ……… t 1

つくり方：こしあんにⓐを加え練り，4個に丸める。

肉まんじゅうの包み方

湯　菜 (タン ツァイ)

1　蛋　花　湯 (ダヌ ホワ タン)（中国風卵スープ）

材料（4人分）

湯(タン)	C 3
卵	1個
きくらげ	5g
青ねぎ	8g
塩	t 1
酒	T 1
こしょう	少々
⎰ かたくり粉	t 2
⎱ 水	t 4

◆ 下ごしらえ
① 湯(タン)をとる。
② きくらげは戻してせん切りする。

◆ つくり方
❶ 湯で②を煮て調味し，水溶きかたくり粉でとろみをつける。
❷ 強火で穴あき玉杓子を使って溶き卵を流し入れすぐ火を止め，ななめ切りした青ねぎを散らす。

参　考
・スープを取るとき表面に浮いてくる脂肪を鶏油(チイウ)として使用するとよい。
・蕃茄花湯(ファヌチェホワタン)：トマトを湯むきして加える。

湯(タン)（鶏がらスープ）の材料ととり方

鶏がら	1羽分
水	C 8
ねぎ	1本
しょうが	1かけ(10g)

① 鶏がらはぬるま湯で血，汚れなどを洗い落とす。
② ふたをしないで中火で煮る。浮いてくるアクを丁寧に取り，つぶしたねぎ，しょうがを加え弱火で初めの半量になるまで煮る。
③ 布でこして脂肪を丁寧に取り除く。

2　素　菜　湯 (ス ツァイ タン)（野菜のスープ）

材料（4人分）

干しいたけ	1枚(5g)
たまねぎ	80g
にんじん	40g
たけのこ	40g
そらまめ(枝豆でもよい)	80g
こんぶ	3g
水	C 5〜6
クコの実	12粒
湯葉(乾燥)	1枚
ⓐ ⎰ 湯(タン)	C 3 1/2
⎮ 酒	T 1
⎱ 塩	t 1弱
ごま油	少々

◆ 下ごしらえ
① 分量の水に干しいたけ，うす切りたまねぎ，にんじん，たけのこ，そらまめ，こんぶを入れ弱火で約2時間煮てこす。
② 湯葉はもどして2cm角の色紙に切る。

◆ つくり方
❶ ①の湯C 3 1/2をⓐで調味し，湯葉，クコの実を浮かす。ごま油を入れる。

参　考
・素湯を精進，**薬膳スープ**とも言う。
・しいたけが多いと湯(タン)が黒くなる。たまねぎ，にんじんは甘味をだす。
・湯は沸騰させると濁るので必ず弱火で煮ること。
・クコは若芽，果実を利用。果実中にベタイン，メチオニン，レシチン，ルチン，カルシウム，VB_1，VB_2，VC等を多く含む。

3 玉米湯 ユイミータン (とうもろこしのスープ)

材料(4人分)

スイートコーン（クリームスタイル）	300g
ゆでたけのこ	30g
にんじん	30g
さやえんどう	20g
湯(タン)	C 3
（固形コンソメ2個）	
油	t 1 弱
塩・こしょう	少々

◆ 下ごしらえ
① にんじんは花型で抜き，薄く切る。たけのこも薄切りする。
② さやえんどうは筋をとり塩茹でし，斜めに細切りする。

◇ つくり方
❶ 厚手の鍋に油を熱し，にんじん，たけのこを炒め湯(タン)で煮る。
❷ 野菜に火が通ったらスイートコーンを入れ，塩・こしょうで味を整える。
❸ さやえんどうを散らす。

4 白菜肉絲湯 パイツァイロウスータン (はくさいと豚肉のスープ)

材料(4人分)

はくさい	200g
豚肉(塊)	80g
湯(タン)(豚のゆで汁)	C 3
しょうが汁	少々
ⓐ 酒	T 1
ⓐ 塩	t 3/4
ⓐ 薄口醤油	t 1

◆ 下ごしらえ
① 豚肉は塊りのまま，熱湯で茹でる。
② はくさいの軸の部分は細くせん切りし，葉は1～2cm幅に切る。

◇ つくり方
❶ 茹でた豚肉は，冷めてからせん切りにする。
❷ 湯(タン)に❶と②を入れて煮る。しょうが汁を入れ，ⓐで調味する。

参考
・豚肉をベーコンに代えてもよい。

5 桂花蟹羹 ゴェイホワシェゴン (かにと卵の薄くず汁)

材料(4人分)

かに	60g
卵	2個
湯(タン)	C 3
（固形コンソメ1個）	
ⓐ 塩	t 1/3
ⓐ 酒	t 1
ⓐ 薄口醤油	t 2/3
かたくり粉	T 1 1/3
水	T 2
青ねぎ	8 g

◆ 下ごしらえ
① かには身をほぐす。
② ねぎはななめ細切りにする。

◇ つくり方
❶ 湯(タン)を煮立てⓐで調味し，かにを入れる。
❷ 水どきかたくり粉を入れ，とき卵を加えねぎを入れて火をとめる。

参考
・桂花はもくせいのことで木犀(ムゥシイ)ともいう。汁に浮いた状態をいう。また羹は薄葛汁のこと。濃度は汁に対して2％。
・酒蒸した甘鯛等を用いる中国風かき玉汁は黄魚羹(ホワンユイゴン)という。しょうが，酒，ねぎで臭みを抜く。

6 鶏片湯(ヂィピェヌタン)(鶏ささみのスープ)

材料(4人分)

鶏肉(ささ身)		80g
ⓐ	┌塩(鶏の1％)	少々
	│酒	t1
	└しょうが汁	少々
干しいたけ		2個(6g)
ゆでたけのこ		40g
にんじん		30g
グリーンアスパラガス		1本
湯(タン)		C3
	(固形コンソメ1個)	
ⓑ	┌塩	t1/4
	│酒	t1
	└こしょう	少々

◆下ごしらえ

① 鶏ささ身は筋を取って、そぎ切りし、ⓐで下味をつける。
② 戻したしいたけ、たけのこ、にんじんはうす切りする。
③ グリーンアスパラガスは茹でて、斜め細切りする。

◇つくり方

❶ 鍋に湯(タン)を入れて火にかけ、②を入れて煮立て、①を加えて火が通ったらⓑで調味し、③を加えて器に盛る。

7 清湯鶏蛋(チンタンチェヌダヌ)(うずら卵のすまし汁)

材料(4人分)

うずら卵		4個
ハム(うす切り)		1/2枚
きざみパセリ		少々
ラード		t1
湯(タン)		C3
ⓐ	┌塩	t2/3
	│酒	T1
	└薄口醤油	t1
さやえんどう		5～6枚

◆下ごしらえ

① ちりれんげの内側にうすくラードを塗る。
② ハムを細かいみじん切りにする。
③ 湯(タン)をⓐで調味する。
④ さやえんどうは筋をとり、茹でて斜め細切りにする。

◇つくり方

❶ ①のちりれんげにうずら卵を割り入れる。ハムとパセリを飾り、蒸籠(ズェンロン)に並べて中火で4～5分蒸す。
❷ スープ鉢に湯を注ぎ、❶の卵をちりれんげよりはずして入れ、さやえんどうを散らす。

8 蝦丸子湯 (えびだんご入りスープ)
シャワンズタン

材料(4人分)

小えび(殻つき)		200g
ⓐ	卵白	10g
	かたくり粉	T 1
	塩	t 1/6
かたくり粉		適量
はるさめ		20g
ほうれん草		50g
湯(タン)		C 3
	(固形コンソメ 1 1/2個)	
ⓑ	塩	少々
	酒	t 1

◆ 下ごしらえ

① えびは洗って背わたを取り,殻をむき刻んですり身にする。ⓐで調味し,よく混ぜ,径1.5cmくらいに丸め,かたくり粉をまぶし茹でる。
② はるさめは湯でもどし,10cm位に切る。
③ ほうれん草は茹でて,5cm長さに切る。

◇ つくり方

❶ 鍋に湯を入れて火にかけ,煮立ったら①②を入れ,ⓑで味を整えて器に盛り,③を浮かす。

9 酸辣豆腐湯 (豆腐の酢入りスープ)
スワヌラァドウフゥタン

材料(4人分)

豆腐		1/2丁
豚肉		60g
ゆでたけのこ		40g
きくらげ		小2枚
さやえんどう		8g
湯(タン)		C 4
ⓐ	塩	t 1
	酒	t 1
	濃口醤油	t 2
	かたくり粉	T 1
	水	T 1
こしょう		少々
酢		T 1
卵		1個
(とうがらし粉)		

◆ 下ごしらえ

① 豆腐は5mm幅,3cm長さの拍子木に切る。
② 豚肉,たけのこは太めのせん切りにする。
③ きくらげはもどして細くせん切りにする。
④ さやえんどうは筋をとり,茹でて斜め細切りにする。

◇ つくり方

❶ 湯(タン)が煮立ったら豚肉を入れほぐす。あくを取り,たけのこを入れ火を弱めて煮る。ⓐで調味する。

❷ ❶に水溶きかたくり粉を加えて混ぜ,きくらげと豆腐を加える。こしょう,酢を加え,卵を細く流しいれる。浮いてきたらさやえんどうを散らす。好みでとうがらし粉を少量用いてもよい。

蒸菜（ズェン ツァイ）

1 白菜滑肉捲 (バイツァイホワ ロウヂャヌ)（はくさいの包み蒸し）

材料（4人分）

はくさい	大8枚
	（1枚は約80g）
かたくり粉	少々
鶏または豚ひき肉	150g
ハム	1枚
ⓐ 酒	t 2
塩	t 1/2
かたくり粉	t 1
青ねぎ	1本
干しいたけ	4枚(12g)
ゆでたけのこ	30g
湯(タン)	C 1 1/2
ⓑ 濃口醤油	t 2
砂糖	t 1/2
かたくり粉	T 1 1/2
水	T 2 1/2
しょうが汁	少々

◆ 下ごしらえ

① はくさいは熱湯で軟らかく茹でる。
② ひき肉，ハムのみじん切りを混ぜ合わせ，ⓐを加えてねる。
③ ねぎ，戻したしいたけ，たけのこをみじん切りして②に加え，混ぜ合わせる。

◆ つくり方

❶ 巻きすの上に白菜を軸と葉先を交互に広げて並べ，全体にかたくり粉をうすく振りまく（白菜4枚が1本分）。
❷ ❶の上に③を細長く棒状にして置き，それを芯にして端から巻く（2本つくる）。
❸ ❷をやや深めの皿にのせ，強火で15分蒸す。4cm幅に切り，深皿に盛る。
❹ ❸の蒸し汁と湯(タン)を合わせてC 1 1/2とし，加熱する。ⓑで調味し，かたくり粉の水溶きでとろみをつけ，しょうが汁を加え，白菜巻きにかける。

2 珍珠丸子 (チンヂゥワンズ)（もち米団子の蒸し物）

材料（4人分）

豚ひき肉	200g
ⓐ 塩	t 1/6
酒	t 1
醤油	t 1
しょうが汁	t 1
青ねぎ	2/3本
卵	1/2個
もち米	60g
からし酢醤油	

◆ 下ごしらえ

① もち米は洗い水につけて吸水させ，ざるに上げて水を切っておく。
② 青ねぎはみじん切りにする。

◆ つくり方

❶ 豚ひき肉にⓐを加えて，粘りがでるまでよくねる。
❷ 8個の団子に丸め，①のもち米をまぶす。
❸ 蒸し器で約25分蒸す。
❹ 好みでからし酢醤油を添える。

参考

・珍珠とは真珠のようなという表現。
・糯米丸子（ヌオミイワンズ）ともいう。

冷拌（拌菜・凍菜）
ロンバヌ バヌツァイ ドンツァイ

1 涼拌三絲（中国風酢の物）
リャン バヌ サヌ ス

材料（4人分）
ロースハム	4枚
きゅうり	1本
はるさめ	30g
からし酢醤油	
／濃口醤油	T3
｜酢	T3
ⓐ｜砂糖	t1
｜練りからし	t1/2
＼ごま油	t1
錦糸卵	
／卵	2個
｜塩	少々
＼うま味調味料	少々

◆ 下ごしらえ
① ハムは，5cm長さのせん切りにする。きゅうりは板ずりして，色だししてから，斜めに切り，せん切りにする。
② はるさめはもどして5cm長さに切る。
③ 卵は，錦糸卵にする。
④ ⓐを合わせ，からし酢醤油をつくる。

◆ つくり方
❶ 器にハム，きゅうり，はるさめを放射状に盛り合わせ，④をかけて錦糸卵を上に飾る。

参考
・絹ごし豆腐の上にロースハム，榨菜，干えびなどをのせ，調味酢をかけると**涼拌豆腐**になる。
・めんの上に焼豚，ロースハム，もやし，きゅうり，錦糸卵をのせ，調味酢をかけると**涼拌麺**になる。

2 棒棒鶏（鶏のごまだれ）
バン バン ヂイ

材料（4人分）
鶏肉（むね）	240g
／酒	T1
｜白ねぎ	1/3本
＼しょうが	1かけ
きゅうり	2本
トマト	1個
／練りごま	T2
｜鶏のゆで汁	T1
｜砂糖	T1
ⓐ｜濃口醤油	T1
｜酢	T1
＼辣油	t1/2
青ねぎ	1本
しょうが	1かけ

◆ 下ごしらえ
① 鶏は水洗いし，鶏がかぶる位の熱湯，酒，つぶした白ねぎ，しょうがを入れ，あくを取りながら25分茹でそのまま冷ます。
② きゅうりはせん切りにする。
③ トマトは薄切りにする。
④ 青ねぎはみじん切り，しょうがはすりおろし絞る。
⑤ ⓐの調味料はあわせて④を混ぜる。

◆ つくり方
❶ ①の鶏は皮をはぎ，皮は3cm長さの細切りにする。肉は1cmの幅に裂く。
❷ 器に②，③を敷き❶を盛り，⑤のたれをかけて供する。

参考
・四川風の冷菜の1つである。
・棒でたたいて肉をやわらげ，手で裂いたことから棒棒の名がついた。

3 麻辣黄瓜（たたききゅうりの和え物）
マァ ラア ホアング グア

材料（4人分）
きゅうり	2本
塩	t 1 1/4
赤とうがらし	1/2本
ごま油	T 1
砂糖	T 1 1/2
塩	t 1/2
濃口醤油	T 1
酢	T 2

◧ つくり方
❶ きゅうりは洗って塩をふりかけ板ずりし，両端を落としてすりこぎでたたく。4～5cm長さに切りそろえる。
❷ 赤とうがらしは種を除き小口切りにして，ごま油でいためる。
❸ 調味料を加えて一煮立ちさせ，あついうちにきゅうりにかける。

参考
・きゅうりの種の部分をそぎとってつくると熗黄瓜皮（チャンホアングァピィ）という名になる。

4 海蜇皮（くらげの和え物）
ハイ ジォ ピィ

材料（4人分）
塩くらげ		200g
ⓐ	酢	T 1 1/3
	砂糖	T 1
	濃口醤油	T 1
	ごま油	少々
レタス		4枚
練りからし		適量

◧ 下ごしらえ
① くらげは塩を洗い流す。火を止めた熱湯にさっとくぐらせ，流水でもとの大きさになるまで60分つけておく。または，60℃の湯につけてもどし，もみ洗いしながら塩気を抜く。

◧ つくり方
❶ ①の水気を切り4cm長さに切る。ⓐであえる。
❷ 皿にレタスを敷き❶を盛り，別皿に練りからしを添える。

参考
・海蜇皮沙律（ハイジォピィシャルゥ）とは，くらげ，魚介，野菜の取り合わせ。

・海蜇拌羅葡（ハイジォパンルオボォ）とは，くらげとだいこんのあえもの。

5 涼拌茄子（なすの酢じょうゆかけ）
リャン バヌ チェ ズ

材料（4人分）
なす		大2個
揚げ油		適宜
榨菜（ディアツァイ）		15g
ハム（うす切り）		2枚
ⓐ	甜面醤（ティエンミェヌヂァン）	20g
	辣油	少々
	にんにく	1片
白ごま		t 1
ⓑ	濃口醤油	T 1
	酢	T 1 1/2 (23g)
	ごま油	t 1

◧ 下ごしらえ
① 洗った榨菜とハムはみじん切りにする。
② にんにくはみじん切りにする。
③ 白ごまは煎って，切りごまにする。
④ ⓑを合わせる。

◧ つくり方
❶ なすはへたをとり，金串で穴をあけ，素揚げにする。冷めてから，縦に1cmの太さにさく。皿にへたの方を中央にむけて放射状に盛る。
❷ ①を❶の中央におき，ⓐの混ぜたものをのせる。
❸ ③を❷の上に散らし，④の調味酢をかけて供する。

参考
・なすは揚げると色良く仕上がるが，蒸したり焼いたりしてもよい。

・甜面醤，辣油，にんにく，白ごまとⓑの調味酢の代わりに，濃口醤油T 1，酢 t 1，ごま油 t 1，砂糖 t 1/2，しょうが汁少量を用いてもよい。

・榨菜：四川省特産の漬物。外観はしょうがに似たからし菜の変種で，独特の香味と辛味をもつ。

冷拌（拌菜・凍菜）　161

6　生鯛魚松子（鯛の中国風刺身）
　　ションディアオ ユィ スン ツ

材料(4人分)	
鯛(上身)	75g
塩, ピーナッツオイル	各少々
だいこん	100g
かいわれだいこん	20g
松の実	20g
わんたんの皮	1枚
ⓐ 濃口醤油	T2
レモン汁	T1
鶏がらスープ	T1
ごま油	t1/3

◆ 下ごしらえ
① だいこんはせん切り，かいわれは根を落とし1/2の長さに切る。
② 松の実は粗みじん切り，わんたんの皮は細切りにして中温で揚げる。
③ ⓐの調味料は合せておく。

◆ つくり方
❶ 鯛はそぎ造りにして，塩，ピーナッツオイルで下味をつける。
❷ 器に①を敷き，鯛を盛り付けて②を散らす。③のたれをかけて供する。

7　拌魷魚四季豆（いかとさやいんげんの和え物）
　　バヌ イゥ ユィ ス ヂィ ドウ

材料(4人分)	
もんごういか	200g
さやいんげん	200g
塩(材料の1%)	t2/3
しょうが	1かけ(10g)
ⓐ ごま油	T1
粒さんしょう	5粒

◆ 下ごしらえ
① いかは飾り包丁を入れ，片に切る。熱湯をくぐらせ，氷水にとる。
② さやいんげんは茹で，斜めに切る。
③ しょうがはみじん切りにする。

◆ つくり方
❶ ボウルで①，②を混ぜ，中心に③と塩をのせる。
❷ 小鍋でⓐを熱し，香りがたてば粒山椒を除き，❶の塩の上にかけて和える。

参考
・いかは火を通しすぎると硬くなり，うまみも逃げる。長い時間煮ると柔らかくなるが，味は抜ける。加熱のときの縮みを防ぐため，包丁を入れ繊維を切ると良い。

8　辣白菜（とうがらし入りはくさいの酢の物）
　　ラァ バイ ツァイ

材料(4人分)	
はくさい	400g
塩	T1/2
赤とうがらし	1本
しょうが	10g
ⓐ 酢	T2
砂糖	T2
薄口醤油	t1
ごま油	T1

◆ 下ごしらえ
① はくさいは軸の部分と葉の部分に切り分ける。軸は長さ5cm，幅1cmに切る。葉は4cm角に切る。塩をして，重しをして30分おく。水気を固くしぼる。
② 赤とうがらしは種を除き小口切りにする。
③ しょうがは3cmの針しょうがにする。

◆ つくり方
❶ ①，②，③を混ぜ，ⓐで和えて皿に盛る。

参考
・短時間で仕上げるときは，はくさいを熱湯にさっとくぐらせ，すぐに冷水にとって水気をしぼる。

炒菜（チャオ ツァイ）

1 青椒牛肉絲（チン チャオ ニュウ ロウ ス）（ピーマンと牛肉の油炒め）

材料（4人分）

ピーマン	8個（320g）
牛肉（塊）	200g
ⓐ 酒	t 1/2
濃口醤油	T 1
かたくり粉	t 1
たけのこ	60g
青ねぎ	1/2本
にんにく，しょうが	各1かけ
油	T 3
ⓑ 濃口醤油，酒	各 t 1
塩，砂糖	各 t 1/2
うま味調味料	少々

◆ 下ごしらえ

① ピーマンは縦二つ切り，種を出して縦にせん切りにする。
② 牛肉はせん切りにしてⓐをふりかけておく。かたくり粉もふりかける。
③ たけのこはせん切りにする。
④ ねぎは小口切り，にんにく，しょうがはみじん切りにする。

◆ つくり方

❶ 中華鍋を熱し，油と④を入れて香りをだし，②を入れて炒める。肉の色が変わったら，①，③を入れ，ⓑで調味し，混ぜ合わせ，火を止める。
❷ 器に盛りつける。

参考

・この料理は，強火で手早く炒め上げることが大切である。炒め過ぎると水が出てくる。ピーマンの色も悪くなる。

科学

・にんにくをすりおろすと特臭物質アリシンが生成される。アリシンは殺菌作用がある。VB_1を含む食品とともに食べるとVB_1と結合して腸からの吸収がよくなる。

2 芙蓉鮮蟹（フゥ ロン シェヌ シェ）（かに玉の野菜あんかけ）

材料（4人分）

卵	4個
かに	100g
酒	t 1/2
塩	t 1/3
干しいたけ	1枚
ゆでたけのこ	40g
青ねぎ	1本（20g）
グリーンピース	20g
ⓐ 湯（タン）	C 1 1/2
塩	少々
酒，薄口醤油	各 t 2
しょうが汁	t 2
かたくり粉	t 1
水	t 2
油	適量

◆ 下ごしらえ

① かには軟骨をとって身をほぐす。
② たけのこ，もどしたしいたけはせん切り，ねぎはななめ切りにする。

◆ つくり方

❶ 卵を泡だて器でかるく泡立てる。その中へ，かに，酒，塩を入れる。中華鍋に油を入れ強火で手早く芙蓉の花のようにかに入り卵を焼き上げる。1人前ずつ焼いてもよい。
❷ たけのこ，しいたけを少量の油で炒め，ⓐを加えて調味する。青ねぎとグリーンピースを加え，かたくり粉の水溶きをいれて野菜あんをつくる。
❸ 半熟に焼いたかに卵の上に❷のあんをかける。

参考

・芙蓉（フゥロン）は，フヨウの花のことである。卵白を泡立て芙蓉の花のような状態をいう。
・卵は，焼き過ぎないこと。
・えびで応用すると芙蓉蝦仁。

炒菜

3 麻婆豆腐（マアブオドウフウ）（ひき肉と豆腐のとうがらし炒め）

材料（4人分）

豆腐（木綿）	1丁（400g）
豚ひき肉	100g
ⓐ 青ねぎ	1/2本
にんにく，しょうが	各1かけ
豆板醤（ドウバヌヂァン）	t 1
甜麺醤（ティェヌミェヌヂァン）	T 2
油	T 2
ⓑ 湯（タン）	C 1
（鶏がらスープの素 t 1/2）	
酒	T 1
濃口醤油	t 1
かたくり粉	T 1/2
水	T 1
ごま油	t 1

◆ 下ごしらえ

① 豆腐は水切りして2cm角に切り，調理直前に湯通しする。
② ねぎ，しょうが，にんにくはみじん切りにする。

◇ つくり方

❶ 油を熱し，ⓐを焦がさないように炒め，ひき肉を加えよく炒める。
❷ ❶にⓑを加え，①の豆腐も加えくずさないように混ぜ合わせ，炒め煮する。
❸ ❷に水溶きかたくり粉でとろみをつけごま油をまわし入れる。

参考

・本場四川ではご飯にかけて食べる。
・名前の由来は四川省に住む老女がこの料理を旅人に出したところ美味かったのでその名前を料理に付けたといわれている。

4 八宝菜（バァバオツァイ）（多種材料の炒め煮）

材料（4人分）

豚肉（ももうす切）	120g
いか	80g
にんじん	60g
ゆでたけのこ	60g
はくさい	3枚（300g）
ヤングコーン	4本（60g）
さやいんげん	40g
ふくろ茸	8個
うずら卵	8個
炒め油	T 1 1/2
湯（タン）	C 1
（鶏がらスープの素 t 2/3）	
ⓐ 塩，砂糖	各 t 1
酒	T 1
濃口醤油	T 1/2
かたくり粉	T 1 1/2
水	T 3
ごま油	t 1

◆ 下ごしらえ

① 豚肉は3cm幅に切る。
② いかは飾り包丁を入れ短冊に切る。
③ にんじん，たけのこは2mm厚の短冊に切る。
④ はくさいはそぎ切りにする。
⑤ ヤングコーンは1人2切に切る。
⑥ ふくろ茸は縦二つ割りにする。
⑦ さやいんげんは茹で，3cm長さに切る。
⑧ うずら卵は茹でて殻をむく。
⑨ 鶏がらスープにⓐを合わせておく。

◇ つくり方

❶ 熱した鍋に油を入れ①をよく炒め，②～⑥を順次加え炒め合わせる。
❷ ⑨を加え少し煮て，⑦，⑧を加え水溶きかたくり粉でとろみをつける。
❸ 仕上げにごま油をまわし入れる。

参考

・八宝とは沢山の材料を使ったという意味で，日本でいう「五目」の意味に使われる。
・全家福禄（チュエヌヂャフロウ）とは八宝菜をグレードアップしたもの。

5 宮保鶏丁（鶏肉とピーナツの炒め物）

材料（4人分）

- 鶏肉（もも）……………200g
- ⓐ ｛酒，濃口醤油………各 t 1
  　 こしょう……………少々
- ⓑ ｛B.P.……………………少々
  　 かたくり粉……………30g
  　 卵白……………………10g
  　 油……………………t 2（8g）
- ピーナツ…………………40g
- きゅうり…………………60g
- セロリ……………………80g
- 花椒………………………20粒
- 赤とうがらし……………1/2本
- しょうが……………………5g
- 白ねぎ……………………30g
- ⓒ ｛濃口醤油………………T 1
  　 砂糖，酒………………各 t 2
- かたくり粉………………t 2
- 水…………………………t 4
- 鶏油…………………t 1/2（2g）
- 酢…………………………t 2
- 揚げ油，炒め油…………適量

◆ 下ごしらえ

① 鶏肉は 1 cm角のさいの目切りにし，ⓐで下味をつける。
② ピーナツは薄皮をとる
③ セロリは筋をとり，きゅうりと共に 1 cm角のさいの目切りにする。
④ 赤とうがらしは 2 等分して種を除き，しょうがはせん切りにする。
⑤ ねぎは小口から 1 cmにぶつ切りする。
⑥ ⓒの調味料を合わせておく。

◆ つくり方

❶ ①にⓑを混ぜ，油通しする。
❷ ②と③を油通しする。
❸ 鍋に油 T 1 を入れ，花椒と赤とうがらしを炒め，引き上げた後しょうがを炒める。その中に❶，❷を加えて炒め，⑤を加え炒め，⑥で調味し水溶かたくり粉でとろみをつけ，鶏油（P.154参照）と酢を入れて仕上げる。

参考

- 宮保とは人の名。丁は材料の切り方で，1 cmのさいの目に切りそろえる。
- この料理は辛味のきいた四川料理である。
- **油通し**とは色の保持，水分の除去，表面凝固のために行なわれる中国独特の操作であり，「泡油」という。
- 油通しの温度は130℃位にする。
- 炒め物の場合，火の通りが早いものと遅いものがあるが，油通しをすると熱の通りが均一になる。炸鏈（P.147参照）を使用すると便利。

6 生菜包肉鬆（ひき肉のレタス包み）

材料（4人分）

- 豚ひき肉…………………200g
- ゆでたけのこ……………60g
- 干しいたけ………………2 枚
- 青ねぎ……………………1/2本
- しょうが…………………10g
- 油…………………………T 1
- ⓐ ｛濃口醤油……………T 1
  　 塩……………………t 1/3
  　 砂糖…………………t 1
  　 酒……………………t 2
  　 ごま油………………t 1
- レタス……………………1 個

◆ 下ごしらえ

① たけのこ，戻したしいたけは，5 mm角に切る。
② ねぎは小口切り，しょうがはみじん切りにする。
③ レタスは 1 枚ずつはがして洗い，水きりする。

◆ つくり方

❶ フライパンを火にかけて油を入れ，ねぎとしょうがを炒め，次にたけのことしいたけを炒め，豚ひき肉も入れて最後にⓐで調味する。
❷ レタスを添えて供する。

参考

- 皿に盛るとき，肉の周りにはるさめの揚げたものを飾ると美しい。
- レタスに包んで食べる。

炒菜　165

7　魚香肉片（豚肉の四川風炒め）
ユィ シャン ロウ ピェン

材料（4人分）
- 豚肉（うす切り）……………200g
- ⓐ 塩，酒，こしょう，卵白
  　……………………各少々
- セロリ……………1本(100g)
- 赤ピーマン…………1個(80g)
- 青ピーマン…………2個(80g)
- きくらげ……………………10g
- ⓑ ┌ 青ねぎ…………1本(15g)
　　├ しょうが……1かけ(10g)
　　└ にんにく……1かけ(5g)
- 油……………………………T 1
- ⓒ ┌ 豆板醤…………………t 1
　　├ 濃口醤油，酒………各T 1
　　├ 塩……………………t 1/3
　　├ 砂糖，酢……………各t 2
　　└ スープ…………………T 2
- ┌ かたくり粉…………………t 1
- └ 水…………………………t 2

◆下ごしらえ
① 豚肉は3cm長さに切り，ⓐで下味をつける。
② セロリ，ピーマンは片（そぎ切り）に切る。きくらげはもどし，石づきを取り，片に切る。
④ ⓑはみじん切りにする。

◆つくり方
❶ 熱した鍋に油，ⓑを入れて香りがたてば①を入れ，ほぐすように炒める。
❷ ❶に②を加えてさらに炒める。ⓒで調味し，水溶きかたくり粉でとろみをつける。

参考
・魚香とは，四川料理独特の甜（甘味），鹹（塩味），酸（酸味），辣（唐辛子の辛味），香（香ばしさ）のそれぞれの味がとけあって調和がとれている味付をいう。

8　炒蓮藕片（れんこんの炒め物）
チャオ リェヌ オウ ピェヌ

材料（4人分）
- れんこん……………………150g
- ┌ 水……………………………C 2
- └ 塩，酢……………………各t 1
- ┌ 豚肉（赤身）………………150g
- ├ 酒，しょうが汁，濃口醤油
- │　……………………………各t 1/2
- └ かたくり粉…………………t 1
- 油……………………………T 2
- ⓐ ┌ 酒……………………T 3/4
　　├ 濃口醤油…………T 1 1/2
　　├ 塩……………………t 1/5
　　└ 砂糖…………………t 3/4
- さやえんどう………………30g

◆下ごしらえ
① れんこんは皮をむき，縦に2つか4つに切る。うす切りにして塩と酢の入った水にさらしてから水気をきる。
② 豚肉は食べやすい大きさに切り，酒，しょうが汁，濃口醤油をふりかけてもみ込み，かたくり粉をまぶす。
③ さやえんどうはさっと塩茹でする。

◆つくり方
❶ 鍋を温め，油を入れて熱し，れんこんをさっと炒めて器にとる。
❷ 鍋に油を熱し，豚肉を炒め，❶のれんこんを加えて，ⓐの調味料を加え，炒めてからませる。
❸ ③を加えてひとまぜし皿に盛る。

炸菜(ヂァツァイ)

1 炸鶏塊(ヂァヂィコワイ)(鶏肉のから揚げ)

材料(4人分)

鶏肉(もも骨つき)	400g
濃口醤油	T2
砂糖	t1
酒	t1
しょうが	5g
にんにく	1かけ
かたくり粉	T5(45g)
揚げ油	適量
花椒塩(ホワヂァオイェヌ) 粉さんしょう	t1/3
塩	T1

◆下ごしらえ

① 骨つき鶏肉を大きくぶつ切りにし、おろしたしょうが、にんにく、醤油、砂糖、酒につけて20分おく。

◆つくり方

❶ ①にかたくり粉をまぶして、160℃位の油でゆっくり混ぜながら揚げ、取り出す。

❷ 油の温度を180℃位にあげて再び①の鶏肉を入れさっとくぐらせる程度にして色よく揚げる(二度揚げ)。

❸ 花椒塩を添えて供する。

参考

・二度揚げとは、魚の丸揚げなど中骨まで柔らかくするために2回揚げる方法。中まで火を通すには約150℃の油で揚げ、二度目は180〜190℃の油でさっと揚げ、表面の水分を蒸発させ油ぎれをよくし、外側にこげめをつける。

・花椒塩のつくり方は塩をフライパンで煎り、粉山椒と混ぜ合わせる。

2 炸裡背(ヂァリィヂィ)(豚ロース肉の揚げ物)

材料(4人分)

豚肉(ロース塊)	200g
ⓐ 酒	T1/2
濃口醤油	t2
砂糖	t1/3
しょうが汁	t1
かたくり粉	適量
揚げ油	適量
衣 薄力粉	100g
重曹	t1/6
卵	1個
水	C2/3
サラダ油	t1
パセリ	数本
練りがらし、濃口醤油	適量

◆下ごしらえ

① 豚肉は4mm厚さの薄切りにして大きめの短冊に切る。ⓐをもみ込む。

② 粉に重曹を加えてふるう。

◆つくり方

❶ ①の豚肉にかたくり粉をうすくまぶす。

❷ 揚げ油を170℃に加熱する。

❸ 卵を割りほぐし冷水を加えて混合し、②の粉をいれて箸でねばりを出さないように混ぜ、最後にサラダ油を入れてさっと混ぜる。

❹ ❶に❸の衣をつけて揚げる。

❺ 皿に❹の豚肉を盛りつけて中央にパセリを飾る。からし醤油を添える。

3 高麗蝦仁（芝えびの衣揚げ）
カオ リィ シャ レヌ

材料（4人分）
芝えび	200g
┌ 酒	t 2
└ 塩	t 1/5
卵白	1個
ⓐ ┌ かたくり粉	T 2
ⓐ ├ 薄力粉	T 1
ⓐ └ 塩	少々
揚げ油	適量
レモン	1/2個
パセリ	適量
花椒塩	適量

◧ 下ごしらえ
① えびは背わたをとり尾を残して殻をむき，酒，塩をする。
② 卵白は9分立てにし，ⓐを加え衣をつくる。
③ レモンはくし形切りにする。

◧ つくり方
❶ えびの尾を持って②の衣を全体につけて，160℃の油で揚げる。
❷ 皿に盛りパセリ，レモン，花椒塩を添える。

参考
・西洋料理の**フリッター**もこの手法である。
・バナナを用いた場合は**高麗香蕉**という。
・りんごを用いた場合は**高麗苹果**という。
・ふんわりとした衣で揚げるにはメレンゲを揚げる寸前に作る。粉は，かたくり粉だけの方が軽く仕上がるが，しぼみ方が速いので薄力粉を少し加えて安定させることがポイント。

---

4 炸春捲（春巻き）
ヂァ チュヌ ヂャヌ

材料（4人分）
豚肉	60g
ゆでたけのこ	30g
むきえび	40g
セロリ	1/2本
干しいたけ	2枚
白ねぎ	1本
しょうが	5g
はるさめ	6g
油	T 1
ⓐ ┌ 湯（タン）	T 2
ⓐ ├ 薄口醤油	t 2
ⓐ ├ 塩	少々
ⓐ └ ごま油	t 1
┌ かたくり粉	t 2
└ 水	t 4
春巻きの皮（市販品）	4枚
水溶き薄力粉（のり）	T 1
揚げ油	適量
キャベツ	100g
┌ 練りがらし	少々
└ 濃口醤油，酢	各少々

◧ 下ごしらえ
① 豚肉，たけのこは3cm長さの細いせん切りにする。
② えびは背わたを取り，水気を切る。
③ セロリ，戻したしいたけはせん切りにする。
④ ねぎ，しょうがは3cm長さのせん切りにする。
⑤ はるさめは熱湯につけてもどす。
⑥ キャベツは，細くせん切りにする。

◧ つくり方
❶ 中華なべに油を熱し，①〜⑤を火の通りにくいものから順に炒め，ⓐを入れて混ぜ，最後にかたくり粉の水どきを入れてまとめ4等分する。
❷ 春巻きの皮で❶を巻いてのりづけする。
❸ 170℃位に熱した油で揚げる。
❹ ⑥と❸を盛り付け，からし酢醤油を添える。

参考
・炸春捲の皮は，米の粉でつくったものが市販されている。うす焼き卵を大きく焼いて包んでもよく，その場合は**肉絲蛋捲**という。

5 麺包蝦球（えび団子のパンまぶし揚げ）

材料（4人分）

えび		200g
鶏ささ身		100g
ⓐ	塩	t 1/2
	こしょう	少々
	卵白	（小）1個分
	かたくり粉	T 2
	水	T 3 位
食パン（12枚切り）		200g
揚げ油		適量
ⓑ	トマトケチャップ	T 4
	練りがらし	少々
パセリ		4 枝

◆下ごしらえ
① えびは背わたを除いて小さく刻み，包丁の腹でこするようにしてつぶし，すり身をつくる。
② 鶏ささ身も筋を除き，①と同様にする。
③ 食パンは5mm角に切る。
④ ⓑは混ぜる。

◇つくり方
❶ ①と②を合わせ，ⓐを加えてよく混ぜ，16個の団子にまるめる。
❷ ❶の団子の表面に食パンをまぶし，160℃で揚げる。
❸ ⓑとパセリを添える。

参考
・下ごしらえの①，②を一度にフードプロセッサーでおこなうと簡単。
・食パンの片面に材料をのせ油であげると蝦仁吐司（シャレヌトゥスウ）となる。

6 糖醋肉（酢豚）

材料（4人分）

豚肉（もも塊）		300g
ⓐ	濃口醤油	T 1/2
	酒	T 1/2
かたくり粉		T 2
揚げ油		適量
たまねぎ		160g
ゆでたけのこ		60g
干ししいたけ		2 枚
赤ピーマン		大 1/2個
ピーマン		2 個
パインアップル		2 枚
油		T 2
ⓑ	湯	C 1
	（鶏がらスープの素 t 1/3）	
	濃口醤油，砂糖	各 T 3
	酢	T 3
	かたくり粉	T 1
	水	T 2

◆下ごしらえ
① 豚肉は2cm角に切りにⓐで下味をつける。かたくり粉をまぶし二度揚げする。（P.162参照）
② たまねぎはくし形に切る。
③ たけのこは乱切りにする。
④ もどしたしいたけは軸をとり，4つにそぎ切りにする。
⑤ 赤ピーマン，ピーマンは2cm角に切る。
⑥ パインアップルは1枚を6つに切る。
⑦ ⓑを合わせておく。

◇つくり方
❶ 油を熱し②〜⑤を順次強火で炒め，⑦で調味し①，⑥を加え，水溶きかたくり粉でとろみをつける。
❷ 器に色彩りよく盛りつける。

科学
・仕上げに水溶き片栗粉を加えてとろみをつけると料理全体を滑らかにし，色つやが美しくなり口触りもよく料理が冷めにくい。調理用の片栗粉にじゃがいも澱粉を用いるのは，透明度が高いため，外観が美しく，糊化温度が低く粘性が強いからである。

参考
・肉は揚げたてをあんでからめるとよい。
・水溶きかたくり粉を入れてから長く煮ない。

溜菜(リュウ ツァイ)

1 茄汁魚片(チェズユイピェヌ)(揚げ魚のケチャップあんかけ)

材料(4人分)

ひらめ		240g
ⓐ	しょうが汁	少々
	酒	t 1
かたくり粉		T 3
揚げ油		適量
たまねぎ		小1個(160g)
ピーマン		2個(80g)
グリンピース		40g
にんにく		1かけ
しょうが		5g
ⓑ	ケチャップ	T 4
	砂糖, 酒	各T 1
	濃口醤油	T 1/2
	塩	t 1/3
	湯(タン)	T 4
	かたくり粉	t 1
	水	t 2

◆ 下ごしらえ

① 魚はそぎ切りにし, ⓐをふりかけてしばらくおき, かたくり粉をまぶす。
② たまねぎは2cmの色紙に切る。ピーマンは縦4つに切る。
③ グリンピースは茹でる。
④ にんにくとしょうがは, みじん切りにする。

◆ つくり方

❶ 180℃位の揚げ油で魚を揚げる。
❷ 熱した鍋に油T 3を熱し, にんにく, しょうがとたまねぎを入れて炒め, ピーマンも炒める。ⓑを入れて煮たて, グリンピースとかたくり粉の水溶き, 揚げたての魚を入れて混ぜる。

参考

・**糖醋魚(タヌツウユイ)**(魚の丸揚げ甘酢あんかけ)は魚を姿のまま切り込みを入れ, 丸揚げにして甘酢あんをかける。

2 溜梅子滑肉(リュウメイズホワロウ)(豚肉の甘酢あんかけ)

材料(4人分)

ⓐ	豚ひき肉(赤身)	320g
	卵	30g
	青ねぎ	小1本
	しょうが汁	t 1 1/2
	醤油, 酒	各t 2
	かたくり粉	T 3
ⓑ	湯(タン)	C 2/3
	砂糖	T 3
	濃口醤油, 酢	各T 2
	らっきょう漬け	T 1/2
	しょうが漬け	T 1/2
	かたくり粉	T 1/2
	水	T 1
ほうれん草		400g
油		T 1 1/2
白ねぎ		1/3本

◆ 下ごしらえ

① 青ねぎをみじん切りにする。
② らっきょう漬け, しょうが漬けをみじん切りにする。
③ ほうれん草をかために茹でて2cm長さに切る。
④ 白ねぎを白髪ねぎにして水にさらす。

◆ つくり方

❶ ⓐの材料を合わせてよくねり, 16個に分け団子を作り, 170℃の油で揚げる。
❷ ③のほうれん草を油で炒め, 盛り付け皿に敷く。
❸ ⓑを煮立てて❶の団子を入れ水溶きかたくり粉でとろみをつける。
❹ ❷の上に❸を盛り, 上に白髪ねぎを飾る。

焼　菜 (シャオ ツァイ)

1　乾焼明蝦 (ガヌ シャオ ミン シャ)（えびチリソース煮）

材料（4人分）

大正えび（無頭5cm）		16尾
ⓐ	塩	少々
	酒	T 1
ⓑ	青ねぎ	1本（15g）
	しょうが	1かけ（10g）
	にんにく	1かけ（5g）
ⓒ	豆板醤（トウバヌヂャン）	t 1
	ケチャップ	T 2
	酒	T 1
	湯（タン）	T 4
	塩	t 1/3
	砂糖	T 1 1/2
	かたくり粉	t 1
	水	t 2
油		T 1 1/2
レタス		80g

◨ 下ごしらえ

① えびは殻を付けたまま背わたを取り，足をはさみで切る。ⓐで下味をつける。
② ⓑの香味野菜はみじん切りにする。
③ ⓒの調味料は合わせておく。

◨ つくり方

❶ ②を炒め①のえびを加える。
❷ えびの色が変わったら③を加え1〜2分煮る。
❸ ②に水溶きかたくり粉を加える。
❹ ちぎったレタスを皿の周囲にあしらい❸のえびを中央に盛る。

参考

・豆板醤とケチャップの代わりに有頭えびのみそと一味唐辛子でチリソースを作ると香りがよく，こくが増す。

2　奶油扒青菜 (ナイ イウ バァ チン ツァイ)（ちんげんさいの牛乳煮）

材料（4人分）

青梗菜（チンゲンツァイ）		4株（400g）
塩, 油		少々
干し貝柱		4個
湯（タン）		C 2
ⓐ	塩	t 1
	砂糖	t 1/2
	酒	T 1
ⓑ	牛乳	C 1/2
	かたくり粉	T 2

◨ 下ごしらえ

① 青梗菜は縦に1/2〜1/4に切って洗い，たっぷりの熱湯に，塩と油を入れてさっと茹で，ざるに取る。
② 干し貝柱は，熱湯につけて5〜6時間おきやわらかく戻しておく。

◨ つくり方

❶ 鍋に湯（タン）ともどした貝柱を汁ごと入れ，10分間煮る。①を加えて，2〜3分間煮て，ⓐで調味し，ⓑを加え，とろみがつけば青梗菜をそろえて盛る。煮汁をかけて供する。

参考

・牛乳を入れて白く仕上げた色どりに変化のある料理で，牛乳を入れてからは煮すぎないこと。中国では，地方によってはバターもクリームも奶油というが，一般に生クリームのことをいう。牛乳の入った料理を奶油という。
・干し貝柱をハムに代えてもよい。

3 家常豆腐(チァチャンドウフゥ)（揚げ豆腐と野菜の炒め物）

材料(4人分)

- 木綿豆腐 ……… 1丁(400g)
- 揚げ油 ……… 適量
- 豚肉 ……… 100g
- ⓐ ┌ 濃口醤油 ……… T 1
  └ 酒 ……… t 1
- ゆでたけのこ ……… 60g
- 生しいたけ ……… 4枚(60g)
- にんじん ……… 40g
- ピーマン ……… 2個(60g)
- ⓑ ┌ しょうが ……… 1かけ(10g)
  │ 青ねぎ ……… 1本(15g)
  └ 赤とうがらし ……… 1/2本
- 油 ……… T 2
- ⓒ ┌ 湯(タン) ……… C 1 1/2
  │   (固形コンソメ1個)
  │ 濃口醤油 ……… T 2
  │ 砂糖 ……… t 2
  │ 紹興酒 ……… T 1
  └ オイスターソース ……… t 1
- ┌ かたくり粉 ……… T 1/2
  └ 水 ……… T 1
- ごま油 ……… t 1〜2

◆下ごしらえ

① 水切りした豆腐を八つに切り，それぞれ三角に切る（右図参照）。高温の油で揚げる。
② 豚肉は3cm幅に切りⓐで下味をつける。
③ 野菜は薄切りにする。
④ ⓑのねぎ，しょうがはみじん切りにし，赤とうがらしは種をとり小口切りする。

◆つくり方

❶ 熱した鍋に油を入れ④を炒めて香りがたてば，②を加えよく炒める。
❷ ❶にピーマンを除いた野菜を加えさらに炒め，①の豆腐，湯(タン)，ⓒを加え味を煮含ませ，ピーマンを加える。
❸ 水溶きかたくり粉でとろみをつけ，ごま油をまわし入れ仕上げる。

参考

・**家常**とは家庭料理という意味。あり合わせの材料で，少し濃い目の味付にするとよい。日本のお惣菜に匹敵する。
・市販の生揚げ(厚揚げ)を利用してもよい。

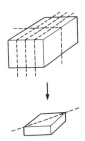

4 煨芋頭鶏(ウェイユィトウヂィ)（さといもと鶏肉のうま煮）

材料(4人分)

- さといも ……… 400g
- 鶏肉 ……… 150g
- しょうが ……… 10g
- 油 ……… 適宜
- 湯(タン) ……… C 2
- ⓐ ┌ 酒 ……… T 3
  │ 塩 ……… t 1/4
  └ 濃口醤油 ……… T 2
- ┌ かたくり粉 ……… 少々
  └ 水 ……… 少々
- グリーンピース ……… 40g

◆下ごしらえ

① さといもは皮をむき，大きければ半分に切る。
② 鶏肉は1口大に切る。
③ しょうがはうす切りにする。
④ グリンピースは茹でる。

◆つくり方

❶ 油を熱し，③，②，①の順にさっと炒める。湯(タン)を注ぎ，ⓐも入れて，さといもがやわらかくなるまで煮込む。煮汁が残っていれば，水溶きかたくり粉を加えとろみをつける。グリンピースを散らす。

参考

・グリンピースの代わりにさやいんげんを使用してもよい。

5 醤肉醤蛋 ヂャンロウヂャンダヌ (豚肉と卵の醤油煮)

材料(4人分)

- 豚肉(肩ロース塊)……360g
- 塩……………………t 1/2
- a
  - 水………………C 2 1/2
  - 濃口醤油…………T 3
  - 砂糖………………T 1
  - 酒…………………T 2
  - しょうが…………10g
  - 青ねぎ……………1/2本
  - 八角, 粒さんしょう…少々
- 卵……………………2個

◆下ごしらえ
① 豚肉に塩をすりこみ, たこ糸でしばって, さっと熱湯をくぐらせる。
② しょうがはうす切り, 青ねぎはぶつ切りにする。
③ 卵は固茹で卵にして殻をとる。

◇つくり方
❶ ⓐを煮立て①をいれ, 紙ぶたをして約1時間煮る。
❷ 煮汁が半量位になったら, 茹で卵を入れ全体に色づくよう煮る。
❸ 豚肉は糸をはずして薄切り, 卵はたて4つ切りにして盛る。

参考

・圧力鍋を使用する時は, 煮込み時間は約30分。

肉のしばり方

・肉の端をひと結びして, 輪を作って肉をくぐらせていく。ひもの端を下側で順番にからめながら, はじめの結び目にとめる。

---

6 貴妃鶏翅 グェイフェイヂィチィ (鶏手羽の煮込み)

材料(4人分)

- 鶏肉(手羽先)………12本(500g)
- a
  - 濃口醤油…………T 1
  - 酒…………………T 1
- 白ねぎ………………100g
- サラダ油……………T 2
- 湯(タン)……………C 1 1/2
  - (固形コンソメ1/2個)
- b
  - 砂糖………………T 1
  - オイスターソース…T 1
  - 赤ワイン…………T 2
  - 濃口醤油…………少々
  - こしょう…………少々
- かたくり粉…………t 1
- 水……………………t 2

◆下ごしらえ
① 鶏手羽先は関節に包丁を入れ, 先端の一節を除き, ⓐに漬ける。
② ねぎはななめに切る。

◇つくり方
❶ 中華鍋に油T 1を入れ, ②をさっと炒めとり出す。
❷ ❶の鍋に油を追加して①の鶏を焼く。きつね色になればスープ, ②, ⓑを加え中火で15分位煮込む。
❸ ❷に水溶きかたくり粉を加えとろみをつける。

参考

・貴妃とは楊貴妃のこと。酒を多く用いた料理に用いられる名称で, 貴妃鶏翅は赤ワインを使用。

焼菜 173

7 蘿蔔燜牛肉（だいこんと牛肉の煮込み）

材料（4人分）

牛肉（バラ塊）	400g
ⓐ 塩	t 1/2
こしょう	少々
酒	T 1
だいこん	1/2本（400g）
にんじん	1本（150g）
にんにくの芽	2本
しょうが	1かけ（10g）
油	T 2
水	C 3
ⓑ 濃口醤油	T 2
砂糖	T 1
かたくり粉	t 1
水	t 2

◆ 下ごしらえ

① 牛肉は2×5cmの棒状に切り，ⓐで下味をつける。
② だいこん，にんじんは4cm長さに切り，縦に3〜4等分する。それぞれ面取りする。
③ しょうがはつぶす。
④ にんにくの芽は4cm長さに切る。

◆ つくり方

❶ 中華鍋に油を熱して③を炒め，香りがたったら①を入れて炒める。
❷ ❶に②と水を入れ煮る。あくを取ってⓑを加え蓋をし，弱火で1時間煮る。
❸ ❷の肉，野菜が柔らかくなれば，にんにくの芽を加え，水溶きかたくり粉でとろみをつける。

参考

・面取りとは，切った野菜（主に根菜類）の角を薄くそぎとって，なめらかにすること。これは煮崩れを防ぎ，形を美しく保つためである（P.68の図参照）。
　西洋料理のシャトーやノワゼットもこの手法である。

8 東坡肉（豚バラ肉のやわらか煮）

材料（4人分）

豚肉（バラ塊）	600g
紹興酒	T 3
ⓐ 濃口醤油	T 1
紹興酒	t 1
油	少々
ⓑ 白ねぎ	1本（10g）
しょうが	1かけ（10g）
八角	1/4個
ⓒ 濃口醤油（肉の6％）	T 2
砂糖（〃の6％）	T 4
かたくり粉	t 1
水	t 2
ほうれんそう	1束（250g）
油	T 1
塩	t 1/3
こしょう	少々

◆ 下ごしらえ

① 豚塊肉を紹興酒の入ったつかる程度の湯であくをとりながら30分茹でる。
② ねぎ，しょうがはつぶす。

◆ つくり方

❶ ①の肉を3cm角に切りⓐをからめる。油を熱し肉の全面に焼き色をつける。
❷ ①の茹で汁の中に❶，ⓑ，ⓒを加え紙蓋をして弱火で煮汁が少なくなるまで煮込む（途中でⓑをとりだす）。
❸ 肉を皿に盛り，残りの煮汁に水溶きかたくり粉でとろみをつけ肉の上にかける。
❹ ほうれんそうは茹で4cmの長さに切る。油で炒め，塩，こしょうで調味し，肉の周囲に飾る。

参考

・東坡肉は詩人蘇東坡の好んだことから命名された。
・紹興酒は中国の代表的な醸造酒。
・八角は別名スター・アニスといい，実の形が八角の放射線形をしており，熟すと赤褐色の木質になる。乾燥して中国料理の香辛料に用いる。

烤菜(カオ ツァイ)

1 叉焼肉(チャ シャオ ロウ)(焼豚)

材料(4人分)

豚肉(肩ロース塊)	200g×2本
塩	t1/2
ⓐ 濃口醤油	T2
酒	T1
甜麺醤	T1
みりん	T1
ⓑ 八角	少々
青ねぎ	8g
しょうが	6g

◆下ごしらえ

① 豚肉に塩をすりこみ,串で所々突き,木綿糸でしばり形を整える。(P.172参照)
② 青ねぎはぶつ切り,しょうがはうすく切る。
③ ⓐをボウルに合わせⓑを加え①を浸ける。

◇つくり方

❶ 天板にアルミホイルを敷き網を置く。
❷ ③の肉の汁気を切り,190℃に熱したオーブンで約12〜13分焼き,色を付ける。
❸ ③の漬け汁を一煮立ちさせ,ⓑをとり出し,ハケで❷の表面に塗り,170℃のオーブンで13〜15分焼く。
❹ ❸が冷めてから3〜4cmの厚さに切る。

2 脆皮五香鶏(ツェイ ピィ ウ シャン ヂィ)(鶏の香り焼き)

材料(4人分)

鶏肉もも	360g(大1枚)
ⓐ 濃口醤油	T1
塩	t1/3
酒	T1
砂糖	T1
みりん	T1
五香粉	少々
青ねぎ	4g
しょうが	4g
片栗粉	適量
油	T3

◆下ごしらえ

① 鶏肉は4等分に切る。
② 青ねぎはぶつ切り,しょうがはうすく切る。
③ ボウルにⓐを入れ①,②を加え下味をつける。

◇つくり方

❶ ③の鶏肉を引きあげ汁気を切り,片栗粉をまぶす。
❷ フライパンに油を引き,❶を香ばしく焼く。
❸ ❷が冷めてから食べやすい大きさに切る。

参考

・五粉香(ウ シャンフェン)

ういきょう,シナモン,さんしょう,ちょうじ,ちんぴの五種類を合わせた,粉末の中国の香辛料。鶏肉のから揚げに塩とともに添えたり,揚げ物の下味,煮物に少量加えたりする。

鍋子(グォズ)

1 什錦火鍋子(シヂヌ ホォグォズ)(寄せ鍋)

材料(4人分)

鶏肉(もも肉)	100g
かき	8個
えび(無頭6cm)	4尾
豚ひき肉	120g
ⓐ ┌ 塩	少々
│ 卵	1/4個
│ かたくり粉	T 1/2
└ 青ねぎ,しょうが	少々
揚油	適量
干しいたけ	4枚
ゆでたけのこ	60g
はくさい	240g
はるさめ	20g
さやえんどう	8枚
ⓑ ┌ 湯	C 5
│ (固形コンソメ1個)	
│ 塩	t 1/2
│ 濃口醤油	T 1
└ 酒	T 1
薬味(青ねぎ,しょうが)	適量

◆ **下ごしらえ**

① 鶏肉は一口大のそぎ切りにする。
② えびは殻,背わたを取る。
③ かきは塩水でふり洗いする。
④ ねぎ,しょうがはみじん切りする。肉団子に少し使い,残りを薬味にする。
⑤ 豚ひき肉はⓐを加え,8個の団子に丸めて揚げる。
⑥ 戻したしいたけ,たけのこはそぎ切りにする。
⑦ はるさめは熱湯でもどして適当な長さに切る。
⑧ はくさいは5cmにそぎ切りする。
⑨ さやえんどうは筋をとり茹でる。

◇ **つくり方**

❶ 火鍋の底に⑧を敷き,他の材料を火鍋の中央部に立てかけるように色どりよく並べ,ⓑを注ぎ煮る。
❷ ④の薬味を別皿に盛り供する。

参考

・鍋子とは鍋料理のことをいう。火鍋は中央に煙突のような火筒があり熱源は炭火だったが,最近は電熱をいれたものが市販されている。

2 白菜砂鍋(バイ ツァイ シャ グォ)(はくさい鍋)

材料(4人分)

はくさい	600g
ベーコン	100g
赤とうがらし	1本
ⓐ ┌ 湯	C 4
│ (固形コンソメ1個)	
│ 酒	T 1 1/2
│ 塩	t 1/2
└ 薄口醤油	t 1/2

◆ **下ごしらえ**

① はくさいは6cm長さに,ベーコンは1cm幅に切る。

◇ **つくり方**

❶ 土鍋の中央にはくさいの葉先を大輪の花のように組んで入れ,周囲には,はくさいの軸をとり巻くように置く。ベーコンをはくさいの間にさし込む。
❷ ⓐを注ぎ,煮立てる。

参考

・砂鍋とは土鍋のことである。
・ベーコンを豚肉に代えてもよい。

甜菜（ティエヌ ツァイ）

1 杏仁豆腐（シンレヌドウフゥ）（アーモンド入り寒天よせ）

材料（4人分）
寒天	1/2本（4g）
水	C1
牛乳	C1
砂糖	40g
アーモンドエッセンス	少々
ⓐ 砂糖	50g
ⓐ 水	C1
果物の缶詰	
パインアップル	1枚
チェリー	4個
みかん	小1/2缶

◆下ごしらえ
① 寒天はさっと洗ってちぎり，C1の水に約30分つけておく。
② シロップは，ⓐを少し煮つめ冷やす。

◆つくり方
❶ ①を鍋に入れて火にかけ，寒天を煮溶かし，砂糖を入れて少し煮つめる。牛乳を加え，火からおろしてエッセンスを入れる。ぬらした食器に流しいれ，冷やし固める。
❷ ❶にひし形の切れ目を入れ，シロップをしずかに流し入れるとゼリーが浮いてくる。缶詰の果物を飾る。

参考
・豆腐（ゼリー）が浮きやすいように，食器は水でぬらして用いる。大きな器のまま供して取り分けるが，各自の器に冷やし固めてもよい。
・缶詰のシロップをⓐに混ぜると濃度がうすまるので，少し砂糖をふやす。

菱形
杏仁豆腐のきれ目のいれ方

2 鶏蛋糕（ヂィダヌガオ）（蒸しカステラ）

材料（18cm丸型1個分）
卵	3個
砂糖	100g
上新粉	100g
レーズン	20g
くるみ	20g
油	少量
アンゼリカ	少量
チェリー	3個

◆下ごしらえ
① 型に油を塗り，硫酸紙をはる。
② 砂糖はふるう。
③ レーズンは粗みじんに切って少量の上新粉をまぶす。
④ くるみは薄皮を取り，刻む。
⑤ アンゼリカ，チェリーは飾り用に切る。

◆つくり方
❶ 卵は卵白と卵黄に分ける。卵白をかたく泡立て，②を少しずつ加えさらに泡立てる。卵黄を加え，混ぜ合わせる。
❷ ❶に上新粉を混ぜる。③と④を加える。
❸ ①に❷の生地を入れ，⑤を飾って強火でつゆどめをして20分蒸す。

参考
・レーズンに上新粉をまぶすのは，レーズンが底に沈まないためである。
・糕は小麦粉以外主として米の粉を用いた場合に使われる。切りごまを入れた芝麻糕などがある。
・くるみは湯につけ薄皮をむく。薄皮をむくかわりにオーブンで焼いてもよい。

3 抜絲地瓜 (バアスウチイゴウ)（さつまいものあめ煮）

材料（4人分）

さつまいも	400g
揚げ油	適宜
ⓐ ラード	t 1
砂糖	100g
水	T 1
酢	t 1

◆ 下ごしらえ
① さつまいもは皮をむき，大きめの乱切りにして，水にさらす。

◇ つくり方
❶ 油を160℃に熱し，水気をふいたさつまいもを揚げる。最後に油の温度を上げて，うすく色づく程度にからりと揚げる。
❷ 中華なべにⓐを熱し，糸を引く位のあめをつくり，酢を入れて①の揚げたてのさつまいもを加えてからませる。
❸ 器に油少々をぬり，❷を盛る。
❹ 別器に水を用意して添える。

参考
・さつまいもの代わりにやまのいもを用いると**抜絲山薬**（バアスウシャンヤオ），りんごを用いると**抜絲苹果**（バアスウピングワ），バナナを用いると**抜絲香蕉**（バアスウシャンチャオ）という。

科学
・酢を加えるのは，砂糖を転化させて再結晶を防ぐためである。

4 杏仁酥 (シンレヌスゥ)（アーモンドクッキー）

材料（8個分）

ショートニング	50g
砂糖	50g
卵	30g
スライスアーモンド	15g
薄力粉	100g
B.P.	t 1/2
粒アーモンド	8粒
ドリュール	少々

◆ 下ごしらえ
① 粉とB.P.は合わせて2回ふるい，砂糖は1回ふるう。
② 粒アーモンドは150℃で10分焼く。

◇ つくり方
❶ ボウルにショートニングを入れ，クリーム状にすり混ぜ，砂糖を数回に分けて入れる。卵を数回に分けて入れ，粉を加える。
❷ ❶にスライスアーモンドを混ぜ，手でひとまとめにし，8個に丸める。
❸ 径5cm位に平らにし，クッキングシートを敷いた天板に並べドリュールを塗る。中央に②を押しつける。
❹ 170℃のオーブンで13分焼く。

科学
・ショートニングは無味，無臭，無色の半固形の油脂で，アメリカで余った綿実油の利用法として考え出されたもの。マーガリンのように乳化させたものではないが，バタークリームのように柔らかいので，菓子，パン，アイスクリーム，などにバターやマーガリンの代わりに広く用いられている。

参考
・T2のごまを入れて作ると**芝麻酥**となる。
・杏仁はあんずの実の核中にある仁（胚乳）のことで，乾燥したものや粉末のものがある。同じバラ科の植物アーモンドの仁で代用されることも多い。

5 月餅(ウェイピン)(げっぺい)

材料(6個分)

薄力粉		150g
B.P.(2%)		t 1
ラード		40g
砂糖		40g
卵		1個
ⓐ	あん	180g
	ラード	15g
レーズン		15g
ピーナツ		15g
黒ごま		5g
ドリュール	卵黄	2/3個
	みりん	t 1/2 (3g)

◆ 下ごしらえ
① B.P.を加えた薄力粉，砂糖はそれぞれふるう。
② レーズン，ピーナツ，いり黒ごまは刻む。

◆ つくり方
❶ ボウルにラードと砂糖を入れてよく混ぜ，さらに卵を加えてまぜる。
❷ ❶に粉を入れ軽くまぜ6個に丸める。
❸ ⓐを火にかけてねり，❷を混ぜて，6個にまとめる。
❹ ❷の皮で❸のあんを包み，月餅の型で押してクッキングシートを敷いたオーブン皿に並べ，上面にドリュールを塗る。180℃のオーブンで12分焼く。

参考
・中国の家庭では，中秋節（旧暦8月15日）に欠かせない菓子である。

6 炸麻花餅(チャマアホワピン)(ねじり揚げ菓子)

材料(4人分)

ⓐ	薄力粉	100g
	砂糖	T 3
	塩	t 1/2 (3g)
	シナモン	t 1
ラード		5g
卵		1/2個分(25g)
温湯		T 1
打ち粉		適量
ラード		少々
揚げ油		適量

◆ つくり方
❶ ボウルにⓐを入れラードを加えて混ぜ込む。卵，湯を加えて，耳たぶくらいのかたさにこねてまとめる。ぬれ布巾をかけて10分ねかせる。
❷ めん板に粉を敷き，❶を2等分して，それぞれを15cm角にのばす。2枚の間にラードをうすく塗って重ね，2等分する（長方形2枚）。
❸ ❷を横長におき，2.5cm幅に切り，短冊の中央に縦に切り目を入れ，一端をくぐらせてねじる（右図参照）。
❹ 150℃の油で両面がきつね色になるまで揚げる。

甜菜　179

7　開口笑(カイコウシャウ)（ごま風味揚げ菓子）

材料(8個分)
- 薄力粉　　　　　　120g
- B.P.　　　　　　　 8 g
- ラード　　　　　　　8 g
- 砂糖　　　　　　　 40g
- 卵　　　　　　　　小1個
- 水　　　　　　　　 T 1
- 卵白　　　　　　　1個分
- 白ごま　　　　　　 適量
- 揚げ油　　　　　　 適量

◆ 下ごしらえ
① 砂糖をふるう。
② B.P.を加えた小麦粉を2回ふるう。

◆ つくり方
❶ ボウルにラードと砂糖をよく混ぜ，さらに卵を加えて混ぜる。
❷ ❶に②を入れ軽くまぜ，水を加えさらに混ぜ，8個に丸める。
❸ ❷にほぐした卵白をつけごまをまぶす。
❹ 150℃の油でゆっくり揚げる。割れめができて，中心に火が通り，よい揚げ色になったらとりだす。

参考
・ラードをショートニングに代えてもよい。

8　炸三角児(ヂァサヌヂャル)（あんの揚げ菓子）

材料(4人分)
- ごま油　　　　　　　t 1
- あん　　　　　　　 120g
- 黒ごま　　　　　　　t 1
- ぎょうざの皮　　　 16枚
- 揚げ油　　　　　　 適量
- 粉砂糖　　　　　　 少量

◆ 下ごしらえ
① 黒ごまは煎って切りごまにする。
② ごま油を熱し，あんを入れて練り，①を加えて冷まし，16等分にする。

◆ つくり方
❶ 皮で②を三角につまみあげるように包み，150℃の油で揚げる。
❷ 冷めてから，粉砂糖をふる。

9　西米椰汁(シイミィイェジ)（タピオカ入りココナッツミルク）

材料(4人分)
- タピオカ　　　　　　50g
- ココナッツミルク　　C 1
- 牛乳　　　　　　　 C 1
- 砂糖　　　　　　　 40g

◆ 下ごしらえ
① タピオカは数時間水につけておく。
② 牛乳に砂糖を加え，加熱して溶かす。

◆ つくり方
❶ ①を透明になるまで茹でる。火を止めて2～3時間おいて使用。
❷ ②にココナッツミルクを加える。
❸ ②にタピオカを入れ冷やす。

参考
・タピオカはキャッサバの根茎でんぷん。
・タピオカの扱いは袋の表示によること。

10 布丁 (プリン)

材料(4人分)
- 卵黄 …………… 2個
- 粉ゼラチン ……… 7g
- 牛乳 …………… C1
- 砂糖 …………… 50g
- 卵白 …………… 2個
- 粉ゼラチン ……… 10g
- 牛乳 …………… C1
- 砂糖 …………… 50g
- レモンエッセンス … 少々
- フルーツミックス(5号缶) 1缶

◆ 下ごしらえ

① 粉ゼラチンは黄色用，白色用それぞれを3倍の水にふり入れ膨潤させる。

◘ つくり方

❶ 黄色のプリンは，鍋に牛乳と砂糖を入れて約80℃に温め，砂糖が溶けたら①を入れて，ゼラチンを溶かす。

❷ ボウルに卵黄を入れてほぐし，❶を少しずつ加えて卵黄の半熟状態に仕上げ，手早く布巾でこしてエッセンスを加え，ぬらした型に注ぎいれて泡を消し，冷やし固める。

❸ 白色のプリンも❶，❷と同様につくり冷やし固める。

❹ 黄色と白色のそれぞれを人数分に切り，角切りにしたフルーツを汁と共に供する。

参考
- 型は小丼または小さなボウルを用いるとよいが同じ型を2個用意する。
- 盛りつける際に放射状に切って黄色と白色を交互にはさみ込んでもよい。

11 豆沙元宵 (ココナッツ白玉団子)

材料(8個分)
- 白玉粉 …………… 75g
- 水 ……………… 60cc
- 浮粉 …………… 30g
- 熱湯 …………… 15cc
- 砂糖 …………… 20g
- ラード …………… 10g
- ココナッツ粉末 …… 適量
- こしあん ………… 200g
- ドレンチェリー …… 1/2個

◆ 下ごしらえ

① こしあんを8等分にして丸め，チェリーは小さく刻んでおく。

◘ つくり方

❶ 白玉粉に水を加え混ぜる。

❷ 別のボウルに浮粉と砂糖を入れ，熱湯を加えたら手早く混ぜる。

❸ ❶と❷，ラードを合わせてよく混ぜ8等分にする。

❹ ❸であんを包み，濡れ布巾を敷いた蒸し器に入れてつゆ止めをし，強火で約10分蒸す。

参考
- 中国では，旧暦の1月15日の元宵節の日に元宵をつくって祝う。
- あんには，あずきあん，桂花醤(ゲイホワヂャン)(金もくせいの花の砂糖漬け)，木の実あん，肉あんなどがある。

飲み物

○中国茶の種類
茶のほとんどは葉茶と呼ばれる種類であり，製法によっていくつかの種類に分けられる。

緑茶(リュイチャ)（非発酵茶）：中国茶の中でも最も古い歴史を持つ。加熱の方法により，蒸し製と釜煎り製に分けられ，中国では釜煎り製が多い。非発酵茶は色も成分もあまり変化せず，ビタミンを多く含む。龍井茶(ロンジンチャ)，碧螺春茶(ビイルオチェヌチャ)，毛峰茶(マオフォンチャ)，眉茶(メイチャ)等。

紅茶(ホンチャ)（発酵茶）：発酵させる茶の代表が紅茶である。紅茶の香りは茶葉の種類と発酵の過程で異なる。ジャスミンなどの花やりんごのような果物の香りをつけた紅茶もある。祁門紅茶(チイメンホンチャ)，宣紅茶(イーホンチャ)，寧紅茶(ニンホンチャ)，英徳紅茶(インデウホンチャ)等。

烏龍茶(ウロオンチャ)（半発酵茶）：中国独特の茶で，製造の最初の工程は紅茶と同様に発酵させ，半分ほどの段階で炒青(チャオチン)（釜煎り）の工程に移り，緑茶の殺青と同様に酵素の活動力を消失させて炒り上げ製品とする。味や色は緑茶よりも紅茶に近い。脂肪を分解し，消化吸収を調整し血液の循環をよくするといわれている。福建烏龍茶(フウチェンウロオンチャ)，鉄観音(ティエグワンイヌ)，水仙茶(シュイシェンチャ)等。

碑茶(タンチャ)（圧製茶）：粗製茶，精製茶を蒸して圧して形を整えたもので，生葉から製造する。昔は容積が小さくなるため，携帯輸送や保存などに有利で，蒙古地方などで広く用いられた。普洱茶(プーアルチャ)等。

花茶(ホワチャ)：世界的に有名な中国の特産茶である。香茶(シャンチャ)，花香茶(ホワシャンチャ)ともいい，茶葉の中に花弁を混入するので，北方では香片茶(シャンピェヌチャ)ともいっている。茉莉花茶(ムーリーホワチャ)，珠蘭花茶(チュランホワチャ)，玉蘭花茶(ユイランホワチャ)，柚花茶(ユウホワチャ)等。

○中国茶の入れ方
① 下に盆をおいて，茶器全体に熱湯をかけて温める。
② 茶碗は湯をよくきり，盆に並べる。急須には多め（急須の2/3）の茶葉を入れる。
③ 急須に熱湯を入れる。このとき茶葉の上に泡が浮いてくるが，急須の蓋で切るように落とす。
④ 急須に蓋をし，上から熱湯をまわしかける（茶の葉を蒸らすようにする）。
⑤ 一煎目の茶を茶碗に入れて，茶碗を温め，その茶は捨てる。
⑥ もう一度急須に湯を入れて，二煎目を茶碗に注ぐ。注ぎ方は順番に半量ずつ入れ，最後の茶碗に注ぎ終えたら，逆の順序で残りを入れる。急須に茶を残さないでだしきってしまうこと。

○中国茶の飲み方
茶盅(チャチュン)**による飲み方**
① 茶盅(チャチュン)に茶をひとつまみ（6g）入れ，200～250ccの熱湯を注いで蓋をし，3分ほどおく。
② 蓋の糸底を右手の親指で軽く押さえ，他の指で茶盅(チャチュン)の縁を持ち，蓋を少しずらせる。
③ 小茶碗が添えてある場合は②を急須のように使って小茶碗に注ぎ，日本の煎茶のように飲む。
④ 小茶碗のない場合は，ずらせた蓋で茶の葉が流れ出るのを防ぎながら飲む。

＊ 茶のお代わりが欲しい場合は，茶盅(チャチュン)の蓋をとっておけば給仕人が再び湯を注いでくれる。
＊ ごく普通の中国茶の入れ方は日本茶のように急須（茶壺）を使う方法である。

アジアの料理

1 ナムル（野菜の和え物）

材料（4人分）

なすのナムル
- なす ……………… 4本(200g)
- ⓐ
  - 濃口醤油 ………… T 1 1/2
  - 酢 ………………… T 1/2
  - 砂糖 ……………… t 1
  - おろしにんにく …… 少々
  - すりごま・ごま油 … 各 T 1/2

にんじんのナムル
- にんじん ………… 1本(100g)
- ⓑ
  - 塩 ………………… t 1/3
  - すりごま ………… t 2
  - ごま油 …………… t 1

もやしのナムル
- 大豆もやし ……… 1袋(200g)
- ⓒ
  - 塩 ………………… t 1/2
  - すりごま・ごま油 … 各 t 2

ぜんまいのナムル
- ぜんまい(水煮) …… 200g
- ⓓ
  - ごま油 …………… T 1
  - 水 ………………… 50cc
  - 砂糖・濃口醤油 … 各 T 1
  - 酒 ………………… t 2
  - コチュジャン …… t 1
- すりごま ………… t 2

きゅうりのナムル
- きゅうり ………… 2本(200g)
- 塩 ………………… t 1/2
- ごま油 …………… t 2
- にんにく・赤とうがらし …………………… 各少々
- すりごま ………… t 1

◆ つくり方

❶ なすのへたを切り落として縦1cmに切り熱湯で茹でる。水気を切りⓐの薬念で和える。

❷ にんじんは長さ3～4cmのせん切りにして熱湯で茹でて水気を切りⓑで和える。

❸ もやしはひげ根を取り熱湯で茹でる。ざるに上げ塩をふって冷ます。ⓒで和える。

❹ ぜんまいはさっと茹でて3～4cmの長さに切り，ごま油で炒め，ⓓを加え弱火で煮汁がなくなるまで煮含める。仕上げにすりごまを振る。

❺ きゅうりは2～3mmの輪切りにし塩をする。しんなりなれば絞る。ごま油でにんにくを炒め，きゅうりを加えさっと炒める。バットにとり，すりごま，みじん切りの赤とうがらしで和える。

❻ ❶～❺を色彩りよく盛る。

参 考

- 韓国料理
- ナムルは野菜の持ち味を生かし薬念（ヤンニョム）で丁寧に和えることが大切。
- ナムルは色彩りと味に変化をつけて3種類，5種類を盛り合わせるのが基本である。
- **薬念**（ヤンニョム）とはにんにく，とうがらし，しょうが，ねぎなどの入った調味料。

2 九節板(クジョルバン)（韓国の代表的な宮廷料理）

材料(4人分)

- ミルジョンピン(薄焼き)…32枚
  - 薄力粉……………………110g
  - 卵……………………………1個
  - 塩……………………………t 1/2
  - 水……………………………C 1 1/4
  - ごま油……………………適量
- 牛肉…………………………120g
  - 濃口醤油…………………T 1
  - 砂糖…………………………t 2
  - こしょう…………………少々
  - 青ねぎ……………………1本(10g)
  - にんにく…………………1かけ(5g)
  - 白ごま……………………t 1
  - ごま油……………………T 1
- にんじん……………………60g
  - 塩・砂糖・ごま油……各少々
- 卵……………………………1個
  - 塩・ごま油………………各少々
- 芝えび………………………100g
  - 塩・酒・砂糖・ごま油 各少々
- 干しいたけ…………………4枚
  - 砂糖・濃口醤油…………各t 1
  - ごま油……………………少々
- 貝柱(缶詰)…………………1/2缶
  - 塩，ごま油………………各少々
- 豆もやし……………………120g
  - 濃口醤油…………………t 2
  - ごま，ごま油……………各t 1
  - 青ねぎ……………………少々
- きゅうり……………………1本(100g)
  - 塩……………………………t 1/4
  - ごま油……………………t 1
- 青じそ………………………数枚
- ⓐ 練りからし，酢，砂糖…適量

◖つくり方

❶ ミルジョンピンの材料をよく練り，1時間以上ねかせる。

❷ フライパンに油をしき，生地をT 1流し，すぐに8〜9cm位の大きさに延ばし薄く焼く。

❸ 牛肉はせん切りにし，みじん切りのねぎ，にんにく，煎りごま，他の調味料をまぜて，鍋に入れ強火でいりつける。

❹ にんじんは細いせん切りにし，さっと炒めて塩，砂糖で味付する。

❺ 卵は薄く焼いてせん切りにする。

❻ えびは背わたをとり，熱湯に塩，酒を入れ茹でる。砂糖，ごま油を振る。

❼ もどしたしいたけをせん切りにし，砂糖，醤油で味をつけ，ごま油で炒めて冷ます。

❽ 貝柱はほぐして塩を振りごま油でさっと炒める。

❾ もやしは塩を加えたお湯で茹でて，醤油，半ずりごま，みじん切りねぎ，ごま油で和える。

❿ きゅうりはせん切りにし塩をして絞る。ごま油でさっと炒め冷やす。

⓫ 大きな器を用意し，中央にミルジョンピンを重ねて盛る。そのとき1枚ずつの間に青じそをはさみ，周囲が青じそに包まれるようにする。その周囲に八品を配色よく盛り付ける。好みでⓐをつけて供する。

参考

- 薄焼きを**春餅**という。
- **九節板**は九つに仕切られた八角形の器からこの名前がついた。

　緑，赤，黄，白，黒の五色と酸，苦，甘，辛，鹹の五味で構成。

3 キムチのチゲ (キムチ鍋)

材料(4人分)

白菜キムチ	240g
豚肉	200g
玉ねぎ	1/2個
豆腐	1/2丁
青ねぎ	1本
トック(白餅)	80g
鶏がらスープ	C 2
ⓐ 粉唐辛子	T 1
ⓐ にんにく	10g
ⓐ 生姜	10g
ⓐ 濃口醤油	T 1
油	

◆ 下ごしらえ

① キムチ・豚肉は1口大に切る。
② 玉ねぎはくし形切り,豆腐は4等分,青ねぎは斜めに切る。
③ トックは水にさらしておく。
④ ⓐは合わせておく。

◇ つくり方

❶ 鍋に油を引き豚肉を炒め,キムチを加えてさらに炒める。
❷ ⓐの半分を加えさっと炒め,玉ねぎを加え,弱火で30分位煮る。
❸ ❷に豆腐を加え,残りのⓐで味を整える。青ねぎ,トックを加えさっと火を通す。

参考

・白菜キムチは酸味のあるもの(発酵のすすんだもの)を用いる。
・薬念(ⓐ)は2~3日前に作っておくと味に深みが出る。

4 ビビムパプ (混ぜご飯)

材料(4人分)

米	C 2
水	480cc
牛肉(うす切)	160g
ⓐ 酒・濃口醤油	各T 1
ⓐ 砂糖・半ずりごま	各t 1
ⓐ にんにく・ねぎ	各少々
ⓐ しょうが	少々
ごま油	T 1
にんじんのナムル,もやしのナムル,ぜんまいのナムル,ほうれんそうのナムル	
ほうれんそう	250g
ⓑ 濃口醤油	T 1
ⓑ 塩	少々
ⓑ 半ずりごま	t 1
ⓑ ごま油	t 2
卵	1個
塩・油	各少々
きざみのり	適量
コチュジャン	適量

◆ 下ごしらえ

① 定量の水で米を炊く。
② 牛肉は細く切り,調味料ⓐ,みじん切りのにんにく,ねぎ,すりおろしたしょうがで下味をつける。これをごま油で炒める。
③ にんじん,もやし,ぜんまいのナムルを作る(つくり方はP.178参照)。
④ ほうれんそうは熱湯に塩を入れて茹で冷水にとる。絞って3cmの長さに切り,調味料ⓑで和える。
⑤ 卵は薄焼きにしてせん切りにする。

◇ つくり方

❶ 器に熱いご飯を盛り,色彩りよく具をのせて,中央に⑤の錦糸卵,きざみのりをのせ,別皿にコチュジャンを添える。

参考

・韓国料理で通称ビビンバと言う。
・韓国では祭祀の夜や法事,また,残りごはんを年を越させないという意味で,大晦日の夜にも食べる習慣がある。
・コチュジャンは韓国のとうがらしみそ。韓国の各家庭で作り,鍋物や,肉みそのベース,焼肉のたれ,ビビンバ,煮物,和え物などに添える。

5 チヂミ (お焼き)

材料(4人分)

- ⓐ ┌ 薄力粉 ……………… 80g
  │ 上新粉 ……………… 40g
  │ 塩 ………………… t 1/3
  └ 水 ………………… C 1
- 卵 …………………………… 2個
- にら ………………………… 80g
- するめいか ……… 1/2ぱい(150g)
- 豚肉 ………………………… 80g
- 赤とうがらし ……………… 1本
- ごま油 …………………… 適量
- 酢じょうゆ
- ⓑ ┌ 濃口醤油 …………… T 2
  │ 酢 ………………… T 1
  └ ごま油 ……………… 少々

◆ 下ごしらえ

① ⓐをあわせ衣をつくる。
② にらは8cm位の長さに切る。
③ いかは足とはらわたを引き抜き洗って，1口大に切る。
④ 赤とうがらしは種をだし小口切りにする。

◆ つくり方

❶ 熱したフライパンにごま油を敷き，にらを①の衣にくぐらせ広げる。
❷ ❶の上に③をのせ①を少しかけ，豚肉をのせ，溶き卵をその上にかけ，④を散らす。
❸ 両面をこんがりと焼き食べやすい大きさに切る。酢醤油を添える。

参 考
- 韓国料理
- すりおろしたじゃがいもをたねにして作るお焼きもある。ジョニ・キョンファと呼ばれる。

6 ゴイクォン (ベトナム風生春巻き)

材料(4人分)

- ライスペーパー ……………… 4枚
- えび ………………… 8尾(150g)
- 豚肉(うす切) ……………… 100g
- ビーフン …………………… 10g
- レタス ……………………… 4枚
- 青じそ ……………………… 4枚
- もやし ……………………… 100g
- 香 菜(シャンツァイ) ………… 適量
- つけだれ〈ニョクチャム〉
  ┌ ニョクマム ………… T 2
  │ 酢 ………………… T 1
  │ 砂糖 ……………… T 2
  │ レモン汁 …………… T 1
  └ 水 ………………… T 4
- 赤とうがらし ……………… 1/2本

◆ 下ごしらえ

① ライスペーパーは水を含ませたペーパータオルにはさんでもどすか，刷毛で水を含ませる。
② えびは背わたを取り，レモン汁，塩の入った熱湯で茹でる。冷まして皮をむき縦半分に切る。
③ 豚肉は茹でる。
④ ビーフンは熱湯につけてもどす。
⑤ レタスはせん切り，青じそは半分に切る。
⑥ もやしはさっと茹でる。
⑦ 赤とうがらしは，種を取りみじん切りにし，つけだれとあわせる。

◆ つくり方

❶ ①の手前に青じそ，レタス，ビーフン，豚肉，もやしの順に置きライスペーパーの1/2位の所にえびを置き両端を折って巻く。
❷ 4等分に切って盛りつけ，香 菜(シャンツァイ)を飾る。別皿にニョクチャムを添える。

参 考
- ベトナム料理
- **ライスペーパー**は米粉で作った春巻き用の皮。ベトナムではバインチャンといって料理によく使われる。
- ライスペーパーはぬるま湯にさっとくぐらせ，用いてもよい。
- **魚醤油**はベトナムでは**ニョクマム**，タイでは**ナムプラー**と呼ばれ，いわしなどの小魚に塩を加えて発酵熟成させ，その上澄み液を取ったものである。アミノ酸を多く含み，濃厚なうまみと特有のにおいを持つ。

7 トム・ヤム・クン（辛味と酸味のえびのスープ）

材料（4人分）

えび	小12尾(200g)
ふくろ茸（缶詰）	8個
あさり	100g
鶏がらスープ	C 4
バイマックル	2枚
レモングラス	2本
カー（乾燥）	1枚
ⓐ 赤とうがらし	1本
砂糖	t 2
ナンプラー	T 1
レモン汁	T 2
香菜(パクチー)	適量
ココナッツミルク	T 2～3

◆ **下ごしらえ**

① えびは尾を残して殻をむき，背に切れ目を入れ背わたをとる。
② 鶏がらスープの中に①のえびの殻を入れ，えびのうま味を移しこす。
③ ふくろ茸は縦半分に切る。
④ あさりは砂をはかせる。
⑤ バイマックルは半分にちぎる。
⑥ レモングラスは5～6cmに切る。
⑦ カーはもどして薄く切る。
⑧ 赤とうがらしは種を取り小口切りにする。

◆ **つくり方**

❶ 鍋に②を入れさらに⑤⑥⑦を入れる。
❷ ❶が沸騰したら①③④を加え加熱し，あくを取る。
❸ ❷の味をみてⓐで味を整え，ココナッツミルクを加える。
❹ 器に盛り，パクチーを浮かす。

参考

・トム・ヤム・クンはタイの代表的なスープ。トムは水で煮たもの，クンはえびという意味。
・バイマックルはこぶみかんの葉のことで，タイとインドネシア料理には欠かすことができない。
・レモングラスは爽やかなレモンの香りと辛味，苦味のあるハーブ。
・カーはしょうがの仲間で南姜（ナンキョウ）と呼ばれる。
・ハーブがない場合はレモン汁を多めにするとよい。

8 ガイ・ヤーン（鶏肉の風味焼き）

材料（4人分）

鶏肉（むね）	2枚(300g)
ⓐ 塩	t 1/2
こしょう	少々
ターミック	〃
酒	T 1
ごま油	t 1
かたくり粉	適量
油	T 2～3
たまねぎ	1個(200g)
塩	t 1/2
レモンソース	
ⓑ レモン汁	1/2個分
砂糖	T 3
酢	T 1
ナンプラー	t 2
香菜(パクチー)	適量
レモン（うす切）	1/2個分

◆ **下ごしらえ**

① 鶏肉は観音開きにして浅く切り目を入れ，ⓐの調味料で下味をつける。
② たまねぎはうすく切って塩でよくもみ，水さらしをする。
③ 香菜は洗って葉先だけ用意する。

◆ **つくり方**

❶ ①にかたくり粉をまぶして油できつね色になるまで焼く。
❷ ❶を食べやすい大きさに切り，ⓑのレモンソースにつける。
❸ 皿に②を敷き❷を上にのせ，残りのレモンソースをかける。
❹ 皿の周りにレモンの薄切りを飾り，鶏肉を盛り，上に香菜を散らす。

参考

・タイ料理
・ナンプラーがない場合は薄口醤油で代用する。

9 キーマカレー (ひき肉となすのカレー)

材料(4人分)
- 豚ひき肉……………………320g
- なす……………………………4個
- たまねぎ………………………1個
- トマトピューレー…………150g
- ⓐ しょうが………………1かけ
   にんにく………………1かけ
- サラダ油……………………T 1
- 水……………………………C 2
- 塩……………………………t 1
- 赤とうがらし…………………1本
- ローリエ………………………1枚
- ⓑ シナモン……………………少々
   ターメリック……………t 1/2
   コリアンダーパウダー t 1/2
   クミンパウダー…………t 1/2
   チリペッパー……………t 1/2

◆下ごしらえ
① なすは縦に4つ割にし1口大に切る。
② たまねぎはみじんに切る。
③ ⓐはすりおろす。
④ 赤とうがらしは種をだし、小口切りにする。

◇つくり方
❶ 鍋に油を入れ、④を炒め、たまねぎを加え、うす茶色になるまで炒める。
❷ 豚ひき肉、ⓑを加え、さらによく炒める。
❸ ❷に①、③、トマトピューレー、ローリエ、水と塩を加え、なすが軟らかくなるまで煮込む。

参考
・インド料理
・ラム肉を用いてもよい。

10 コビ・キ・サブジ (キャベツの炒め蒸し煮)

材料(4人分)
- キャベツ……………………400g
- グリンピース…………………40g
- しょうが……………………1かけ
- マスタードシード…………t 1/2
- サラダ油……………………T 2
- 塩……………………………t 1/2
- ⓐ ターメリック……………t 1/2
   クミンパウダー…………t 1/2
   チリペッパー……………少々

◆下ごしらえ
① キャベツは1×3cmの短冊切りにする。
② グリンピースは塩熱湯で茹でる。
③ しょうがはせん切りにする。

◇つくり方
❶ 鍋に油を入れマスタードシードを炒める。香りがでてきたら、①、③を入れさっと炒める。塩をふり蓋をして2〜3分蒸し煮する。
❷ キャベツから少し水分がでたらⓐと②を加え仕上げる。

参考
・インド料理
・サブジとは炒め蒸し煮のことである。

参考文献

『調理学実習　COOKING Ⅰ』堀越フサエ編著(光生館)
『調理学実習　COOKING Ⅱ』堀越フサエ編著(光生館)
『ニュートータルクッキング』山田光江編著(講談社)
『たのしい調理―基礎と実習―』水谷令子他(医歯薬出版)
『現代食生活のためのクッキング』現代食生活研究会編(化学同人)
『調理』梶本久子他(羽衣学園短期大学)
『調理』調理教育研究会(建帛社)
『新調理』吉松藤子監修(同文書院)
『調理学実習書』武庫川女子大学調理学研究室編(建帛社)
『調理実習』荒川幸香(さんえい出版)
『応用自在な調理の基礎　西洋料理篇』川端晶子編著(家政教育社)
『五訂食品成分表』香川芳子監修(女子栄養大学出版部)
『初めての料理　基本の基本シリーズ①肉と卵』女子家庭料理グループ編(女子栄養大学出版部)
『調理と理論』山崎清子・島田キミエ(同文書院)
『調理科学』調理科学研究会(光生館)
『調理用語辞典』㈳全国調理師養成施設協会
『調理科学辞典』河野友美他(医歯薬出版)
『理論と実際の調理学辞典』吉松藤子他(朝倉書店)
『総合調理科学事典』日本調理科学会(光生館)
『コツと科学の調理事典』河野友美(医歯薬出版)
『料理食材大事典』(主婦の友社)
『世界の四大料理基本事典』服部幸應編(東京堂出版)
『クッキング基本大事典』谷山尚義(集英社)
『中国料理用語辞典』井上敬勝(日本経済新聞社)
『フランス料理用語辞典』山本直文(日仏料理協会)
『テーブル式中国料理便覧』辻調理師学校中国料理研究会(評論社)
『「専門料理全書」中国料理』辻勲(辻学園調理技術専門学校)
『日本料理のコツ』杉田浩一他(学習研究社)
『魚料理の「こつ」』成瀬宇平(柴田書店)

索　引

あ

- アイスティー ……………128
- 和え物 ………………46
- 青菜の茹で方 ………45
- あおやぎとわけぎのぬた ……48
- 青よせ ………………45
- 揚げ魚の酢油漬け ………96
- 揚げだし豆腐 ………58
- 揚げ物の吸油率 ………55
- 揚げれんこんのごまみそ和え …46
- あさくさのり ………26
- あさりの酒蒸し ………42
- あじの姿焼き ………53
- あじの南蛮漬け ………57
- あずき粥 ………27
- アップルケーキ ………129
- アップルティー ………128
- アップルパイ ………139
- アパレイユ ………107
- 油ならし ………31
- 油抜きの仕方 ………21
- アメリカンドーナツ ………132
- アメリカンパイ ………139
- アルデンテ ………122
- 合わせ酢の配合 ………25
- 泡立て用クリーム ………132
- アンチョビ ………110
- あんのつくり方 ………82
- あんみつ白玉 ………85

い

- イーストの種類 ………116
- 燕窩（イェヌウォ） ………144
- いか ………161
- いかときゅうりの黄身酢和え…49
- いかのうに焼き ………73
- いかの皮 ………73
- いかのけんちん蒸し ………44
- いちご大福 ………85
- いちごのショートケーキ ……132
- イチゴババロア ………124
- 一次発酵 ………116
- 一番だしの取り方 ………34
- いなりずし ………26
- 銀耳（イヌアル） ………145
- いも類の褐変 ………40
- いり卵 ………112
- いりどり ………62
- 祝い肴 ………70
- いわしの梅煮 ………60
- いわしの蒲焼き ………52
- いわしの手開き ………52
- イングリッシュマフィン ……7

う

- ウインナーコーヒー ………127
- 月餅（ウェイピン） ………178
- 煨芋頭鶏（ウェイユイトウヂィ） ………171
- 浮き実 ………91
- うざく ………47
- 潮汁 ………35
- うどんすき ………67
- うどん鍋 ………67
- うねり串 ………53
- 海の幸のサラダ ………110

え

- エクレア ………142
- エスカベーシュ ………96
- エスプレッソ ………127
- えびしんじょのすまし汁 ……36
- えびの鬼殻焼き ………73
- えびの照り煮 ………75
- えびピラフ ………120
- えんどうご飯 ………20

お

- オードブル盛合せ ………88
- オープンサンドイッチ ………115
- おだまき蒸し ………43
- おでん ………68
- 落とし卵 ………112
- オニオングラタンスープ ……94
- おにぎり ………30
- おはぎ（あんのつくり方）……82
- オムライス ………120
- オムレツ ………113
- 親子丼 ………27
- オランダこんにゃく ………31
- オランダ煮 ………31
- オレンジスカッシュ ………128

か

- カー ………186
- ガイ・ヤーン ………186
- 開口笑（カイコウシャウ）……179
- 烤菜（カオツァイ）……146, 174
- 高麗蝦仁（カオリィシャレヌ） ………167
- かき（牡蠣） ………93
- かき揚げ ………56
- かき飯 ………23
- かき玉汁 ………35
- かきのチャウダー ………93
- 隠し包丁 ………68
- 加減酢 ………47
- 柏餅 ………80
- かす汁 ………38
- カスタードクリーム ………142
- カスタードプディング ………125
- 数の子 ………70
- 型抜きクッキー ………136
- かつおのたたき ………39
- カツレツ ………99
- カナッペ ………88
- かにのクリームコロッケ ……97
- 乾焼明蝦（ガヌシャオミンシャ） ………170
- 干鮑（ガヌパオ） ………144
- 乾貝（カヌベイ） ………145
- カフェオレ ………127
- カプチーノ ………127
- かぶら蒸し ………43
- かぼちゃの含め煮そぼろあんかけ ………63
- 粥 ………27
- カラギーナン ………124
- かりん糖 ………86
- かれいの煮付け ………59
- カレー粉 ………119
- 皮ざく ………47
- 皮なます ………47
- 広東料理 ………144

き

- キーマカレー……187
- 刻み即席漬け……50
- 生ずし……41
- ぎせい豆腐……54
- 菊花揚げ……56
- 菊花かぶら……50
- 亀甲しいたけ……64
- キッシュ……107
- きつねうどん……32
- きのこのスープ……92
- きのこのリゾット……121
- 木の芽……45
- 黄身酢……49
- キムチのチゲ……184
- キャベツのスープ煮……106
- 牛肉の包み焼き……104
- 牛肉の野菜巻き……29
- 牛肉の八幡焼き……54
- 魚介のコキール……96
- 魚醬油……185
- 魚田……52
- 魚田風ホイル焼き……52
- 切りごま……76
- ぎんなんの下処理……38
- きんかんの甘露煮……72
- きんぴらごぼう……65

く

- クープ……141
- 空也蒸し……43
- 貴妃鶏翅（グェイフェイヂィチィ）……172
- 鍋子（グォズ）……175
- 鍋貼餃子（グォティエヂャオズ）……152
- 串の打ち方……51
- 九節板（クジョルバン）……183
- くず粉……66
- 葛餅……81
- くちなし……71
- クッキー……136
- グラッセ……105
- クラブハウスサンドイッチ……115
- クラムチャウダー……93
- クラレットパンチ……126
- グリーンアスパラガスサラダ……110
- グリーンサラダ……108
- 栗きんとん……71
- 栗ご飯……21
- クリスマス用パン・ドイツ風……141
- 栗まんじゅう……83
- 栗蒸しようかん……83
- くるみ和え……46
- くるみ餅……82
- クレープシュゼット……135
- グレープフルーツゼリー……124
- クロック・ムッシュ……115
- 黒豆……69
- 宮保鶏丁（クンパオヂィティン）……164

け

- 化粧塩……53
- けんちん……37
- けんちん汁……37
- けんちん蒸し……44

こ

- ゴイクォン……185
- 紅茶……128
- 紅白なます……76
- 高野豆腐，しいたけ，さやえんどうの炊き合わせ……64
- 高野豆腐と長いもの含め煮……30
- 桂花醤（ゴェイホワジャン）……180
- 小えびのカクテル……89
- 桂花蟹羹（ゴェホワシェゴン）……155
- コーヒー……127
- コーヒーゼリー……125
- 凍り豆腐……64
- コールスローサラダ……108
- コールド・アイシング……130
- コールドサーモン・タルタルソース添え……95
- コーンクリームスープ……91
- コキール……96
- 五色なます……77
- コチュジャン……184
- コハク酸……33
- ご飯……20
- コビ・キ・サブジ……187
- 粉ふきいも……105
- ごぼうのあくぬき……54
- ごま豆腐……66
- 米の加水量……20
- 五目豆……65
- 衣……55
- コンソメジュリエンヌ……90
- こんぶの佃煮……34
- コンポート……126

さ

- サーモンコルネ……89
- 魚の直火焼き……53
- 魚の下処理……41
- 魚のスープ……98
- 魚の酢じめ……41
- 魚のバター焼き……95
- 魚の幽庵焼き……51
- 酒蒸し……42
- 桜ご飯……28
- 桜飯……21
- 桜餅（関西風）……79
- 桜餅（関東風）……79
- 炸春捲（ヂャチュヌヂャヌ）……167
- 酒粕……38
- 笹えんどう……75
- さしみ盛り合わせ……28
- さつまいもの裏ごし……71
- さといもといかの煮物……62
- さといもの下茹で……62
- さばのおろし煮……59
- さばのみそ煮……60
- さやいんげんのごま和え……66
- さやいんげんのソテー……105
- 沢煮椀……36
- さわらの桜蒸し……44
- さわらの味噌だれ焼き……30
- 三色丼……24
- サンドイッチ……114

し

- シーザーサラダ……109
- しいたけと春菊のポン酢和え……46
- 塩味ご飯の塩分算出法……20
- しぎ焼き……53
- 鶏絲粥（ジスチョウ）……149
- しじみの赤だし……33
- 四川料理……144
- しそ飯……23
- 什錦湯麺（シヅヌタンミェヌ）……150
- 什錦炒飯（シヅヌチャオファヌ）……148
- 什錦炒麺（シヅヌチャオミェヌ）……150
- 什錦火鍋子（シヅヌホォグォズ）……175
- シフォンケーキ……133
- 渋切り……24
- じぶ煮……61
- 絞り種クッキー……136
- しめさば（生ずし）……41
- しめさばの翁あえ……41
- しめじご飯……22
- しめじのおろし和え……48
- 焼菜（シャオツァイ）……146
- 焼売（シャオマイ）……153
- じゃがいも……107
- じゃがいものグラタン……107
- シャトー切り……103
- 蛇腹切り……56

蝦仁吐司蝦（シャレヌトゥスゥ）……………168		**そ**	チジミ……………………185
蝦丸子湯（シャワンズタン）…157	雑煮……………………78	炒飯（チャオファヌ）…………148
上海料理……………………144		**た**	炒醤麺（チャオヂャンミェヌ）……………………151
シュー………………………142	鯛の銀紙焼き………………52	炒菜（チャオツァイ）…………145
シュークリーム……………142	鯛の子とふきの炊き合わせ……61	炒米粉（チャオミィフェヌ）…151
ジュセスポテト……………105	鯛のみそ漬け焼き……………74	炒蓮藕片（チャオリェヌオウピェヌ）………165
シュトレーン………………141	大福餅…………………………85	
しょうが飯…………………23	大名おろし……………………57	茶粥……………………………27
松花堂弁当…………………28	炊き合わせ……………………61	茶巾ずし………………………25
上新粉………………………80	炊きおこわ……………………24	叉焼肉（チャシャオロウ）……174
ショートニング……………177	滝川豆腐………………………66	茶せんなす……………………55
じょうよ蒸し………………43	炊き込みご飯…………………21	炸鶏塊（ヂャディコワイ）……166
生菜包肉鬆（ションツァイパオロンスン）……………164	炊き込みチキンライス………120	チャツネ………………………119
	たけのこご飯…………………22	茶碗蒸し………………………43
生鯛魚松子（ションディアオユィスンヅ）……………161	たけのこといかの木の芽和え…45	熗黄瓜皮（チャンホァングアピィ）…160
	たけのこの直かつお煮…………63	
白和え…………………………49	たけのこの茹で方………………22	醤肉醤蛋（ヂャンロウヂャンダヌ）……172
白玉粉…………………80, 85	出し巻卵………………………31	
汁物の塩分算出法……………34	たたきごぼう…………………70	チュイール……………………137
白みそ雑煮……………………78	田作り…………………………70	チュイールアマンド…………137
しんじょ………………………36	竜田揚げ………………………57	中華麺…………………………151
杏仁酥（シンレヌスゥ）……177	たづな切り……………………75	チョコチップクッキー………136
杏仁豆腐（シンレヌドウフゥ）……………176	手綱こんにゃく………………75	チョコレートケーキ…………134
	伊達巻き………………………72	ちらしずし（関西風）………25
	糖醋魚（タヌツウユィ）………169	清湯鶉蛋（チンタンチュアタヌ）……………156
	す	糖醋肉（タヌツウロウ）………168	
す………………………………43	蛋花湯（タヌホワタン）………154	珍珠丸子（チンヂウワンズ）…158
酢洗い…………………………48	卵豆腐…………………………42	青椒牛肉絲（チンヂャオニュウロウス）…162
スイートポテト………………134	たまねぎ………………………94	
吸　口…………………………36	たらの香草焼き………………98	**つ**
スープストック………………90	タルト…………………………138	脆皮五香鶏（ツェイピィウシャンヂィ）…174
末広にんじん，さやえんどう…31	だんご…………………………80	
蒸菜（ズェンツァイ）………146	湯菜（タンツァイ）…………145	付け合せ………………………105
すくい串………………………73		粒あん…………………………82
スコーン………………………135		**ち**	つぶしあん……………………82
スタッフドエッグ……………88	炸三角児（ヂャサヌヂャル）…179	つゆどめ………………………42
スタッフドキューカンバー…88	家常（ヂャチャン）……………171	
素菜湯（スツァイタン）……154	家常豆腐（ヂャチャンドウフゥ）……………171	**て**
スパゲッティ漁師風…………122		甜菜（ティエツァイヌ）………146
スパゲッティボロネーズ……121	搾菜（ヂャツァイ）……………145	手打ちうどん…………………32
スパゲティのゆで方…………122	炸菜（ヂャツァイ）……………146	田　楽…………………………53
スペインオムレツ……………113	炸麻花餅（ヂャマアホワピン）178	天つゆ…………………………56
すまし雑煮……………………78	炸裡背（ヂャリィヂィ）………166	てんぷら………………………55
酢れんこん……………………76	鶏油（チィイウ）………………154	天盛り…………………………47
酸辣豆腐湯（スワヌラァドウフゥタン）157	鶏蛋糕（ヂィダヌガオ）………176	
	鶏片湯（ヂィピェヌタン）……156	**と**
松花蛋（スンホワタヌ）………145	鶏肉飯（ヂィロウファヌ）……148	豆沙包子（トウシャパオズ）…153
	猪肉包子（ヂゥロウパオズ）…153	豆沙元宵（トゥシャユァヌシャオ）……………180
せ	茄汁魚片（チェズユイピェヌ）169	
ゼラチン…………………124, 125	チキンカレー…………………119	豆腐・こんにゃくの田楽……53
セルクル………………………131	チキンピカタ…………………100	豆腐の水きり………49, 53, 54
全　粥…………………………27	ちぐさ和え……………………76	豆腐のみそ汁…………………33
煎茶の入れ方…………………86	筑前煮…………………………62	ドゥミグラスソース…………118
千枚漬けのサーモン巻き……77		

索引

道明寺粉……44
東坡肉（トォンブォロウ）……173
土佐醤油……40
屠蘇肴……70
屠蘇酒……70
トマトサラダ……109
トマトソース……118
トム・ヤム・クン……186
共立て……132
どら焼き……84
ドリア……120
鶏だんごの照り煮……75
鶏肉の赤ワイン煮……100
鶏肉の山椒焼き……74
鶏の竜田揚げ……57
とり松風……74
ドレッシング……109
とろろこんぶ汁……35
丼……27

な

奶油扒青菜（ナイイウパァチンツァイ）……170
ながいも……47
なす……160
なすの鍋しぎ……64
なすの南蛮煮……64
七草粥……27
菜の花のからし和え……29
鍋物の種類……68
なまこの酢の物……77
ナムプラー……185
ナムル……182
菜飯……23
南蛮……57

に

ニース風野菜の煮込み……106
煮おろし……59
煮切りみりん……77
肉のしばり方……172
肉の焼き加減……104
錦卵……71
二色卵……71
二次発酵……116
煮しめ……75
二度揚げ……166
煮干しだしのとり方……33
日本茶の種類……86
ニュクマム……185
にんじんケーキ……133
にんじんのグラッセ……105
にんじんのポタージュ……92
にんにく……162

ぬ

糯米丸子（ヌオミイワンズ）……158
ぬた……48

ね

ねじ梅……31

の

のしどり……74
のっぺい汁……37

は

抜絲香蕉（パアスウシャンヂャオ）……177
抜絲山薬（パアスウシャンヤオ）……177
抜絲地瓜（パアスウチイゴウ）……177
抜絲苹果（パアスウピングワオ）……177
パート……107
パートシュクレ……131
八宝菜（パパオツァイ）……163
パートブリゼ……107
梅花かん……72
梅花にんじん……31, 75
海参（ハイシェヌ）……144
海蜇皮（ハイジョピィ）144, 160
海蜇拌羅葡（ハイジョバンルオプォ）……160
海蜇皮沙律（ハイジョピィシャルゥ）……160
白菜砂鍋（パイツァイシャゴォ）……175
白菜滑肉捲（パイツァイホワロウヂャヌ）……158
白菜肉絲湯（パイツァイロウスタン）……155
バイマックル……186
パウンドケーキ……130
パエーリヤ……119
泡油（パオイウ）……164
パセリ……106
バターケーキ……130
バターライス……105
バターロール……116
八角……173
ハッシュドビーフアンドライス……118
八宝……163
八方だし汁……34
八方地……34
花たちばな……84
拌魷魚四季豆（パヌイゥユイスヂィドウ）161

は（続）

パネトーネ……141
パピエ……101
はまぐりの潮汁……35
はもの湯引き……40
ハヤシライス……118
早漬けピクルス……111
はらんの切り方……26
針切り……23
針しょうが……23
バルケット……89
パンケーキ……135
半熟卵……29
パンチ……126
パンナコッタ……123
ハンバーグステーキ……102
棒棒鶏（バンバンデイ）……159
パンプキンスープ……90

ひ

ピーナッツ和え……46
ビーフシチュー……73
ビーフステーキ……104
ビーフン……151
ピカタ……100
ピクルス……111
ピザ……118
ひじきの炒め煮……65
ビシソワーズ……91
ビビムパブ……184
ビビンバ……184
飛竜頭……58
ピロシキ……117
京果（ビンゴオ）……145

ふ

ブイヤベース……98
フィンガーテスト……116
ブーケガルニ……100
布丁（プウディン）……180
ブールマニエ……100
芙蓉（フウロン）……162
芙蓉鮮蟹（フウロンシェヌシェ）……162
餛飩（フゥントン）……152
ふくさずし……25
豚肉の野菜ソース煮込み……99
ブッシュドノエル……140
ブッセ……84
フライドポテト……105
フライドロールサンドイッチ 115
ブラマンジェ（英国式）……123
プラム種……130
フリカッセ……100
ブリゼ生地……138
フリッター……167

ぶりの照り焼き……………51	麺包蝦球	涼拌三絲（リャンパヌサヌス）
フルーツサラダ …………111	（ミェヌパオシャチュウ）…168	…………………………159
フルーツサンドイッチ ……115	水ようかん………………79	涼拌茄子（リャンパヌチェズ）
フルーツタルト …………138	み　そ……………………33	…………………………160
フルーツパンチ …………126	みぞれ和え………………48	溜菜（リュウツァイ）…146, 169
フレンチトースト ………114	みぞれ揚げ………………56	溜梅子滑肉
フレッシュチーズ…………89	ミネストローネ……………93	（リュウメイズホワロウ）…169
フレンチドレッシング …108	ミルクキャラメル …………138	リヨネーズポテト ………105
フレンチパイ ……………139	**む**	りんごのシロップ煮 ……126
ブロセット…………………89	木耳（ムゥアル）………145	**る**
へ	無洗米……………………20	ル　ウ……………………97
ベーキングパウダー………81	**め**	ルウの作り方……………91
ベークドチーズケーキ …131	目玉焼き ………………113	蘿蔔燜牛肉（ルオブォメン
ベークドポテト …………105	面取り………………68, 173	ニュウロウ）……………173
北京料理…………………144	麺のゆで方 ……………150	**れ**
べた塩……………………41	**も**	レアチーズケーキ ………131
別立て……………………132	もずく……………………47	レオポルド・サンドイッチ …115
ほ	もずくと長いも酢の物……47	レモネード ………………128
ほうれん草のお浸し………45	物相型……………………28	レモングラス ……………186
ほうれん草とじゃがいもの	**や**	レモンスカッシュ ………128
グラタン …………………107	焼きなす…………………50	れんこん…………………76
ポークカツレツ……………99	薬膳スープ ……………154	**ろ**
ポタージュ………………92	谷中飯……………………23	肉粽子（ロウズォンズ）……149
ぼたもち…………………82	山かけそば………………32	ローストチキン …………101
ホットレモン ……………128	山形食パン ……………117	ロールキャベツ …………102
ポテトサラダ ……………111	やまのいも………………32	ロールケーキ ……………140
ポトフ……………………94	薬念（ヤンニョム）………182	冷菜（ロンツァイ）………145
骨切り……………………40	**ゆ**	**わ**
花椒塩（ホワジャオイェヌ）…166	湯（タン）（鶏がらスープ）…154	若　草……………………81
黄魚羹（ホワンユイゴン）…155	魚香（ユイシャン）………165	若竹汁……………………34
ポン酢……………………46	魚香肉片	若竹煮……………………34
ま	（ユイシャンロウピェン）…165	わらび餅…………………81
麻婆豆腐（マアブオドウフウ）	魚翅（ユイチイ）…………144	
…………………………163	雲呑（ユイトン）…………152	
マーブルケーキ …………130	玉米湯（ユイミタン）……155	
麻辣黄瓜（マアラアホアン	幽庵焼き…………………51	
グア）……………………160	茹で卵……………………112	
マカロニグラタン ………122	茹で卵の作り方…………29	
巻きずし…………………26	湯引き……………………40	
幕の内弁当………………30	**ら**	
まぐろの山かけ……………40	辣白菜（ラァパイツァイ）…161	
マセドアンサラダ ………109	ライスペーパー …………185	
マッシュポテト …………105	ラタトゥイユ ……………106	
松茸ご飯…………………22	ラディッシュ ……………89	
松茸の土瓶蒸し…………38	ラングドシャ ……………137	
松葉ゆず…………………78	**り**	
マドレーヌ ………………129	利久まんじゅう……………80	
マヨネーズ………………95	リゾット …………………121	
み		
ミートソース ……………121		
ミートローフ ……………102		

Let's enjoy cooking -レッツ エンジョイ クッキング-

2024年12月13日　初版第1刷発行

著者	山本悦子・八木千鶴・露口小百合・李温九・小谷一子・渡邊豊子
発行者	腰塚雄壽
印刷者	遠藤稔
発行所	有限会社ナップ
	〒111-0056　東京都台東区小島1−7−13 NKビル
	TEL 03-5820-7522
	FAX 03-5820-7523
装丁	有限会社 A-link
印刷製本	株式会社ダイトー

・本書の複製権・翻訳権・上映権・譲渡権・公衆送信権（送信可能化権を含む）は有限会社ナップが保有します。

・ JCOPY ＜出版者著作権管理機構 委託出版物＞

本書（誌）の無断複製は著作権法上での例外を除き禁じられています。
複製される場合は、そのつど事前に、出版者著作権管理機構
（電話 03-5244-5088, FAX 03-5244-5089, e-mail: info@jcopy.or.jp）の許諾を得てください。

ISBN978-4-905168-83-6　　C3077 ¥2500E

ナップ好評書のご案内

スポーツと健康の栄養学 第5版
下村吉治 著
B5判 / 184頁 / 2023年刊
2,530円

症状別ファンクショナルローラーピラティス アセスメントからフォームローラーを用いたエクササイズまで
中村尚人 著
B5判 / 192頁 / 2017年刊
3,300円

ウエルビクス運動のすすめ 健康づくりと自立維持を目指す運動の実践のために
竹島伸生 編著
B5判 / 128頁 / 2017年刊
2,420円

ピーキングのためのテーパリング 狙った試合で最高のパフォーマンスを発揮するために
河森直紀 著
A5判 / 128頁 / 2018年刊
1,760円

子どもの発達から考える運動指導法 体力と運動能力を伸ばすプログラム
新田收、松田雅弘、楠本泰士 著
B5判 / 224頁 / 2018年刊
3,080円

スポーツ障害「肩」の治療 評価からリハビリテーション，競技復帰まで[web動画つき]
Todd S. Ellenbenbecker 他著　加賀谷善教、鶴池柾叡 監訳
B5判フルカラー / 224頁 / 2018年刊
5,500円

発達性協調運動障害の評価と運動指導 障害構造の理解に基づくアプローチ
新田收 著
B5判 / 272頁 / 2018年刊
4,180円

スポーツパフォーマンスと視覚 競技力と眼の関係を理解する
日本スポーツ視覚研究会 編
B5判 / 176頁 / 2019年刊
3,300円

リハビリテーションのためのピラティス 運動器障害からの回復と機能の適正化
Samantha Wood 著　中村尚人、小山貴之 監訳
B5判 / 288頁 / 2019年刊
4,620円

スポーツパフォーマンスのアセスメント 競技力評価のための測定と分析
David H.Fukuda 著　渡部一郎 監訳
B5判 / 304頁 / 2019年刊
3,850円

子どものためのファンクショナルローラーピラティス からだ遊び、フォームローラーを使った遊びとエクササイズ
中村尚人、保坂知宏 著
B5判 / 184頁 / 2020年刊
3,300円

パフォーマンス向上のためのダンベルトレーニング オリンピックリフティングウィングを効率的にマスターできる
Allen Hedrick 著　和田洋明 訳
A5判 / 288頁 / 2020年刊
3,300円

競技力向上のためのウエイトトレーニングの考え方
河森直紀 著
A5判 / 184頁 / 2020年刊
2,420円

スポーツ現場における暑さ対策 スポーツの安全とパフォーマンス向上のために
長谷川博、中村大輔 編集
A5判2色刷 / 240頁 / 2021年刊
3,300円

心拍トレーニング 個人のデータと目的に基づくトレーニングプログラム
Roy Benson 他著　長澤純一 監訳
B5判 / 248頁 / 2021年刊
3,630円

ファンクショナルローラーピラティス フォームローラーでできる104のエクササイズ 第2版
中村尚人 著
B5判 / 248頁 / 2022年刊
3,850円

百寿時代の運動・スポーツのトリセツ 日本臨床スポーツ医学会からの提案
日本スポーツ医学会学術委員会 編集
B5判 / 128頁 / 2022年刊
2,200円

スポーツするこどもの身体を守るテキスト 健全な成長と安全なスポーツ活動のために
鳥居俊 編集
B5判 / 152頁 / 2023年刊
2,420円

ナースのためのメディカルフィットネス
鶴田来美、吉永砂織、田中喜代次 他著
B5判 / 160頁 / 2024年刊
2,420円

運動生理学ミニペディア
長澤純一 編集
B5判 / 232頁 / 2024年刊
2,750円

インナーマッスルトレーニング 障害予防・リハビリテーション・パフォーマンス向上のために
佐々木誠、田口晶子 編著
B5判 / 136頁 / 2024年刊
2,420円

分子運動生理学入門 第2版
Adam P.Sharples 他著　中里浩一 監訳
A5判 / 464頁 / 2024年刊
4,950円

※価格は消費税10%込み